郭沫若研究

总第18辑

赵笑洁　蔡　震◎主编

李　斌◎副主编

社会科学文献出版社
SOCIAL SCIENCES ACADEMIC PRESS (CHINA)

主　　编：赵笑洁　蔡　震

副 主 编：李　斌

编　　委：冯　时　李　怡　李　斌　杨胜宽
　　　　　张　勇　张　越　周海波　赵笑洁
　　　　　彭邦本　蔡　震　魏　建

编　　辑：赵欣悦　徐　萌　陈　瑜　李红薇

目 录

郭沫若一百三十周年诞辰纪念

郭沫若的史学立场与史学研究
　　——纪念郭沫若一百三十周年诞辰 ………………… 冯　时 / 003
谈郭沫若校订本《再生缘》及整理出版 ………………… 谢保成 / 012
方寸之地　铭记历史
　　——郭沫若与邮票 ………………………………… 赵欣悦 / 038
聚焦世界文化视野下作为马克思主义者的郭沫若
　　——郭沫若研究的新进展 ………………………… 陈　瑜　051

史学研究

《盐铁论》"是一部处理历史题材的对话体小说"辨析
　　——以郭沫若《盐铁论读本·序》为中心 ………… 杨胜宽 / 063
相通与承继：郭沫若与梁启超"新史学"述论 ………… 何　刚 / 087
由读史地图到历史地图
　　——谈《中国史稿地图集》对中国现代历史地图集发展的影响
　　………………………………………………………… 孙靖国 / 100

文学研究

郭沫若历史剧女性形象流变的现代思想史意义 ………… 韩旭东 / 117
从三组关键词看《女神》的生成逻辑 ………… 韩晨辉　陈夫龙 / 128
此情可待成追忆，只是当时已惘然
　　——郭沫若诗作《泪浪》版本考辨及修改内容分析 ……… 孟文博 / 141

001

文化审视

关于周秦之变的思考
——《青铜时代》《十批判书》与郭沫若先秦思想研究管窥
.... 陈　君 / 153

古文字研究

从古文字学角度谈谈郭沫若的中国古代社会分期研究 .... 王志平 / 165

史料辨正

郭沫若购买有岛武郎《三部曲》的潜在动机 .... 岩佐昌暲 / 183
学术与政治之间：顾颉刚日记中的郭沫若 .... 解　扬 / 188
郭沫若与考古学家冯国瑞交游考 .... 李　斌 / 197
"雄才拓落　蒙策裁成"
——郭沫若长兄郭开文史事考 .... 王　静 / 205
郭沫若佚诗《访恭仁山庄》的再发现 .... 李红薇 / 232

同时代人研究

具有一种节点意义的《地泉》与五篇序言 .... 齐晓红 / 241

文献辑佚

题吴敬梓纪念馆 .... 郭沫若 / 257
五律·跋陈鹏年《自书诗卷》 .... 郭沫若 / 258

编后记 / 259
征稿启事 / 261

郭沫若

一百三十周年诞辰纪念

郭沫若的史学立场与史学研究

——纪念郭沫若一百三十周年诞辰

冯 时[*]

摘 要：学术研究从来都不只是单纯的学术问题。学术立场的差异会导致学术目的的不同，学术立场从根本上决定了学术研究的价值和意义。从史学立场的角度探讨郭沫若的史学研究，对于了解其取得的杰出史学成就是非常必要的。本文通过考察郭沫若的史学研究活动，分析了郭沫若史学立场的形成过程，认为郭沫若从事史学研究、古文字学研究与其接受马克思主义唯物史观有着密切的关系，郭沫若运用马克思主义唯物史观进行的史学研究，目的就是要重建真实的中国古代社会的历史，这一史学立场的确定开启了郭沫若人生的新阶段。

关键词：郭沫若　史学立场　唯物史观

学术研究从来都不只是单纯的学术问题，无论自然科学还是人文社会科学。学术可以没有国界，但学者却不可以没有立场。自然科学的学术立场表现在学术究竟为什么人服务的问题，具有使命感的学者可以弃富从贫，宁甘寂寞，为国效力，无私奉献，如钱学森、邓稼先辈。而不具使命感的人则对此嗤之以鼻，唯以追求个人的名利为念。不仅如此，学术立场的差异甚至会导致学术目的的不同，病毒是人类的敌人，为人类求福祉的学术研究当然是要将病毒的致病能力尽可能减弱，而那些试图使病毒能力增强的研究则不仅是邪恶的，更是反人类的。显然，学术立场是每一位从事相关研究的人都必须思考的问题，其从根本上决定了学术研究的价值和意义。

作为人文科学的历史学研究更不是一种纯粹意义上的学术，历史是一种客观存在，揭示这种存在就必须要有客观的立场，否则就只能是歪曲历史，所以历史学研究首先强调的就是研究者的学术立场。众所周知，班固

---

[*] 冯时，中国社会科学院学部委员，中国社会科学院考古研究所研究员。

著《汉书》，使正史成为统治者的族谱，这是一种立场。范晔作《后汉书》，为逸民与独行立传而淡化统治者的色彩，这也是一种立场。至于对历史上各种是非曲直的看法与评价，不同的立场自然会得出不同的结论。汉武帝与司马迁对李陵案持有不同的立场，所议两端。王安石与司马光则于变法之事立场不同，故趣向殊异。类似的实例俯拾皆是。显然，论者所持立场的不同必然导致其观察问题的视角存在差异，因此，史学研究的是非判断除对史料的掌握与理解之外，很重要的一点就取决于学者的学术立场，甚至从某种意义上说，学术立场会在很大程度上影响研究者对史料的理解与取舍。因此，从史学立场的角度探讨郭沫若的史学研究，对于了解其取得的杰出史学成就是非常必要的。

一　郭沫若史学立场的形成

郭沫若的史学立场直接决定着他的史学研究。当我们考察郭沫若的史学研究活动时便会发现，无论其从事的历史学研究还是古文字学研究，都发生在郭老接受马克思主义唯物史观之后。而在此之前，郭沫若的创作则仅局限于文学领域。很明显，郭沫若的史学研究与其早期出于革命热情的文学创作完全不同，当然从某种意义上讲也就具有了不同的意义，这不仅充分表现了郭沫若基于唯物史观的学术立场，而且可以清楚地看到，郭老的史学立场对于其史学研究发挥了至关重要的作用。

郭沫若的史学立场是与其政治立场相一致的，或者更准确地说，其史学立场的形成是由其政治立场所决定的。1927年3月，郭沫若在深得国民党器重的情况下，公开发表了题为《请看今日之蒋介石》的长篇檄文，揭露蒋介石背叛革命的真实面目，展现出郭老在大是大非面前所具有的大无畏革命精神。其对蒋介石抛弃革命行径的深刻洞察力为稍后发生的"四一二"反革命政变迅速证实。同年8月，郭沫若参加了由中国共产党领导发动的南昌起义，并于起义失败后，随起义部队南下至江西瑞金，在中国共产主义运动处境最艰难的时刻，毅然加入了中国共产党。这一政治立场的确立是以其牺牲小我而换得通缉和流亡为代价的，与那些投机钻营的机会主义分子的作为别之如天渊，表现出了郭沫若坚定的政治信仰和革命意志。显然，这一政治立场的选择与确定绝不是偶然的。

郭沫若最早系统地了解马克思主义是在1924年，这年的春夏之交，他翻译了由日本早期马克思主义学者河上肇撰写的《社会组织与社会革命》一书。河上肇是马克思主义在日本早期传播的先驱，被誉为日本文化革命最伟大的战士、先导者和父亲，他曾将自己关于唯物史观的考察纂集为《唯物史观研究》，而《社会组织与社会革命》则是其立足于唯物史观对社会组织及社会组织变革的考察，可以说是对唯物史观的应用，与前著成为姊妹篇。显然，这部著作对郭沫若唯物史观的形成产生了直接的影响。

关于河上肇的著作对自己接受马克思主义的影响，郭沫若一点都不讳言。他在1950年10月为重印此书所作的《序》中回顾了自己的思想转变过程，他说：

> 中国初期的马克思主义者也有不少的人是经过他（按：河上肇）的媒介才和马克思主义接近的。
>
> 我自己就是一个活的人证。我自己的转向马克思主义和固定下来，这部书的译出是起了很大的作用的。当然我在译出本书之前，早就有革命的情绪和要求，希望对于马克思主义能够有一番深入的了解，因而我决心翻译了这一部书。翻译了的结果，确切地使我从文艺运动的阵营里转进到革命运动的战线里来了。

尽管郭沫若对于书中并未触及马克思主义的辩证唯物主义感到不满，但是毫无疑问，这部书对于郭沫若形成自己的唯物史观是至关重要的，这为其日后的史学研究奠定了基础。按照郭沫若自己的话说，"我自此以后便成为了一个马克思主义者"[1]，这使他从1926年开始就屡次提出加入中国共产党的要求[2]。

中国有着数千年文明积淀形成的优秀传统文化，我们有什么理由必须接受一种外来的新思想，而不可以直接继承自己的文化传统？这显然是需要回答的关键问题。事实上，郭沫若对于马克思主义的接受并不是其盲从或随波逐流的结果，他将以中国传统文化为代表的旧学与马克思主义新学做了比较之后，才最终首肯了马克思主义。1925年12月，郭沫若在《洪水》半月刊第一卷第七期发表了一篇奇文——《马克思进文庙》，以其丰

---

[1] 新文学选集编辑委员会：《郭沫若选集·自序》，开明书店，1951。
[2] 卢正言：《有关郭沫若中国共产党党籍的几个问题》，《上海师范大学学报》（哲学社会科学版）1987年第4期。

富的想象力和幽默的文笔描述了马克思与孔子的对话,明确提出了马克思主义与儒家思想的共性问题,以此说明这一西方思想在中国并没有水土不服。在他看来,马克思提出的共产主义理想与孔子的大同社会理想不谋而合。事实上,马克思主义在认识世界的方式上体现的也正是中国传统文化的特点,因为中国人奉行的格物致知的认识论其实就是一种唯物主义的认识论①。只是马克思主义的革命性为传统的儒家思想所不及。文章最后的结论是,马克思对孔子感叹道:

> 我不想在两千年前,在远远的东方,已经有了你这样的一个老同志!你我的见解完全是一致的,怎么有人曾说我的思想和你的不合,和你们中国的国情不合,不能施行于中国呢?

郭沫若的相关论述不仅阐明了马克思主义中国化的思想基础和社会基础,同时也确立了其史学研究的基本立场。习近平总书记在纪念中国共产党成立一百周年的"七一"重要讲话中也明确指出,马克思主义中国化就是要将其基本原理与中华优秀传统文化相结合,同样强调了中国传统文化与马克思主义基本原理的共性问题。

在郭沫若的政治立场与史学立场确定之后,他所关注的问题也就逐渐转向了历史学研究,因此他的史学研究事实上是通过历史科学建构马克思主义理论的重要工作,在中国共产主义运动中独树一帜。20世纪30年代的十年间,郭沫若运用马克思主义唯物史观完成了一系列专深的史学问题与古文字学问题的研究,迅速建构起了自己独特的理论体系和学术体系,成为其实践唯物史观的划时代文献。这些著作先后出版的有:

《中国古代社会研究》,1930年。

《甲骨文字研究》,1931年。

《殷周青铜器铭文研究》,1931年。

《两周金文辞大系》,1932年。

《金文丛考》,1932年。

《金文余释之余》,1932年。

《卜辞通纂》,1933年。

《古代铭刻汇考》,1933年。

---

① 冯时:《探寻中华文明核心内涵》,《中国社会科学报》2019年7月15日。

《古代铭刻汇考续编》，1934年。

《两周金文辞大系图录》，1934年。

《两周金文辞大系考释》，1936年。

《殷契萃编》，1937年。

《石鼓文研究》，1939年。

这一时期的郭沫若将相当多的精力都投入他所认定的史学研究和古文字学研究，达到了他人难以企及的高度，取得了一系列丰硕成就。郭沫若的史学研究和古文字学研究并不是在传统的旧学上对已有的成说拾遗补阙，而是运用新观点和新方法的创新之作，其对旧史学的批判开辟了中国历史学和古文字学两个领域的全新时代，显示出其"转进到革命运动的战线里"的突出作为与贡献。

史学研究为什么会受到郭沫若如此的重视，原因就在于其必须回答中国将面临怎样的未来的大问题，这与其接受马克思主义，并运用其理论最终解决中国问题的思考是一致的，而这也正体现了历史学这门学科的真正价值。郭沫若在《中国古代社会研究》的自序中开宗明义地指出：

> 对于未来社会的待望逼迫着我们不能不生出清算过往社会的要求。古人说："前事不忘，后事之师。"认清楚过往的来程也正好决定我们未来的去向。

这个思想脉络是相当清楚的。了解过去的五千年是为了今后的一百年。而从历史中寻找未来的方向，就必须首先以正确的史学立场研究历史。显然，错误的史学立场必然导致错误的史学结论，这样的所谓研究只能把人们带入历史的误区。郭沫若深刻感悟到了这一点，所以他的史学研究必须建立在正确史观的基础之上。

二　郭沫若史学研究的史料问题

自鸦片战争以后，中国逐步沦为半殖民地半封建社会，中国的未来向何处去？一批有识之士开始寻找救亡图存的道路。显然，对于拥有数千年文明的国家而言，如何客观评价自己的历史和文化已成为当务之急。我们是将自己的历史作为包袱而彻底抛弃，还是以其作为发展的基础，两种意见针锋相对。主张全面西化者大有人在，否定中国上古文明者也不乏其人，这些做法造成了国民民族意识的混乱及文化认同的模糊，郭沫若的史学研究就诞生在这样的背景之下。因此，郭老将其史学研究定位于对商周历史的重建，而并不是泛涉其所感兴趣的各时代的历史，这种选择绝不是偶然的。

史学研究要求学者必须具备鲜明的史学立场，立场确定之后，史料问题就成为能否重建信史的关键。以求真为目的的史学研究必须以对史料的鉴别为基础，而为实现种族主义目的的史学研究则不惜伪造史料。郭沫若运用马克思主义唯物史观的史学研究，目的就是要重建真实的中国古代社会的历史，这是形成健全民族意识的根本保证，而真实可靠的历史必须立足于真实的史料之上，这使郭沫若的史学研究首先就要解决史料的真实性问题，所以他关注商周时代的甲骨文、金文研究便理所当然地成为其史学研究的基础工作。很明显，这些史料由于是当时先民留下的真实材料，从而与据神话传说或唯心史观所建立的史学研究形成了鲜明的区别。

郭沫若的史学研究实际是建立在他的古文字学研究的基础之上的。1927年8月7日，郭老完成了他的第一篇古史研究论文《周易时代的社会生活》，这当然体现了他在确立唯物史观立场之后的史学思考。在其后的一年中，郭老又撰写了《诗书时代的社会变革与其思想上之反映》。但与此同时，他已感到单纯利用这类传统经学史料重建古史的做法大有问题，于是从1928年9月开始，将研究的重点转移到了对商周甲骨文和金文的研究，终于使古代社会的真情实况灿然如在目前，使《诗》《书》《易》中各种社会机构和意识得到其泉源[1]。事实上在郭沫若的全部史学著作中，最先完成的一部即是《甲骨文字研究》，由此可见其治史的用心。郭沫若在1929年8月1日写就的《甲骨文字研究·自序》中明确指出：

> 余之研究卜辞，志在探讨中国社会之起源，本非拘拘于文字史地之学，然识字乃一切探讨之第一步，故于此亦不能不有所注意。且文字乃社会文化之一要征，于社会之生产状况与组织关系略有所得，欲进而追求其文化之大凡，尤舍此而莫由。前者余既有"卜辞中之古代社会"以专论之，其有关于文字考释之事者则汇辑而为兹编，二书所录固互为表里者也。

---

[1] 郭沫若：《中国古代社会研究》，人民出版社，1977，第172页。

是故，殷代文字实尚在创造之途中也。然惟其单纯，于研究一切精神生产之起源上，适为最良之资料，犹研究生物学者之必由显微镜解剖学以入手。卜辞及其文字则一切后代文化之原始细胞也。触目及此，云翳具除。如宗教之起源于生殖崇拜，刑政之滥觞于奴隶使用，艺术之本质在服务于社会，星历之现象最亲昵于先民，胥若明如观火矣。

其于治史必自作为直接史料的文字开始的思想非常明确。稍后他在1930年7月29日撰写的《殷周青铜器铭文研究·序》中同样表述了这一想法，郭沫若说：

余治殷周古文，其目的本在研究中国之古代社会。

而在1954年3月26日该书重印本的《重印弁言》中，郭老更明确谈到了其古文字学研究的意义。

我研究殷周金文，主要目的是在研究古代社会。为要达到这个目的，必须做好文字研究工作。这种工作，看来是很迂阔的，但舍此即无由洞察古代的真相。

其重视古文字学的研究，并欲以其构建古史的初衷，于此表述得已再清楚不过。

研究中国古代社会首先需要正本清源，但在当时中国考古学尚不发达的条件下，最关键的工作莫过于对商周历史的重建。而对商周社会的考察，史料问题则是面临的第一道难题。孔子欲作夏史商史，即因史料不足而作罢。郭沫若据新立场和新观点的史学研究当然更需要借助新史料来实现。传统的六经史料显然是不够的，而且这些基本史料经过两千多年的传承，势必留有后人整理的痕迹。而商周时代的甲骨文、金文作为直出商周先民之手且未经后人改窜的直接史料，正是郭沫若考察商周社会所亟须利用的材料。

涉猎古文字学就不能不涉及罗王之学，郭沫若的古文字学研究也正是由此而起步的。虽然传统的金石学及清末甲骨文的发现为郭沫若的史学研究积累了可靠的史料，但郭沫若的古文字学研究却绝不是对传统作为旧学的经学、小学和金石学的简单继承，其既立足于坚实的旧学根基，又以作为新学的考古学、语言学、近代科学辅翼之,特别是以具有理论意义的唯物史观为指导,故能旧学新学并重,既以旧学助新学,更能以新学促旧学,新旧交融地实现其以古文字材料构建上古史的目标。

具备了马克思主义唯物史观的立场,具有了掌握和研究商周社会直接史料的基础和能力,郭沫若的史学研究便开创出了不同于前贤与同侪的新局面。与此同样重要的是,郭沫若不仅具有试图通过对古代社会的清算而重建真实历史的豪情,而且更身怀作为中国人重建自己民族真实历史的自信心和使命感,这在他1929年9月20日夜完成的《中国古代社会研究·自序》中展露无遗。郭沫若在序中写道:

> 中国的社会固定在封建制度之下已经二千多年,所有中国的社会史料,特别是关于封建制度以前的古代,大抵为历代御用学者所湮没、改造、曲解……胡适的《中国哲学史大纲》,在中国的新学界上也支配了几年,但那对于中国古代的实际情形,几曾摸着了一些儿边际?社会的来源既未认清,思想的发生自无从说起。所以我们对于他所"整理"过的一些过程,全部都有重新"批判"的必要……我们所要的是材料,不要别人已经穿旧了的衣裳;我们所有的是飞机,再不仰仗别人所依据的城垒。我们要跳出了"国学"的范围,然后才能认清所谓国学的真相。清算中国的社会,这是前人所未做到的工夫。清算中国的社会,这也不是外人的能力所容易办到。不是说研究中国的学问应该要由中国人一手包办,事实是中国的史料,中国的文字,中国人的传统生活,只有中国人自身才能更贴切地接近。世界文化史的关于中国方面的记载,正还是一片白纸。恩格斯的《家庭、私有制和国家的起源》上没有一句说到中国社会的范围。外国学者对于东方情形不甚明了,那是情理中事。中国的鼓睛暴眼的文字实在是比穿山甲、比猬毛还要难于接近的逆鳞。外国学者的不谈,那是他们的矜慎;谈者只是依据旧有的史料、旧有的解释,所以结果便可能与实际全不相符。在这时中国人是应该自己起来,写满这半部世界文化史上的白页。

郭沫若将他的《中国古代社会研究》视为对恩格斯《家庭、私有制和国家的起源》所作的续篇,目的当然不仅仅是要通过直接史料所构建的古史,在人类社会的历史上补上中华文明的一页,更重要的是通过运用唯物史观对中国上古历史的考察，检视唯物史观的真理性以及其对于人类社会发展的普遍意义。

新史料并不是一成不变的，它将随着学术的发展不断更新和丰富。20世纪20年代，作为新学的考古学引入中国，不仅为如甲骨文、金文这类新史料提供了科学的发现方式，而且也极大地拓展了新史料的范围。李济于1926年主持山西夏县西阴村遗址的考古发掘，中央研究院历史语言研究所于1928年开始了对殷墟的考古发掘，都显示了中国学者对新史料的关注，以及运用新史料重建中国上古史的努力，特别是1928年的殷墟发掘工作，更标志着中国考古学的诞生。这些工作极大地唤起了郭沫若的兴趣，使其得以及时将新的史料运用于他的史学研究与古文字学研究，不断丰富和完善自己的学说，做出了历史性的重要贡献。

结　论

郭沫若一生的发展经历了不同的阶段，其学术生涯也是如此。但就其从事史学研究与古文字学研究而言，即不宜简单地归之于郭沫若的个人兴趣。事实上，郭沫若为什么会在三十五岁以后转而治史，这显然与其接受马克思主义唯物史观有着密切的关系，这一史学立场的确定开启了郭沫若人生的新阶段。而当史学立场确立之后，关注古文字材料就自然成为其实现政治与学术使命的必然选择。正如郭老自己对史学立场与史学研究的关系所阐述的那样：研究历史是不可以轻率从事的，"掌握正确的科学的历史观点非常必要，这是先决问题。但有了正确的历史观点，假使没有丰富的正确的材料，材料的时代性不明确，那也得不出正确的结论"[1]。很明显，从郭沫若的史学研究经历可以看出，史学研究必须首先确立正确的史学立场，没有正确立场的支持与指导，史学研究就会偏入歧途。因此，从史学立场的角度认识郭沫若的史学研究，不仅可以客观揭示郭沫若从文学转治史学的心路历程，而且对纠正今日流行的历史虚无主义等各种乱象也具有积极的现实意义。

2022年4月20日改定于尚朴堂

---

[1] 郭沫若：《中国古代社会研究·一九五四年新版引言》，人民出版社，1977。

谈郭沫若校订本《再生缘》及整理出版

谢保成[*]

摘 要：一、郭沫若继陈寅恪之后高度赞赏陈端生《再生缘》，"主张把它铅印出来"；二、郭沫若用初刻本、翻刻本、郑振铎所藏抄本合校，"以抄本为主"，加注45条，完成《再生缘》前十七卷校订；三、郭沫若对《再生缘》校订本校样作有近700处添改，产生了"黄粱梦"的想法，写下"黄粱梦"的题记；四、郭沫若校订本《再生缘》的首次出版及得失；五、为《郭沫若全集·补编》整理《再生缘》校订本的步骤与分工，出注700余条；六、补读陈寅恪《论再生缘》初版本，缅怀为发掘优秀文化遗产耗费大量心血的两位大师。

关键词：郭沫若 《再生缘》校订本 陈寅恪 《论再生缘》

2022年端午期间，我与重庆师范大学杨华丽谈她新出版的关于晚近小说中家庭伦理转型一书，想到时间更早（乾隆年间）就冲击"三纲"的《再生缘》。恰逢看《郭沫若学术述论》二校样，潘素龙问书中怎么没有郭沫若校订《再生缘》的文章，想起与郭沫若校订《再生缘》打了整整20年的交道，我乘着余兴把郭沫若校订《再生缘》情况以及整理出版情况做一系统梳理。

一

《再生缘》是清乾隆年间女作家陈端生写成的七言长篇叙事诗，以弹词的形式讲述孟丽君（郦君玉）、皇甫少华、苏映雪（梁素华）间错综复杂的爱情故事以及三家的矛盾纠葛。

---

[*] 谢保成，中国社会科学院古代史研究所研究员。

陈寅恪 1953 年 9 月撰写《论再生缘》，至 1954 年 2 月完成，自费油印。后被带到香港，1959 年 6 月友联出版社出版，1960 年传回内地；同年 12 月 8 日郭沫若"读了一遍"的最初感受是"殆皆传见者流"，但肯定其"能考出《再生缘》作者及续作者姓氏"，对陈寅恪的高度评价"感受到高度的惊讶"，便以"补课的心情"开始阅读《再生缘》，"想来验证"陈寅恪的评价"究竟是否正确"。半个月后郭沫若率代表团出访古巴，至 1961 年 1 月 27 日回到北京，一路不忘阅读《再生缘》，"一面看，一面校改"。到这年 11 月 15 日第二次拜访陈寅恪时，郭沫若四读《再生缘》，核对三种版本，发表六篇文章、两个附篇，改变了最初的认识，基本完成《再生缘》前十七卷的校订，写下"壬水庚金龙虎斗，郭聋陈瞽马牛风"的对联，成为与陈寅恪交往的见证。

陈寅恪在《论再生缘》中分思想、结构、文词三方面评价《再生缘》，郭沫若在新发表的《〈再生缘〉前十七卷和它的作者陈端生》中做出相应的评价。

陈寅恪认为"《再生缘》一书之主角为孟丽君，故孟丽君之性格，即端生平日理想所寄托，遂于不自觉中极力描绘，遂成为己身之对镜写真也"，然后写道：

> 则知端生心中于吾国当日奉为金科玉律之君父夫三纲，皆欲藉此等描写以摧破之也。端生此等自由及自尊即独立之思想，在当日及其后百余年间，俱足惊世骇俗，自为一般人所非议。①

郭沫若认为"作者的思想富于叛逆性。她的胆子相当大。她假想了一个孟丽君，女扮男装，中状元，做宰相……"，他分析说：

> 在男性中心的封建社会，女性的才能得不到发展，故往往生出这些要与男子并驾齐驱的幻想。不过作者的叛逆性更进了一步，她使她的主要人物发展到了目无丈夫，目无兄长，目无父母，目无君上的地步。……这在旧时代是难能可贵的。②

---

① 陈寅恪：《论再生缘》，友联出版社，1959，第 78~79 页。本文引陈寅恪《论再生缘》，均据此本，不再注出版社，仅注页码。
② 郭沫若：《〈再生缘〉前十七卷和它的作者陈端生》，《光明日报》1961 年 5 月 4 日。下引二则，同此。

对于《再生缘》的结构,陈寅恪称其"结构精密,系统分明","为弹词中的第一部书"。郭沫若这样评说:"全书波浪层出,云烟缭绕,神龙游戏,夭矫不群。"

"文词"方面,陈寅恪强调"《再生缘》之文,质言之,乃一叙事言情七言排律之长篇巨制",引用唐代元稹(字微之)称赏杜甫的评论赞曰:

> 弹词之作品颇多,鄙意《再生缘》之文最佳,微之所谓"铺陈终始,排比声韵","属对律切",实足当之无愧,而文词累数十百万言,则较"大或千言,次犹数百"者,更不可同年而语矣。①

郭沫若虽然不同意元稹的"抑李扬杜之论",仍然认为陈寅恪"更使陈端生远远超过了杜甫",并表示:

> 陈寅恪说,他是"噤不敢发,荏苒数十年,迟至暮齿,始为之一吐";……我不仅不"讪笑"他,反而要为他的敢于说话而拍掌。

陈寅恪明确写道:

> 今寅恪殊不自量,奋其谫薄,特草此文,欲使《再生缘》再生……②

郭沫若进一步表示:

> 我也"不顾当世及后来通人之讪笑",把《再生缘》前十七卷仔细核校了,并主张把它铅印出来。

二人的分歧主要有三。一是第十七卷的写作地点。陈寅恪认为"端生似随父玉敦赴云南",郭沫若认为"写在浙江,陈端生并未随父到云南"。二是陈端生的丈夫是哪个范菼。陈寅恪猜测为浙江秀水范璨之子范菼,郭沫若认为是会稽范菼。三是陈云贞是否即陈端生。郭沫若始终坚持"陈云贞就是陈端生"。

1961年7月底,郭沫若以三个版本核校完《再生缘》前十七卷,把先

---

① 陈寅恪:《论再生缘》,第84页。
② 陈寅恪:《论再生缘》,第82页。

前已经发表的研究陈端生和《再生缘》的三篇文章、两个附篇以及张德钧的两篇文章"收录在卷首",写了《序》,以《序〈再生缘〉前十七卷校订本》为题发表在 8 月 7 日的《光明日报》,标志着《再生缘》前十七卷校订本即将"再生"。

需要指出,《序》发表后所写三篇文章是 1962 年 1 月才确定"收录在卷首"的。郭沫若 1962 年 1 月 1 日致王戎笙函提供了两则信息:一是"《再生缘》校看了七卷,先行寄回",表明此时郭沫若才校看完七卷,这是指看最后一校的校样;二是"卷首所附资料,尚未收全。在《关于陈云贞〈寄外书〉的一项新资料》之前,我还写过一篇长文(此文在家里有,请查出带来),未收入,不知何故。又在此写了一篇《读了〈绘声阁续稿〉与〈调菰楼集〉》,将由《羊城晚报》发表,发表后也要收入"①。"在家里"的一篇,指《有关陈端生的讨论二三事》。据此,郭沫若校订本《再生缘》的最后编定时间应在 1962 年 1 月之后,而不是写《序〈再生缘〉前十七卷校订本》的 1961 年 7 月底。

二

由于《再生缘》中有"征东"事,在当时被认为"涉及中朝关系",中华书局虽然"打成了纸型",最终还是"决定不再出版,并于 1962 年 11 月 10 日通知了郭沫若"。②郭沫若把保存的校样装订成 10 册,卷首 1 册,《再生缘》9 册(第一卷至第十六卷 8 册,每两卷 1 册,第十七卷 1 册)。每册封面手写"再生缘卷首""再生缘第××卷"。

郭沫若保存的校样,卷首 148 页、《再生缘》1188 页,每页 24 行,每行 27 字。本文所引校样文字、所用校样图像均据此本,由郭沫若纪念馆提供。

卷首部分的编排,11 篇研究文章,调整了篇目名称及顺序。将《序〈再生缘〉前十七卷校订本》改作《序》,置于卷首之首。将原为《序〈再生缘〉前十七卷校订本》"附录一"的《陈端生年谱》作为第二篇,做过修改,郭沫若自认为"这个《年谱》是我对于陈端生的研究的总结"。改《〈再生缘〉前十七卷和它的作者陈端生》题名为《谈〈再生缘〉和它

---

① 林甘泉、蔡震主编《郭沫若年谱长编》第 4 卷,中国社会科学出版社,2017,第 1865~1866 页。
② 详见中华书局 1982 年 5 月 11 日致李一泯函,中华办字第 140 号。

郭沫若保存的《再生缘》校样

的作者陈端生〉,与《再谈〈再生缘〉的作者陈端生》作为第三、第四篇。《陈云贞〈寄外书〉之谜》为第五篇,增加"附录"《两种〈寄外书〉的对照》,左侧手写:"分左右两栏排,14字长,照上一页原稿格式,中间加一线。两边要对准。"右侧手写:"附在《陈云贞〈寄外书〉之谜》后。"将原为《序〈再生缘〉前十七卷校订本》"附录二"的《关于范菼充军伊犁的经过》编为第六篇。第七、八、九篇最后收入,为《有关陈端生的讨论二三事》《关于陈云贞〈寄外书〉的一项新资料》《读了〈绘声阁续稿〉与〈调荪楼集〉》。张德钧的两篇文章紧接其后,为《陈端生的母系及其他》《关于编改弹词的女诗人侯芝》。《陈端生的母系及其他》原题为《陈端生的母系对她在文学成就上的影响》(仅第一部分,无标题,新加标题"一 陈端生的母系"),增加"二 金坛相国的犹子""三 舒中丞的公子"两部分。11篇文章,除《序》《陈端生年谱》《关于范菼充军伊犁的经过》外,其他8篇篇题下均署作者姓名。

《再生缘》部分的校订,据《序〈再生缘〉前十七卷校订本》即卷首第一篇,郭沫若最先读到的版本是道光三十年三益堂翻刻本,亦即陈寅恪听读的本子。1961年4月初旬,他从郑振铎的藏书中发现《再生缘》抄本(估计是嘉庆年间的抄本),把抄本和三益堂本进行核对。虽然都是二十卷,但只有陈端生原著的前十七卷是相同的,后三卷完全不同,郭沫若认为抄本比三益堂本"续作更坏",便决定只核校陈端生原著的前十七卷。5月下旬,郭沫若又得见阿英收藏的道光二年宝仁堂刊本,确定为初刻本,认为核校工作"在得到抄本和初刻本之后,便得到双重的保障"。核校工作从 6 月初旬开始，中华书局编辑部"进行了严密的校阅"，采取的步骤是先在一个坫本上把三种本子的异同标示出来，最后由郭沫若"决定去取"，至 1962 年 1 月之后校看完全稿。

中华书局编辑部的"严密的校阅"，是"细大不捐地都要标注出来，那会写成十几万字的校勘记"，郭沫若认为"无关宏旨"，没有"必要"，就没有在校样上保留下来，成为一件憾事。郭沫若的最后校阅，主要是以郑振铎所藏抄本核校刻本，"抄本有夺误，或者词句较刻本有逊色时，则依据刻本"，"有时抄本和刻本有了同样的夺误，那就无可依据，我便只好在好些地方以意添改了"，"不过凡我添改或改动的地方，我大抵加了注，以表明责任。"① 除第七、九、十三卷，其余十四卷都加有注，总计 45 条。

第一卷，加注 6 条：

（1）此句以下，至下页"夫人产下一千金"止，抄本文字与此不同，不备校。

（2）此处依平仄似尚夺两句。（按："此处"，指"罗袖轻盈初见笋"句前。）

（3）"今宵"至"不端"，抄本夺，有"不才之语乞明言"一句。

（4）"看君家"至"内中情"，抄本夺。

（5）此句抄本夺。（按："此句"，指"不言公子坐轻车"句。）

（6）此句抄本夺。（按："此句"，指"良贞抱住亲生子"句。）

第二卷，加注 4 条：

（1）"国主"下四句，抄本作"皇甫亭山微叹息"一句。

（2）此句抄本作"尹夫人 越思越想越心酸"。（按："此句"，指"夫人一恸泪如泉"句。）

（3）此三字，抄本作"引道飞风往前跑"一句。以下几句亦有不同。（按："此三字"，指"引道的"三字。）

（4）此处依平仄，至少当夺两句。（按："此处"指"隐隐纱灯摇烛影"句前。）

第三卷，加注 1 条：

（1）"但只见"至"两扇间"，抄本文字不同。

第四卷，加注 4 条：

---

① 郭沫若：《序〈再生缘〉前十七卷校订本》，《光明日报》1961 年 8 月 7 日。

（1）"好一位"二句，抄本夺。

（2）"好一似"二句，抄本作"犹如乱箭射心怀"。

（3）"冰肌"至"落青云"，抄本无。案依平仄而言，"冰肌"与"广寒"二句殆是后人所加。

（4）"春日"以下六句，抄本无。

第五卷，加注1条：

（1）"夫人"至"下拜"，抄本夺。

第六卷，加注3条：

（1）"卫府"至"家间"，抄本夺。

（2）此句抄本夺。（按："此句"，指"满扯冰弦生喜色"句。）

（3）抄本、刻本均作"季春十二"，与本卷初句犯复，应是三十之误。

第七卷，未加注。

第八卷，加注2条：

（1）此句刻本缺，以意补。抄本作"不肯宽恩斩法场"。（按："此句"，指"绝情绝义不表扬"句。）

（2）"从今后"至"详详看"，抄本夺。

第九卷，未加注。

第十卷，加注1条：

（1）"崔郎"至"行刑"一段，抄本夺。

第十一卷，加注1条：

（1）"弘治"，刻本及抄本均作"弘理"，案当作弘治。唐人讳治（唐高宗名）为理，故古本有作理者。《世说新语·容止篇》："王右军见杜弘治，叹曰：面如凝脂，眼如点漆，此神仙中人。"此人即杜乂。

第十二卷，加注1条：

（1）"低声"二句，刻本、抄本均无，但从韵律及情理推之，当有夺佚。故以意补。

第十三卷，未加注。

第十四卷，加注5条：

（1）"若据"至"真真像"，抄本夺。

（2）"做朕（我）不着"，是杭州一带方言，意谓牺牲自己。

（3）此处有夺落。应有诸人的反应，及黄门领到项隆，先行报命，次受召登殿的叙述。查对抄本，只夺十七字，即"倒竖龙眉喝众人，早有项隆垂召入，俯伏在"云云，下接"金銮殿上拜明君"。太简略了，恐仍非本来面目。故为添写了若干句。

（4）"交椅"至"坐近床"，抄本夺。

（5）"打瓦"下三句原缺，以意补。恐所缺者不止三句。

第十五卷，加注10条：

（1）"越过了"二句，抄本夺。

（2）此句抄本夺。（按："此句"，指"仁心一动全情义"句。）

（3）"忙忙"至"也断肠"抄本夺。

（4）"只为"下三句，抄本夺。

（5）"泪满"下三句，抄本夺。

（6）此句抄本夺。（按："此句"，指"自身弃职游天下"句。）

（7）"感动"下三句，抄本夺。

（8）这句是我改的。原作"莽玉威风做做官"，我觉得把苏映雪和孟丽君的性格都损坏了。（按："这句"，指"后乐先忧为闾阎"句。）

（9）此句抄本夺。（按："此句"，指"今朝若不早开销"句。）

（10）"太妃"下三句抄本夺。

第十六卷，加注3条：

（1）"若然"下三句，抄本夺。

（2）此三字抄本夺。（按："此三字"，指"秉虔诚"三字。）

（3）"那里有"至本卷末，抄本全夺。

第十七卷，加注3条：

（1）抄本缺诗。（按：指缺卷首的"诗曰"。）

（2）"死别生离"句，刻本误为"自然憔悴堂萱后"，今据抄本改。陈寅恪在《论再生缘》中校改为"孝子忠臣性自然"，但与抄本不合。

（3）"一枕"至"心机"，抄本夺。

45条注中有40条提到"抄本"，表明郭沫若在最后"决定去取"时，是用郑振铎抄本核校过全稿一遍，如其《序》所说"以抄本为主"，指出抄本与刻本"文字不同""抄本夺"等，并做了"刻本无，据抄本改"或"刻本、抄本均无""以意添改"的处理。

第一卷第一注："此句以下，至下页'夫人产下一千金'止，抄本文字与此不同，不备校。""此句"，指"翠袖花冠美貌君"，至下一页"夫人产下一千金"，其间有唱词39句、说白50余字，抄本文字与此不同，郭沫若保留了刻本文字，但认为没有必要与抄本一一对校，就做了"不备校"的处理。这种表示抄本与刻本文字不同的注8条、表示文字相同的注2条。

第十六卷最末一注："'那里有'至本卷末，抄本全夺。"指自"那里有 履中着履裹绫罗"句以下至卷末"我且得 词登十七润新毫"句之间的唱词37句、说白29字"抄本全夺"。这是为了表明抄本脱落情况所加的注，共30条。

为"以意添改"加注5条。第八卷"绝义绝情不表扬"句加注："此句刻本缺，以意补"，同时标明"抄本作'不肯宽宥斩法场'。"第十二卷"低声忙叫吐真言 苏娘嘿嘿微含怒"二句加注："'低声'二句，刻本、抄本均无，但从韵律及情理推之，当有夺佚。故以意补。"第十四卷"倒竖龙眉喝众人"句加注："此处有夺落。应有诸人的反应，及黄门领到项隆，先行报命，次受召登殿的叙述。查对抄本，只夺十七字，即'倒竖龙眉喝众人，早有项隆垂召入，俯伏在'云云，下接'金銮殿上拜明君'。太简略了，恐仍非本来面目。故为添写了若干句。"这是添写文字最多的一处，在"倒竖龙眉喝众人"与"金銮殿上拜明君"间添写如下（924~925页）：

仿佛晴天来霹雳 犹如大海怒鹏鲲 九重咫尺天威猛 压倒满朝文武臣 韩氏夫人心懊恨 明堂郦相意沉吟 正当万籁无声处 黄门回报上朝廷
　　启禀皇爷，云南富人项隆，奉召领至殿下。传他上殿。是，传项隆上殿。
项隆久候正耽心 一听传呼失了魂 唯觉被人推送急 俯伏在

同卷"打瓦奔雷雨势狂 仿佛苍穹都垮下 顿教白昼暗无光"三句加注："'打瓦'下三句原缺，以意补。恐所缺者不止三句。"第十五卷改"莽玉威风做做官"为"后乐先忧为闾阎"，加注："这句是我改的。原作'莽玉威风做做官'，我觉得把苏映雪和孟丽君的性格都损坏了。"

至于与陈寅恪所引不同，第十七卷"死别生离志最坚"句郭沫若加注："'死别生离'句，刻本误为'自然憔悴堂萱后'，今据抄本改。陈寅恪在《论再生缘》中校改为'孝子忠臣性自然'，但与抄本不合。"实际情况是，陈寅恪引第十七卷第六十五回首节：

自然憔悴堂萱后，（寅恪案，此句疑当删去，而易以"孝子忠臣性自然"一句，盖作者取《玉钏缘》卷首诗意，成此一句也。传抄者漏写"孝子忠臣性"五字。又见下文"自然憔悴堂萱后"七字，遂重复误写耳。）①

　　陈寅恪并没有直接改动原文，只是在括号中加"寅恪案"表示"易以'孝子忠臣性自然'一句"，这与直接改动原文是有区别的，应当说清楚。

　　此外，郭沫若的加注，还有如《序》所说，"原作的体裁是很严谨的，它严格地遵守着七言排律的作法，字句平仄几乎一丝不苟"，"看到平仄的合辙与否，便容易辨别出抄本或刻本有无错落"。第四卷"冰肌玉骨貌盈盈　广寒殿内飘然立　手抛丹桂落青云"三句加注"'冰肌'至'落青云'，抄本无。案依平仄而言，'冰肌'与'广寒'二句殆是后人所加"，就是一例。

　　总起来说，校样中的《再生缘》是用初刻本、翻刻本、抄本三种本子合校而成的一个新本子，字句不可能与初刻本、翻刻本、抄本完全相同。但"在编辑部方面真真是做到了严格、严密、严肃的地步"，是以"细大不捐"、能够"写成十几万字的校勘"为坚实基础的，因而是《再生缘》前十七卷第一、也是唯一一个以最早三种本子进行汇校的集校本。

　　不过，这个本子也是做了规避处理的。原词中"朝鲜"二字均改为"东夷"、"东邦"、"东洋"或"夷邦"，"破朝鲜"或"灭朝鲜"也改为"定边关"之类。

三

　　自1962年11月接到"决定不再出版"的通知至1967年10月写下题记的岁月中，郭沫若断断续续地看过这一校样，留下用黑、红、蓝铅笔以及毛笔进行修改的痕迹，还有用毛笔描改红、蓝铅笔字迹的情况。

　　卷首部分，除增加《〈黄粱梦〉前十六卷一首一尾所交代的写作日期》外，11篇研究文章只有几处文字订改，包括改规避字。

　　《再生缘》部分，改动677处，包括弹词文字改动、注文删改、旁批

---

① 陈寅恪：《论再生缘》，第6页。

与眉批添加。

第一卷，改动 25 处。

第二卷，改动 95 处。

第三卷，改动 40 处。

第四卷，改动 26 处，包括 1 处原注删后又恢复了。

第五卷，改动 25 处，包括添加注文 1 处。

第六卷，改动 57 处，包括修改原注 1 处。

第七卷，改动 173 处。

第八卷，改动 17 处。

第九卷，改动 16 处。

第十卷，改动 31 处。

第十一卷，改动 24 处。

第十二卷，改动 30 处，包括添加旁批 2 处。

第十三卷，改动 6 处，包括添加眉批、旁批各 1 处。

第十四卷，改动 32 处，包括添加旁批 1 处。

第十五卷，改动 25 处，包括修改原注 1 处、删去原注 1 处。

第十六卷，改动 27 处。

第十七卷，改动 28 处。

这些改动，有的反映认识的变化，有的是对唱词的改、删，有的是对注的添加、删改，有的是对错别字的订改，有的是对"夷""番"等字的更改。

1. 反映认识变化的改动

见过校样的人都会注意到"黄粱梦"的题记，"再生缘"三字改为"黄粱梦"。如果仔细阅读校样，还会发现郭沫若形成"黄粱梦"想法的过程。

第十二卷封底内页右上角有用红铅笔所写三行字：

黄——皇甫少华

梁——梁素华

梦——孟丽君

这表明郭沫若在改完第十二卷时有了"黄粱梦"的想法。改完全稿后，这一想法更加明确，才在"卷首目录"后的白页写下题记：

观此书人物选姓颇有用意。书中三位主要人物,皇甫少华切黄字,梁素华切梁字,孟丽君切梦字,盖取《黄粱梦》为其主题也。此断非偶然。

沫若

一九六七年十月二十三日题。

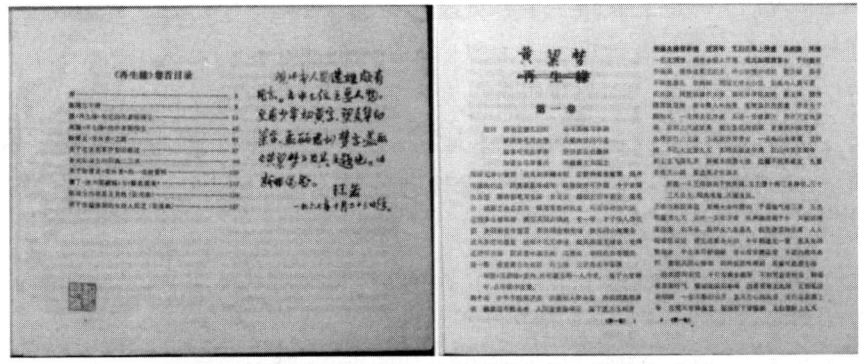

《再生缘》校样卷首目录、沫若题记、第 1 卷第 1~2 页

同时,在原书卷目回次之上,用毛笔添加了"黄粱梦"三字,并把第一卷之上的"再生缘"三字用毛笔涂掉,改写为"黄粱梦"。写作日期的一纸,亦在此时完成,就直接在纸的下端写上《〈黄粱梦〉前十六卷一首一尾所交代的写作日期》。

由此推断,1967 年 10 月 23 日写题记之时,是郭沫若改完全稿之日,也是他最后一次看完《再生缘》校样。此时《李白与杜甫》的写作已经开始,不会再顾及《再生缘》校样了。

说到"黄粱梦",稍作一点提醒:第一卷有"果然吉兆应黄粱"句(6页)、"姨娘来托梦黄粱"句(44页),第十四卷有"相逢犹认是黄粱"句(915页),特别是二十卷本第七十七回回目作"历风波黄粱梦醒"。这些,不知是否对郭沫若有所启示。

注文的删改反映认识变化,最明显的一例在第十五卷(1006页、1007页)。陈端生原词有"莽玉威风做做官"一句,郭沫若认为有损孟丽君等的形象,1962 年将这句改为"后乐先忧为闾阎",并加注:"这句是我改的。原作'莽玉威风做做官',我觉得把苏映雪和孟丽君的性格都损坏了。"但当其有了"黄粱梦"的想法后,就把 5 年前所改"后乐先忧为闾阁"删掉，在旁边用毛笔工整地填入原词"莽玉威风做做官"。

正文恢复原词，原注又被删掉，这一变化在排印本上是反映不出来的。所以，我坚持整理郭沫若校订本《再生缘》，要完整反映校样的改动，凡有改动，一律出注，原因正在于此。

2. 对唱词的改、删

对唱词的改、删，改一个字到改七个字的情况都有，而以改一字至三字的情况居多。除订正错别字，更改"夷""番"等字之外，此类改动可区分为四，一是从音韵出发，考虑平仄合辙的改动；二是从用词出发，进行字斟句酌的改动；三是从用典出发，准确表现典故的改动；四是从叙事出发，照应事实变化的改动。这些改动，大多使韵律更美、词语更精、用典更妙、叙事更备，对提高其艺术性有一定作用，但都是脱离版本的改动，不具有校勘意义。

四个字以上的改动不多，七个字的改动更少，只有如下几处：第一卷改"何必还于世上扬"为"不与奸人共太阳"（55页），第八卷改"何期奸佞惑君王"为"丧师辱国罪难当"（475页），第十四卷改"从此休来见朕当"为"尔亦目中无帝王"（925页），第十五卷除添加"四海云游四处寻""以足其意"（987页）外，另有一处改"逃出君王手掌中"为"强言直谏意从容"（1030页）。这几处改动，完全是脱离版本的改动。

校样有两处删除（红铅笔涂抹并画了删除符号），第二卷"晓怜日影趁闲编"句后删"短昼不堪勤绣作 仍为相续再生缘"十四字（67页），第八卷"仇家来诳奏"句后删"我皇上 还该疑是假投降 如何竟信微臣反"三句十七字（475页）。校样中用红铅笔涂抹的还有第十七卷"一骑骖乘如飞练"（1142页），但没有删除符号，所以不作删除处理，依然保留。

3. 对注的添加、删改

第五卷，"仲春廿六近清明"句添加新注："当年的清明为农历二月二十八日，故云'仲春廿六近清明'。"

第六卷，删去原注"抄本、刻本均作'季春十二'，与本卷初句犯复，应是三十之误"，改为"言自农历三月十二日开始写第六卷，至四月初始完成也"（391页）。这一删改，与作《〈黄粱梦〉前十六卷一首一尾所交代的写作日期》相关。原注认为卷首、卷尾都有"季春十二"，在诗歌创作中属于"犯复"，即犯重复，因而将卷尾的"季春十二"改为"季春三十"。但当作《〈黄粱梦〉前十六卷一首一尾所交代的写作日期》时，发现"三月小，约 28 天"，改为"三十"就出三月、进四月了，不属于"季春"。所以，不管是否"犯复"，又改回"十二"，删去原注，添加新注。

第十五卷，"自身弃职游天下"句后补写"四海云游四处寻"，原注仅"此句抄本夺"五字，用毛笔添加了"但所夺者应不只一句，为补'四海'句以足其意。"（987 页）将"后乐先忧为间阎"改回为原词"莽玉威风做做官"，删除原先为改动所加的注，上文已述。

第四卷的一处改动，是删除后又恢复了。原注后半句"案依平仄而言，'冰肌'与'广寒'二句殆是后人所加"用毛笔勾掉，又做了恢复符号，仍然保留下来。（259 页）

4. 对错别字的订改

第一卷"直"订正为"真"（62 页，还原）；第四卷"又如"订正为"犹如"（249 页）；第五卷"照着"订正为"照看"（305 页，还原），"苦当难"订正为"苦难当"（317 页）；第六卷"华东门"订正为"东华门"（342 页）；第七卷"含欢"订正为"含欣"（393 页，还原），"扮军装"订正为"换军装"（396 页），"利箭"订正为"利剑"（415 页）；第八卷"分了首"订正为"分了手"（518 页，还原）；第九卷"谛"订正为"缔"（531 页）；第十卷"母亲"订正为"娘亲"（621 页，还原），"酙"订正为"斟"（657 页，还原）；第十一卷"干"订正为"于"（713 页，还原），"廖廖"订正为"寥寥"（713 页，还原）；第十二卷"肴佳"订正为"佳肴"（762 页），"问"订正为"向"（810 页，还原），"恁"订正为"任"（811 页，还原）；第十三卷"午影"订正为"牛影"（825 页），"涂珠"订正为"涂朱"（855 页）；第十四卷"砚案"订正为"案砚"（893 页，还原），"邈视"改为规范字"藐视"（924 页），"冒名项姓"订正为"冒名顶姓"（948 页，还原）；第十六卷"进"订正为"选"（1082 页，还原），"泠泠"订正为"冷冷"（1103 页，还原），"喜欢"订正为"喜欣"（1105 页，还原），"甫皇"订正为"皇甫"（1110 页）；第十七卷"千金"订正为"千斤"（1139 页），"陪"订正为"赔"（1140 页，还原），"樽垒"订正为"樽罍"（1157 页），"童瞳"订正为"重瞳"（1171 页）；等等。订正总共 30 来字，不到全书 60 万字的万分之零点五，表明校样确如郭沫若所说，做到了"严密、严谨"。其中，标有"还原"二字者，表示还原为"陈端生原词"。

这中间，也有无须改和误改者。"不叫""休叫"的"叫"全改为

"教","就里"全改为"究里","肋"全改为"胁",均无必要。"叫""教"二字通,"就里"指"内里","究里"是郭沫若个人习惯用词,"肋""胁"都指肋骨、胸腔两侧。再如"赧颜""赪颜"(630页),都指脸红,何必改动原词。

误改,第五卷"和包"改"荷包"(274页)。原文"取出黄金称足数 灯前举笔就开单 盛华楼上工新巧 打一项 嵌宝垂珠金凤冠 余者长钗和短串 纷纷开写尽皆全 和包交付东家手",是说取出足够数量的黄金,准备到盛华楼打凤冠、长钗、短串等,连同开具的清单,一起包好交到东家手。"和包"指某物连同某物一起包好,"荷包"指随身携带、装零钱零物的小囊(包),"和包"岂能改作"荷包"!第十一卷两处"冠带"改为"冠戴"(708页、719页)。冠带指头戴帽子、身系腰带,冠戴仅指戴帽,改动失当。

5. 对"夷""番"等字的更改

前文已交代,《再生缘》刻本、抄本中的"朝鲜"二字,在校样中已改作"东夷""夷邦"等。1967年郭沫若再看校样,对"夷""番"等字进行再更改。改得最多的两卷,第二卷的95处改动中有86处是对"夷""番"的更改,第七卷的173处改动中有137处是对"夷""番"的更改。"夷"字基本对应"莱"字,改"东夷"为"东莱"。"番"字无固定的对应字,如"番官"改"莱将""将官","番兵"改"莱兵","番儿"改"卒子","番营"改"敌营","番奴"改"狂奴","番邦"改"东邦""莱邦","入夷番"改"定边关","破夷番"改"凯歌还","踏番国"改"平莱寇","探夷番"改"入龙潭",等等。其他各卷,还有"战夷番"改"涉狂澜","平了东夷内外帮"改"平了东莱靖海疆"之类。由于担心更改有遗漏或更改不准确,反复查改,第十卷(667页、668页)的四处更改,都是先用蓝铅笔改,再用毛笔描或改(蓝铅笔所改被毛笔所改覆盖),"坐华夷"毛笔改为"定邦基","臣遣番将"的"番"字毛笔改为"敌","番都督"的"番"毛笔改为"骁","外番军"的"番"蓝铅笔改为"莱",毛笔又改为"邦"。此类更改,数量繁多,毫无意义。这是时代的印记,反映当年学术受干扰,郭沫若也不得不把时间和精力消耗在这些方面。

此外,有四处旁批、一处眉批。

第十二卷两处,一处在"不然怎样能瞒住 用什么 巧语花言哄女娃 一

定二人私认了 假妆夫妇骗梁家"句下铅笔画横线，左侧铅笔旁批："到此才点穿。"（763页）另一处在"（旁边闪过）廉知县 托地深深打一躬"句下红铅笔画横线，左侧铅笔旁批："活画一个趋炎赴势者。"（771页）

第十三卷两处，一处是改说白中"枝头的露水"为"那杨柳蘸着御沟的水"，用毛笔眉批："天已向晚，何得有露水？"（875页）另一处在说白"呀，正是。天子所赠的那一首绝句，不知那里去了"句左侧，用铅笔旁批："这里有伏笔。"（885页）

第十四卷一处，在"阴盛阳衰女压男"句下铅笔画横线，右侧铅笔旁批："此句写到丽君。"（942页）

四

2001年底，郭平英约我与北京古籍出版社商议，根据郭沫若纪念馆藏郭沫若保存的校样出版校订本《再生缘》，要我写一篇《后记》。2002年11月郭沫若110周年诞辰之际，"［清］陈端生 著 ⊙郭沫若 校订"《再生缘》出版，简称"北京古籍本"。

沉埋了40年的郭沫若校订本《再生缘》得以"再生"，是这次出版的最大功绩。我在《后记》一首一尾这样写道："沉埋近40年的陈端生《再生缘》校订本，终于同读者正式见面了！""此次出版的陈端生《再生缘》校订本，完全按照郭沫若以三种版本最后校订的清样排印（包括卷首所收文章），并尊重其后来的若干批改，在相应处出注说明。……在郭沫若诞辰110周年前夕，北京古籍出版社使这部沉埋的遗作得以面世，正是对郭沫若的一种最好的纪念！"

郭沫若校订《再生缘》，北京古籍出版社，2002

由于缺乏对校样的详细了解，又未查对《再生缘》刻本和抄本，北京古籍出版社所写"出版说明"只简单交代，郭沫若"一直希冀着这部书的问世，在清样上对原著中的'东夷''东番'等字做了规避，改为'东莱'等。这些在当时不得已而为之的规避，现在已经没有必要了。这次出版仍然恢复陈端生的原词，以尊重古籍的原貌"，却不知"东夷""东番"等并非"陈端生原词"。将"东莱"等恢复为"东夷"等，只是恢复了校样原词，并没有恢复"陈端生原词"。而且，规避字也没有完全恢复，如第二卷仍保留改动过的"定边关"，没有恢复为"定东番"，第七卷仍保留改动过的"定边关""凯歌还""入龙潭""下龙潭"，没有恢复为"入夷番""破夷番""探夷番""下夷番"；第十四卷仍保留改动过的"涉狂澜"，没有恢复为"战夷番"，等等。最不应该的是，对郭沫若删除的句子，一处恢复了，另一处未恢复。第二卷"短昼不堪勤绣作 仍为相续再生缘"两句，加了全书唯一一个"编者按"："此两句郭校删去，今恢复。"第八卷"仇家来诳奏"句后"我皇上 还该疑是假投降 如何竟信微臣反"三句十七字，却未恢复。

既未完全恢复"陈端生原词"，又未完全遵照郭沫若的改动，难免引起读者质疑，听到一些议论，说校订本中好些地方跟原著不同，跟陈寅恪所引也不同。我在旧书店买了中州书画社1982年出版的《再生缘》上中下三册，为赵景深主编《中国古典演唱文学丛书》之一种（简称"中州本"）。粗略对照，确有不同。

"北京古籍本"分卷不分回，每卷四目，每卷前有"诗曰"（七言八句），没有每回前的"诗曰"。"中州本"每卷分四回，对应于"北京古籍本"的每卷四目，每卷第一回的"诗曰"即"北京古籍本"每卷前的"诗曰"，每卷后三回前另有"诗曰"，多为七言四句，偶有七言八句者，如第十五回前即七言八句。"中州本"每卷后三回的"诗曰"，在"北京古籍本"中基本阙如，偶有保存者，如第四卷卷前的"诗曰"即第十三回前的"诗曰"，两本相同（七言八句），第十四回前的"诗曰"两本亦同（七言四句），第十五回前的"诗曰"两本亦同（七言八句），第十六回不仅没有回目，回前的"诗曰"也没有，第十五回末句"得胜回山万事休"直接第十六回第一句"却说韦寨主立擒刘奎壁"。

"中州本"的分卷分回，据其《前言》所说，"权依"宝宁堂本二十卷八十回，第六卷"第二十三回有目无文"。翻看其第二十三回（305

页），只有回目"挂将印为中金钱"，没有正文。对照"北京古籍本"（452页），虽然不分回，无第二十四回目、回前"诗曰"，但前后文字是紧紧衔接的，不存在缺文的情况。再进一步翻阅"中州本"，第二十二回后半部分为皇甫少华三中金钱，第二十四回前半部分为皇甫少华掌管兵马天下都招讨，挂帅出征，正符第二十三回的"挂将印为中金钱"，显然是分回时将回目错置所致，并非"有目无文"。然而，"中州本"以皇甫少华化名为"王华"，"北京古籍本"以皇甫少华化名为"黄华"。"中州本"（295~296页）"这人的姓名，竟将皇甫少华四个字分拆而成的，却也有些缘故。细思籍贯是荆襄 名字少华又姓王"，"北京古籍本"（442页）"这人的姓名，是将皇甫少华四个字分析而言的，却也有些缘故。况兼籍贯是荆襄 字甫名华又姓黄"。两相对比，以"北京古籍本"作"黄华"为宜。

大段文字脱落情况，"中州本"第二卷65页2行"顶现金盔火焰飘"与"卫焕推开身下马"两句间，比"北京古籍本"少"番将低头观仔细"至"滚滚亡尸落水飘"之间的数百字（207~208页）：

番将低头观仔细 认得是 先锋童礼一英豪 将军既愿当先去 须把元人一命消 童礼先锋称得令 顶盔贯甲就提刀 飞身骑上追风马 带领雄兵发叫号 一扯风帆行似箭 船头直抵始抛锚 抬头望见艨艟上 独立英雄胆气豪 但见他 凤翅头盔火焰朱 鱼鳞铠甲罩齐衣 腰间暗备青锋剑 坐下高乘白尾驹 面似银盆生杀气 目如星点有威仪 英雄耿耿垂肩耳 壮气堂堂连鬓须 八尺龙躯真大将 提枪立马不迟疑 先锋一见心惊骇 就有些 害怕耽惊主意迷

呔，元朝末将，报上名来。好待俺走马开刀，取你性命！

总兵卫焕正扬威 忽听人呼举目窥 对面战船开百号 一员番将喊如雷 人长马大多雄壮 头戴高高象鼻盔 雉尾双飘威凛凛 明珠独现色辉辉 身披战甲龙鳞砌 腰束长绦兽面围 胸挂净头悬宝镜 暗藏打发小银槌 双刀齐举如明电 匹马高骑有大威 两点神光生恶眼 千重杀气上双眉 挺身立马船头上 喝问来人尔是谁 卫焕看完微冷笑 通名已毕就施威 但见那二百舟船顷刻交 元兵番士动枪刀 纷纷战士随风倒 滚滚亡尸落水飘

脱落数句者，不止一处，如"中州本"第一卷无"得闲自尽编书兴"最后四句，第二卷末无"西风阵阵穿窗冷"以下八句，等等。至于文字差异，可以说满篇皆有。

仔细查看，两家所据版本各不相同。"北京古籍本"是宝仁堂初刻本、三益堂翻刻本、郑振铎所藏抄本前十七卷的汇校本，"中州本"是两种翻刻本（宝宁堂刻本、经畲堂刻本）、三种石印本（上海进步书局本、上海广益书局本、赵景深家藏本）二十卷的汇校本，五种本子都晚于"北京古籍本"的三种本子。

"中州本"没有用规避字，"北京古籍本"中的"东夷"在"中州本"中均为"朝鲜"，无一例外。"北京古籍本"第二卷的"天兵再到定边关""少华先去定边关"，在"中州本"则为"天兵再到破朝鲜""少华先去灭朝鲜"。此类情况，不再一一赘述。

总体而言，除不分回、每卷后三回基本无回前"诗曰"、改规避字外，"北京古籍本"较"中州本"完备、完善。

五

郭沫若保存的《再生缘》校样，1962年的原样与1967年的改动样虽然都有规避，但就校勘而言，1962年的原样更严谨。1967年的改动样反映郭沫若的某些思想认识，非常难得。原样与改动样，各有特点，不宜以某一样取代另一样。因此，我坚持两存：按照改动样文字排印，出注注明原样文字。这样，便于读者比对、后人研究。

《郭沫若全集·补编》提上日程后，要我负责《再生缘》前十七卷校订本的整理编校。2014年1月20日，我拟定了一份《整理郭沫若校订〈再生缘〉前十七卷本的计划》，其中有关底本、校勘、图版的设想如下。

（一）底本

郭沫若保存的《再生缘》前十七卷校订本校样。

（二）校勘

1.《再生缘》前十七卷原文，依据底本。（1）保留原注。（2）凡有郭沫若笔迹处，一律出注。

2.卷首文章，以底本文字校报刊发表的文字，有改动处，一律出注。

（三）图版

遵循《郭沫若全集》每册书图版例，拟插图6~9版：（1）郭沫若1961年照。（2）《再生缘》前十七卷校订本校样全貌。（3）校样卷首目录。（4）校样目录后题记（手迹）。（5）前十六卷一首一尾所交代的写作日期（手迹）。（6）校样某卷某页。（7）写作手稿。（8）文章校样。

正当按照计划准备集中时间和精力进行校勘之际，我突然入院手术，校勘还没开始就停了下来。

2016年端午节前，郭沫若纪念馆馆长赵笑洁带领张勇、梁雪松、王静来家，当面交给《再生缘》校样的光盘以及按照北京古籍出版社《再生缘》文字录制的电子文档和纸质本。由于医生不允许长时间看电脑，我请纪念馆组织人力对校电子文档和纸质本文字，将不同处逐一标注在纸质本上，再由我做最后的核校。九十月间，先后收到卷首二校电子文档和纸质本以及前十七卷二校电子文档和纸质本。

卷首部分的核校，涉及体例，要考虑是否与郭沫若最初发表的文字进行核对、出注。经反复商议，9月份才明确不校最初发表文字，只校郭沫若在校样上的改动。这部分的核校，直至2016年11月还在进行。11月1日我发邮件给联系人李斌："《寄外书之谜》附录的电子版、纸本、《再生缘》第7~8卷核校稿，何时给我？/另，卷首部分（除《寄外书之谜》附录尚未收到），发现一些错、漏，我不得不再让潘素龙核校一遍，总共新发现30多处错、漏、衍。"

前十七卷的核校，纪念馆安排了9位核校者。9月我给核校第一、二卷的陈瑜发去两封邮件。18日的一封："看过你核校的《再生缘》第1、2卷，除补缺字、标出郭老的改字和'不断行'等之外，共发现错字15字、应空格或不空格4处。非常感谢你认真的核对！请你再查一下：校样第1卷第44页，郭老用红铅笔改作'口'字的哪个字，校样原字是个什么字？这涉及原刻本用字，望查后告我，谢谢！"23日的一封："你核校的《再生缘》第一二卷我已核完，缺字叽我已造字补上，郭老的改字第2卷是全书最多之一卷，你一共标出83处，都是要出注的……此次出版《郭沫若全集·补编》，必须将郭老的加工、修改反映在《补编》中，因此须得将郭老的改字逐一进行校勘，出注说明，这才又请你们分别进行再一次的核校。"10月11日，为校样763页、771页郭沫若的旁批，与负责第十二卷的赵欣悦通过两次邮件。

上引几封邮件，大体反映我的核校进度，卷首与前十七卷交叉进行。

2017年1月24日（腊月二十七），赵笑洁和新任副馆长刘曦光、王静等来家，要求年底交齐、清、定稿。这一年全年我以核校《再生缘》为主，12月15日发邮件给联系人李斌："卷首及《再生缘》前十七卷已看完,还有不少具体问题需要进一步解决:(1)《再生缘》清样中郭老的旁批,有些需要平英进一步确认;(2)卷前郭老照片,平英提出请王静她们查找;(3)卷前图版的选定及文字说明,正在与平英商量;(4)这两卷的说明还没有写。/最近几天去医院,编后记刚赶写出来,就先将编好的文字部分发给你。其他待与平英商定后再补入,她看后还会有调整。"整个编校期间,与郭平英往返邮件30余通。

我的核校,是将纪念馆两次核校过的文字与校样进行第三次核校,将郭沫若在校样上的改动逐一核对、逐一出注,既反映郭沫若对这部书稿最后的加工,又完整地保留校样原文。卷首部分出注28条,《再生缘》部分出注675条,前面第三部分已述。撰写此文时发现当时疏忽,第十五卷有2条原注的改动在整理稿中未出注。

这里,再将《〈黄粱梦〉前十六卷一首一尾所交代的写作日期》整理情况略作说明。

郭沫若关于《再生缘》前十六卷写作日期的手迹

这是郭沫若在修改校样时写成的,装订在卷首目录之前。北京古籍出版社第一次将其排印入书,但排印与手迹并不完全一致。手迹基本上是每卷只引一首一尾各一句(偶有引二句者,只有第十三卷一首一尾各引四句),排印是每卷一首一尾都引四句。此次整理,与郭平英议定,完全按照郭沫若手迹排印,标题从页下移至页上,将"黄粱梦"三字改回"再生缘",并加注说明:"作者手迹为《〈黄粱梦〉前十六卷一首一尾所交代的写作日期》,写在全文下边,见卷前图版。凡以6/十二或16/Ⅱ等表示月日者,均改作某月初几或某月某某日。"

最后，总述一下整个编校的步骤与分工。第一步，李斌负责卷首、李玉彩负责《再生缘》1~17卷文字录制，并分别进行第一次核校。第二步，李斌将核校过的卷首文字与校样进行第二次核校，陈瑜、刘秋婉、张宇、张勇、梁雪松、赵欣悦、王静、李玉彩、徐萌分别将《再生缘》1~2卷、3~4卷、5~6卷、7~8卷、9~10卷、11~12卷、13~14卷、15~16卷、17卷第一次核校过的文字与校样进行第二次核校。第三步，谢保成综合两次核校结果，处理问题，写出校注。2017年底前编校完毕，分作两卷：《郭沫若全集·补编》第八卷收《再生缘》前十七卷校订（一），为卷首及《再生缘》第1卷至第8卷；第九卷收《再生缘》前十七卷校订（二），为《再生缘》第9卷至第17卷。

六

写完以上几部分，以为可以停笔了，但总觉着没写完，一时又不知写什么。就一边通看稿子，一边回忆读陈寅恪《论再生缘》、读郭沫若文章及《再生缘》前十七卷校订本、为北京古籍出版社写《后记》、对看"北京古籍本"与"中州本"、为《郭沫若全集·补编》再作整理的往事，似乎没有什么重要遗漏。于是，从头开始，找出《寒柳堂集》，重读《论再生缘》。读到第3页，发现"今见郑氏抄本"字样，第4页、第5页连续出现"郑氏抄本"字样，知道遗漏了什么。

读陈寅恪《论再生缘》，一开始读的就是作为陈寅恪文集之一的《寒柳堂集》（上海古籍出版社1981年）中的第一篇（1~77页），后附《论再生缘校补记》（78~96页）、《论再生缘校补记后序》（96页）。因《校补记后序》中写有"至于原文，悉仍其旧，不复改易，盖以存著作之初旨也"，一直以为《寒柳堂集》中的《论再生缘》与最初发表的文字没有"改易"，也就没有想过要看《论再生缘》的初版本。

郭沫若校订《再生缘》，1961年4月初旬才"靠着北京图书馆的同志们的帮助，在已经捐献给国家的郑振铎同志的藏书中发现了《再生缘》抄本一部"。郑振铎捐赠藏书，是1958年10月出国访问途中因飞机失事遇难之后，由其夫人高君箴带领全家，将其一生收藏的17224部94441册珍贵图书及手稿、日记等全部捐献给国家，由北京图书馆珍藏。

陈寅恪写成《论再生缘》在1954年2月，香港友联出版社出版在

1959年6月，当时并不知有郑振铎抄本，而《寒柳堂集》中的《论再生缘》却多次出现"郑氏抄本"的字样，其中一处还写有"详见后附校补记"，表明这几处是后来写《论再生缘校补记》时改动过的，并非如《校补记后序》所说"悉仍其旧，不复改易"。20年来，从未见过香港友联出版社出版的《论再生缘》，不能不说是一大缺失。

到哪里去找《论再生缘》初版本？登录孔夫子旧书网，有1954年油印本、1970年友联再版本，唯独没有1959年友联初版本。想到郭沫若读过1959年友联初版本，便问赵笑洁谁负责馆藏图书，随即给陈瑜发去邮件。第二天陈瑜回复"这本书在馆文物室，您需要看哪些页？我们给您拍照"。我大致估算了一下所需页码，发去邮件："1. 一首一尾，前六页和最后四页，10页。2. 文中（一）思想（二）结构（三）文词三方面的内容，即从'（一）思想'开始，至'荏苒数十年，迟至暮齿，始为之一吐，亦不顾当世及后来通人之讪笑也'，大概10页左右。"由于此书归"文物室保存"，几天后纪念馆文物室王静发来上述22页及封面、版权页图片。友联出版社初版，每页16行，每行38字（满行，包括标点），共101页。

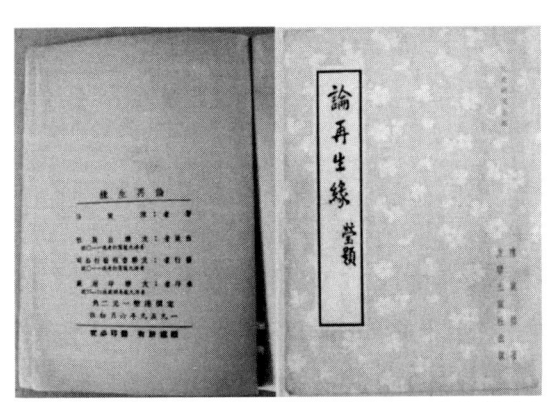

郭沫若读过的陈寅恪《论再生缘》（1959年初版本）

接着，我用了两个半天时间在笔记本显示屏上与《寒柳堂集》中的《论再生缘》对读，并用铅笔在书中做了上百处标记（包括标点改动），除添"其"字、删"固"字以及"详论"改"详述"、"耳"改"软"、"掉"改"棹"、"迳"改"遂"、"悮"改"譌"、"得燕玉"改"刘燕玉"、"父亲为"改"又亲为"、"坟索"改"坟素"、"墓志"改"墓系"、

"元姚之说"改"微之惜抱之说"、"转伯"改"转怕"、"残刬"改"残劫"等属于订正错讹的改动之外,现将上述22页中的添改标以下划线,列表于下。

序号	友联初版(1959年)	《寒柳堂集》(1981年)
01	遂重复误写耳。)慈母解顺("顺"疑当作"颐"。)频指教——第6页	遂重复误写欤?今见郑氏抄本此句作"死别生离志最坚"。可供参考。)慈母解顺("顺"疑当作"颐"。)频指教——第3页
02	挑灯半("半"疑当作"伴"。)读茶沸("沸"疑当作"汤"。)废——第7页	挑灯半("半"疑当作"伴"。)读茶沸("沸"疑当作"汤"。郑氏抄本作"茶声沸"更佳。)废——第4页
03	一曲京("京"疑当作"哀"。)弦弦顿绝——第7页	一曲京("京"疑当作"哀"。郑氏抄本作"惊"。亦可通。)弦弦顿绝——第4页
04	失群征(寅恪案,"征"字下疑脱四字。如非脱漏,则"征"字必误也。)——第7页	失群征(寅恪案,"征"字下疑脱四字。如非脱漏,则"征"字必误也。郑氏抄本作"失群征雁斜阳外"。是。)——第4页
05	日中镜影都成验,——第7页	日中镜影都成验,(寅恪案,此句疑用开天遗事宋璟事。)——第4页
06	白芍霏霏将送腊,——第8页	白芍霏霏将送腊,(郑氏抄本"芍"作"雪"。详见后附校补记。)——第5页
07	向阳为趁三年日,——第8页	向阳为趁三年日,(郑氏抄本"年"作"竿"自可通。)——第5页
08	(再生缘叙朝鲜战事。)——第101页	(再生缘间叙争战事。)——第77页

表中的8处改动,说明下述五点。

其一,《论再生缘》并非完全如其《校补记后序》所说"悉仍其旧,不复改易",而是有明显的添改。不过,这些添改都在括号之内,属于"注释"性文字的添改,正文未见改动,特别是我在《郭沫若与陈寅恪:龙虎斗与马牛风》一文中引《论再生缘》中论思想、结构、文词的文字并无改动,一如《校补记后序》所说"不复改易,盖以存著作之初旨也",这要区分清楚。附带一句,陈寅恪最初写作时,听读的虽是《再生缘》三益堂翻刻本,但对照过"坊间铅印本",这从友联初版本引《再生缘》第十七卷第六十五回首节、末节文字，括号中有"坊间铅印本"得知。

其二，我在《郭沫若与陈寅恪：龙虎斗与马牛风》一文中引《论再生缘校补记》的论述，证明陈寅恪"是受到郭沫若文章启发而得见新材料作出更正"的。当时尚不知《论再生缘》亦有"受郭沫若文字启发而得见新材料作出"的添改，此次从上述6处有"郑氏抄本"（01～04、06、07）的添改得到证明。陈寅恪如何得知郑氏抄本，一是郭沫若1961年8月7日在《光明日报》发表《序〈再生缘〉前十七卷校订本》首次提到郑振铎抄本，二是1961年11月15日两人第二次见面时郭沫若正在校看《再生缘》前七卷（见前引郭沫若致王戎笙函）。陈寅恪在得见新材料后便写了《论再生缘校补记》，表示"因而发见新材料，有为前所未知者，自应补正。兹辑为一编，附载简末，亦可别行"。写完《论再生缘校补记》后，又对《论再生缘》进行添改，才有上面06条的表述："详见后附校补记。"

其三，从上表02、03、04、06、07条可知，校样中还有依据郑氏抄本校订字句而未加注的情况。

02条郑氏抄本作"茶声沸"，03条郑氏抄本作"惊"，04条郑氏抄本作"失群征雁斜阳外"。这三句，郭沫若校样分别为"茶声沸"、"一曲惊弦"、"失群征雁斜阳外"，与郑氏抄本全同。06条"白芍霏霏将送腊"，郑氏抄本"芍"作"雪"，07条向阳为趁三年日，郑氏抄本"年"作"竿"。此二句，郭沫若校样分别为"白雪霏霏""三竿日"，亦与郑氏抄本全同。校样中这5处采用郑氏抄本文字，都没有加注，更加证明郭沫若校订《再生缘》是"以抄本为主"的。

其四，对于刻本中不当用字的判定，郭、陈二人认识一致。

02条"挑灯半读"，陈寅恪认为"半"疑当作"伴"，郭沫若校样作"挑灯伴读"。其实，上述陈寅恪"迳"改"遂"亦属此种情况。友联初版陈寅恪以"送如射柳联姻后"句中的"'送'疑当作'迳'"，在《寒柳堂集》本中改"迳"为"遂"，整句作"遂如射柳联姻后"，与郭沫若校样同。

其五，08条改"叙朝鲜战事"为"间叙争战事"，或为出版部门改动，表明1981年仍然存在规避问题。

以上五点，只是用《论再生缘》友联初版本22页文字与《寒柳堂集》本相关文字对读所见，大体反映两个本子的文字改动情况，也算弥补了我读《论再生缘》遗漏的一个环节，由此生出两点感慨。

一是自己长期坚持研究学术史必须看其同一著作不同时期的版本，并在2011年出版的《民国史学述论稿·叙论》中强调"在对史家学术思想进行分析考察时，就不能只看修订本，还须看其不同时期的不同版本，以见其学术思想的演变"。然而，读《论再生缘》却没有实践自己坚持的观点，20年来竟然没有想到要读初版本，实在是一大疏漏！

二是发掘弹词中的优秀文化遗产竟然如此艰难！几十万字的诗句，陈寅恪通过别人一句句念给他听而写成《论再生缘》，他听得该多么认真、多么仔细，不仅能够记住许多诗句作为写作的依据，还能听出不同版本间字句的不同。郭沫若公务繁忙，出国访问和国内考察，在飞机上阅读，仍能根据韵律推断出原词是否有错落，并"以意补之"。古今中外，能有几人如此！若不是二位那么欣赏、那么投入校订，《再生缘》或如陈寅恪所云"声名终寂寂"了。一部优秀文化遗产，先是湮灭一百七八十年不为人们认识，惊动了两位顶尖的学术大师、"雅人深致"的诗人，耗费他们那么多精力和时间发掘、整理之后，又沉埋了近40年，怎能不让人"怅惘千秋泪湿巾"！继承优秀文化遗产，不要忘记为发掘、整理而耗费大量心血的前辈学人、大师！

（壬寅大暑）

方寸之地　铭记历史
——郭沫若与邮票

赵欣悦*

摘　要：邮票虽只有方寸之地却意义非凡，它包罗万象留住历史讲述过去，是时代的缩影。郭沫若与邮票有不解之缘，本文通过郭沫若参与设计审议的邮票、郭沫若题字的邮票、邮票上郭沫若的诗词、纪念郭沫若的邮票四个方面历数郭沫若与邮票的故事，我们可以从邮票世界的方寸之中发现历史的真实，探索历史的丰碑。

关键词：邮票　郭沫若　纪念　传承

邮票被誉为"国家名片"，虽只有方寸之地却意义非凡，它包罗万象留住历史讲述过去，是时代的缩影。世界各地发行的邮票各式各样，题材、造型、工艺等多彩缤纷，展示着各个国家或地区的历史文化、风俗地理、经济科技等。邮票一般由主权国家发行，除供邮政服务外，收藏价值也颇高，艺术性、纪念性、普及性构成其成为重要收藏品的必要因素。邮票融合了艺术与工艺，造型优美制作精良，艺术手法造型样式繁多，具有相当高的艺术价值，可作为艺术品鉴赏，也可作为资料研究。邮票也是记录历史的媒介，发行邮票是纪念重大事件、节日、人物等的重要方式，同时邮政部门也会配合邮票发行增发小全张、小型张、邮折、首日封等各种邮品，这不仅丰富了邮票的品类，也提升了收藏趣味。集邮群众基础广泛，不分职业职责，不分男女老幼。以邮会友，是增长知识、扩展视野、陶冶情操有情趣的活动。

新中国第一枚邮票是纪1《庆祝中国人民政治协商会议第一届全体会议》。1949年9月21~30日郭沫若参加了中国人民政治协商会议，10月1日中华人民共和国成立，10月8日为纪念中国人民政治协商会议第一届全

---

* 赵欣悦，中国社会科学院郭沫若纪念馆副研究馆员。

体会议的召开发行了这枚邮票。2022年11月16日正是郭沫若130周年诞辰，本文历数郭沫若与邮票的故事，我们可以从邮票中发现历史的真实，探索历史的丰碑。

郭沫若参与设计审议的邮票

纪33《中国古代科学家（第一组）》。

纪33《中国古代科学家（第一组）》（1955年8月25日）

发行：邮电部；设计：孙传哲；原画：蒋兆和；雕刻：唐霖坤、周永麟；印刷：北京人民印刷厂营业分厂。

1953年我国开始执行第一个五年计划，发展国民经济，实现国家工业化，改变落后挨打的局面，完成中国人民梦寐以求的伟大复兴，提出我国经济建设的几大重要体系，集中力量发展重工业，农业、轻工业等国民经济统筹兼顾，全面发展，齐头并进。加快发展科学技术，建设科学技术的完整体系成为科学文化界的首要任务。

郭沫若作为中国科学院首任院长，对中国科学事业发展做出了巨大的贡献，"郭院长对推动和组织我国科学事业的发展做出了巨大的贡献。旧中国文化不发达，科学很落后，中国科学院是在总共只有200多人的中央研究院和北平研究院的薄弱基础上建立的，现在，已经拥有一百多个科研单位、几万人的研究队伍。科学事业的光辉成就，凝聚着郭院长和广大科学工作者的辛劳。"（周培源：《悼念郭老——沉痛悼念敬爱的郭沫若院长》）为了展现中国古代辉煌的科学技术历史，展示中国古代科学家伟大的科学成就，总结民族科技发展的历史，更为了鼓励青年人积极投身科学事业的发展，激励当代人超越世界科技的信念，邮电部发行了这套以"中国古代科学家"为主题的纪念邮票。

1954年，时任中国科学院院长郭沫若邀请中国著名国画大师蒋兆和创作四位中国古代科学家——张衡、祖冲之、僧一行、李时珍的肖像，这四位都是为中国人民做出过重要贡献而被我们铭记的历史上著名的科学家。郭沫若历来重视中国历史研究，尤喜研究历史人物，如我们熟知的屈原、蔡文姬、李白、杜甫等。郭沫若研究历史人物有自己独特的标准："一句话归宗：人民本位！"[1] 张衡、祖冲之、僧一行、李时珍这四位中国古代科学家是我们民族的骄傲，正是"人民本位"的科学家。这四位中国古代科学家被选为《中国古代科学家（第一组）》邮票的主题最为合适。

"《中国古代科学家（第一组）》全套共四枚，张衡像淡棕底衬，黑棕色，绘古代天文学家张衡的画像；祖冲之像淡棕底衬，深蓝色，绘古代数学家祖冲之的画像；僧一行像淡棕底衬，黑紫色，绘古代天文学家僧一行的画像；李时珍像淡棕底衬，紫红色，绘古代医学与药物学家李时珍的画像。"[2] 邮票原画是蒋兆和的人物画，采用传统中国人物画的技法，同时吸取了西画素描造型的表现方法，利用空间、体面、光影的处理，使人物肖像栩栩如生，不仅保留了中国传统人物的精神面貌，也丰富了中国人物画的表现力，表现出画家鲜明而独特的艺术风格。邮票设计时对原画进行了再创作，保留了原画的笔调气质，考虑到后期制作的便利，利用版画刻板的技法增加了传统木板雕刻风格，进一步强化了传统技艺的表现，以形表态，对原画进行完美的再创作。原北京邮票厂副厂长董纯奇称："原钢版雕刻堪称大家之作，刀法熟练，粗细深浅运用自如，线条挺拔秀丽，刀锋所到之处，描绘出国画的笔调，有我国版画的传统风格，艺术造诣高深，制版、印刷也都有了相当成熟的工艺水平。"[3]

纪81《中国文学艺术工作者第三次代表大会》。

---

[1]《郭沫若全集·历史编》第四卷《历史人物·序》，人民出版社，1982。
[2] 耿守忠、杨治梅编著《新版中国集邮百科知识》，华夏出版社，1998，第230~231页。
[3]《中华人民共和国邮票印制史》编委会编著《中华人民共和国邮票印制史》，文化发展出版社，2014，第36页。

纪81《中国文学艺术工作者第三次代表大会》(1960年7月30日)

发行：邮电部；设计：钟灵、邵柏林、周令钊、陈若菊；雕刻：唐霖坤、周永麟；版图绘制：万维生、刘颐仁；图章篆刻：许之谦；图章雕刻：唐霖坤；印刷：北京邮票厂。

1956年4月28日，毛泽东在中共中央政治局扩大会议上提出将"百花齐放、百家争鸣"的双百方针确定为繁荣和发展社会主义科学文化事业的指导方针。提倡在党的领导下，不同艺术形式和风格可以自由发展，科学上的不同学派可以自由争论。这一方针政策的提出在文化艺术界引起了巨大的反响。同年5月26日，陆定一（时任中宣部部长）应郭沫若的要求，代表中共中央向文艺界和科学界作了《百花齐放 百家争鸣》的报告。1956年至1960年，社会各界争先学习响应号召，尤其文化艺术界更是反响强烈，好作品层出不穷。郭沫若作为文艺界的领军人物，对"双百"方针做出了积极的响应。

1956年初秋，武汉美术家协会为了响应"双百方针"的号召，组织26位知名画家用时一个月创作了巨幅花鸟画（此画各种禽鸟103只），后送往北京请郭沫若题写"百华（花）齐放"。

1958年3月30日，为了宣传"双百"方针，郭沫若挑选98种花卉作为素材（1956年暑期，他曾打算以此为题，创作百首诗，作诗三首便搁置），用了10天时间题写创作了101首诗，同年连载在《人民日报》上，引起社会各界强烈反响。《百花齐放》先后有纯诗集，配有木刻版画、剪纸，配有中国传统绘画的书籍出版发行。郭沫若还写了书法诗歌一幅："百花齐放百鸟鸣，贵在推陈善出新。看罢牡丹看秋菊，四时佳气永如春。"表达了他对科学文化界各抒己见，平等交流，不断创新，推进事业蒸蒸日上的美好憧憬。

1960年7月22日至8月13日中国文学艺术工作者第三次代表大会在北京隆重召开，这次大会总结了新中国成立以来文学艺术工作所取得的巨大成就和经验。郭沫若在开幕词提到："由于坚持贯彻了党的百花齐放、百家争鸣的方针，文学艺术上不同形式、不同风格的自由竞赛，学术研究上不同学派、不同见解的自由争论，得到了不断的鼓舞。"为了纪念这次会议，同年7月30日，邮电部发行了《中国文学艺术工作者第三次代表大会》纪念邮票，全套两枚。这套邮票是中国第一套金石艺术邮票。

当时作为中国文学艺术界联合会主席的郭沫若参与了这次邮票的设计和审议。第一枚邮票为"文艺为工农兵服务"，画面的主题是"文艺要坚持为工农兵的方向"，工农兵头像映衬在红旗上，绶带及花卉做装饰，背景浅绿色，整张邮票色调淡雅朴素。第二枚邮票以阳文篆刻"百花齐放、百家争鸣"为中心图案，四周配有百花图案似的青铜器纹样。当时，阳翰笙就设计方案向郭沫若等文联领导汇报：

郭沫若主席

茅盾、周扬副主席：

  关于三次文代会的纪念邮票的图样，已按所嘱，由邮电部重新设计出，美协及邮电部设计同志认为最好不用"紫色画底的综合性主图"，我们认为还是按郭老前次指示所重绘的"花纹金石图"为好，请最后核定，以便及早提交邮电部印刷。

敬礼！

阳翰笙

十月四日

对此，郭沫若批示："我赞成用'花纹金石图'，有民族形式的风味而且大方。十.四.（郭沫若）"茅盾指示："我同意郭老的意见。雁冰 十月八日"周扬指示："赞成郭老意见。"

郭沫若题字的邮票

纪50《关汉卿戏剧创作七百年》邮票及小全张。

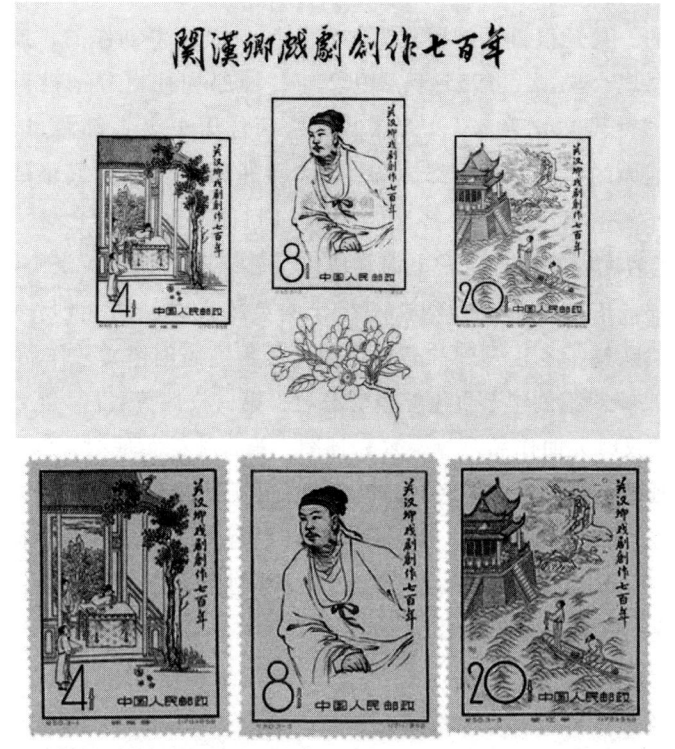

纪50《关汉卿戏剧创作七百年》（1958年6月20日，小全张28日）

发行：邮电部；设计：孙传哲；原画：黄应光、黄应瑞、李斛、黄德修；题字：郭沫若；雕刻：李曼曾、唐霖坤、高振宇；印刷：中国近代印刷公司。

1958年关汉卿被世界和平理事会评为"世界文化名人"，为此，6月20日邮电部专门发行了一套《关汉卿戏剧创作七百年》邮票作为纪念，28日邮电部还发行了小全张，邮票和小全张上均有郭沫若题写的"关汉卿戏剧创作七百年"。同年全国各地逐步开展纪念关汉卿戏剧创作七百周年的文化活动。

1958年田汉完成的话剧剧本《关汉卿》大获成功，同样作为戏剧家的郭沫若很快写信贺道，首句就说："我一口气把您的《关汉卿》读了，写得很成功。关汉卿有知，他一定会感激您。"郭沫若一生创作了大量的历史剧，他深入研究历史人物也是为了创作做准备，"我就在这人民本位的标准下边从事研究，也从事创作。但在事实上有好些研究是作为创作的准备而出发的。我是很喜欢把历史人物作为题材而从事创作的，或者写成剧本，或者写成小说。"① 1953年、1962年，屈原和杜甫分别被世界和平理事会评为"世界文化名人"，郭沫若对这两位历史名人都做过深入研究，且其关于屈原的研究和剧作都影响巨大。《屈原》剧作是其最成功、最深入人心的作品，多次公演，甚至走出国门到苏联和日本上演，直到现在《屈原》作为优秀剧目也时常上演。所以当郭沫若看到《关汉卿》剧作时，产生了共鸣。借助历史人物塑造理想化的英雄人物，寄托创作者的情怀，表述对时代认知，也正是郭沫若研究历史人物进而创作文艺作品的初衷。

　　"《关汉卿戏剧创作七百年》全套三枚，第一枚棕黄底衬，靛绿色，采用明人所绘关汉卿元曲作品《蝴蝶梦》插图；第二枚棕黄底衬，深紫红色，采用关汉卿画像；第三枚棕黄底衬，黑色，采用明人所绘关汉卿元曲作品《望江亭》插图。1958年6月28日，邮电部还发行了《关汉卿戏剧创作七百年（小全张）》。图案采用了三枚《关汉卿戏剧创作七百年》的原图，上方有郭沫若题字'关汉卿戏剧创作七百年'，下方装饰着一枝繁茂的梨花。"②

J.34《中日和平友好条约签订》

J.34《中日和平友好条约签订》（1978年10月22日）

---

① 《郭沫若全集·历史编》第四卷《历史人物·序》，人民出版社，1982。
② 耿守忠、杨治梅编著《新版中国集邮百科知识》，华夏出版社，1998，第248～249页。

发行：邮电部；设计：潘可明；原画：那启明、张煜；题字：郭沫若；印刷：北京邮票厂。

郭沫若作为国际和平友好使者，曾长期担任中国人民保卫世界和平委员会主席、中日友好协会名誉会长，对我国外交事业做出了突出的贡献。郭沫若除了进行的正式官方外交活动，还常常借助家庭私人交流方式，邀请国际友人来家做客，以此来消除两国在政治上的隔阂。坂田信子、有山兼孝夫妇、西园寺公一等日本友人都曾到访过郭沫若的家。1972年9月29日，中日双方签署《中日联合声明》，实现中日邦交正常化，中日恢复了正式的外交关系，揭开了中日两国关系史上的新篇章。时任全国人大常委会副委员长的郭沫若为祝贺这一历史性事件，写下了这首《沁园春·祝中日恢复邦交》，生动概括了中日两国文化交流的悠久历史和两国人民的深厚友谊：

沁园春·祝中日恢复邦交（1972年秋作于北京）
赤县扶桑，一衣带水，一苇可航。昔鉴真盲目，浮桴东海，晁衡负笈，埋骨盛唐。情比肺肝，形同唇齿，文化交流有耿光。堪回想，两千年友谊，不同寻常。岂容战犯猖狂，八十载风雷激大洋。喜雾霁云开，渠成水到，秋高气爽，菊茂花香；公报飞传，邦交恢复，一片欢声起四方。从今后，望言行信果，和睦万邦。（发表于《人民中国》日文版1973年1月号）

1978年8月12日，中日双方缔结《中日和平友好条约》。同年10月23日起正式生效。为纪念这一重要的日子，1978年10月22日邮电部发行了J.34《中日和平友好条约签订》的邮票，第一枚邮票图案正面有郭沫若亲笔题写的"中日两国人民世世代代友好下去"的书法。这是郭沫若晚年的书法作品，笔笔中锋，气运稳健厚重，大气回肠，舒展豪情，造型优美，格调高远，他的书法艺术独成一体，广受中日人民喜爱。邮票背景还绘有万里长城和富士山、红梅和樱花，这些元素象征着中日友谊长存，源远流长。第二枚邮票图案是中日两个小朋友相互游戏，身旁有中国的大熊猫和日本的黑天鹅，是小朋友们互赠对方的礼物。画面采用中国传统年画方式绘制，使人觉得亲切。两枚邮票组合在一起，形式对照，意义深远，十分和谐。

邮票上郭沫若的联句

纪 93《杜甫诞生一二五〇周年》

纪 93《杜甫诞生一二五〇周年》（1962 年 5 月 25 日）

发行：邮电部；设计：卢天骄；印刷：北京邮票厂。

1955 年成都市在杜甫草堂成立杜甫纪念馆，1960 年西安市长安区在建于明代的杜公祠旧址上成立杜甫纪念馆，1961 年 3 月 4 日成都杜甫草堂被国务院公布为第一批全国重点文物保护单位。1962 年杜甫诞生 1250 周年之际，世界和平理事会将杜甫推选为"世界文化名人"，4 月 17 日首都北京文艺界举行了纪念大会，并宣讲了《纪念伟大的诗人杜甫》的报告。为纪念杜甫诞生 1250 年，同年 5 月 25 日邮电部发行了纪 93《杜甫诞生一二五〇周年》邮票。

郭沫若有专门研究杜甫的著作《李白与杜甫》，初版于 1971 年由人民文学出版社印行。此书生动还原了李白与杜甫这两位中国历史上最伟大的诗人的生活状况以及生活背景，引入历史材料，完整地勾勒了他们的人生轨迹，并附有李白、杜甫年表。郭沫若在书中通过对两位大诗人诗歌作品的挖掘，阐述了他们的思想情怀和观点态度，政治抱负和社会责任，以及宗教信仰等。1953 年郭沫若为杜甫草堂题一副楹联"世上疮痍诗中圣哲，民间疾苦笔底波澜"（题工部草堂八言联），诠释了杜甫对百姓疾苦的关切，对民族、对国家的忠心。

纪93《杜甫诞生一二五〇周年》邮票共2枚，第一枚邮票图案是线描杜甫草堂碑亭，画面两侧是1957年朱德参观杜甫草堂时题写的一副楹联"草堂留后世，诗圣著千秋"。第二枚邮票图案是线描杜甫像，画像两侧是正是郭沫若为杜甫草堂题写的"世上疮痍诗中圣哲，民间疾苦笔底波澜"。两枚邮票色彩朴素，造型大方，采用了中国传统中堂布置的构图方式，匠心独具。

纪念郭沫若的邮票

J.87 纪念邮票《郭沫若诞生九十年》

J.87《郭沫若诞生九十年》（1982年11月16日）

发行：邮电部；设计：李印清；印刷：北京邮票厂。

1978年6月12日，郭沫若因病医治无效，在北京逝世。遵照生前意愿，遗体供医学解剖后火化，骨灰作为肥料撒在大寨肥田。"他和鲁迅一样，是我国现代文化史上一位学识渊博、才华卓具的著名学者。他是继鲁迅之后，在中国共产党领导下，在毛泽东思想指引下，我国文化战线上又一面光辉的旗帜。"[1]

1982年是郭沫若90周年诞辰，为纪念这位中国马克思主义历史学家

---

[1] 邓小平：《在郭沫若同志追悼会上的悼词》，《人民日报》1978年6月19日。

和古文字学家,杰出的作家、诗人和戏剧家,革命的思想家、政治家和著名的社会活动家,百科全书式的文化巨匠,1月28日,中共中央书记处决定把郭沫若同志的住地定名为郭沫若故居;8月,国务院批准郭沫若故居为全国重点文物保护单位;9月,邓颖超、成仿吾、李一氓分别为郭沫若故居题写匾额;10月,《郭沫若全集》历史、考古、文学三编部分卷次问世;11月上、中旬在京举行纪念郭沫若90周年诞辰史学、文学学术报告会;11月16日上午郭沫若故居举行定名仪式同时举办郭沫若生平展,下午举行郭沫若90周年诞辰纪念会;同日,邮电部发行纪念邮票J.87《郭沫若诞生九十年》两枚及首日封。

中华人民共和国邮电部发行全套两枚以郭沫若头像、工作像素描为图案的邮票,设计者李印清①谈到设计理念时说:"我在设计纪念郭沫若诞生九十周年邮票时,首先着力刻画了郭老智慧宽阔的前额、聪明机敏的眼睛、坚毅而又富有表情的嘴,为的是尽量表现出这位伟大的文学家、历史学家和革命战士渊博的学识、出众的才华、坚贞不渝的革命品质。同时还用凤凰和火组织了一个'凤凰浴火'的边饰,作为郭老理想和性格的象征。"

《郭沫若诞生九十年》首日封(1982年11月16日)

---

① 李印清,1936年3月生,河北唐山人,邮票设计家,创作设计过多套国家领导人及国际名人的邮票。

方寸之地　铭记历史

附：

其他与郭沫若有关的邮票（排列以时间为序）

特31《中央自然博物馆》（1959年4月1日）

发行：邮电部；设计：吴建坤；雕刻：张永信、宋广增；题字：郭沫若；印刷：北京人民印刷厂。

郭沫若为北京邮票厂题写厂铭（1959年9月），图为猴年邮票上北京邮票厂厂铭，北京邮票厂不锈钢厂牌

文七《毛主席诗词满江红·和郭沫若同志》（1967年）

发行：邮电部；印刷：北京邮票厂。

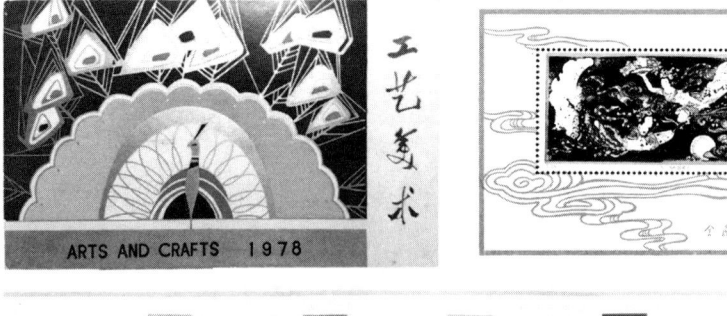

T.29《工艺美术》（1978年8月28日）

发行：邮电部；小型张设计：邓锡清；印刷：北京邮票厂。《工艺美术——飞天（壁画）》小型张上郭沫若题写了"全国工艺美术展览"。

T.100《峨眉风光》（1984年11月16日，郭沫若诞辰）

发行：邮电部；设计：许彦博；雕刻：高品璋、孙鸿年、赵顺义、阎炳武、姜伟杰、呼振源；印刷：北京邮票厂。

聚焦世界文化视野下作为马克思主义者的郭沫若

——郭沫若研究的新进展

陈 瑜*

2022 年是郭沫若 130 周年诞辰，中国历史研究院、中国社会科学院古代史研究所（郭沫若纪念馆）、中国郭沫若研究会、四川郭沫若研究会、四川郭沫若研究中心等科研机构举办了三次大型郭沫若学术研讨会，多家重要学术刊物推出了郭沫若研究专栏，学术界形成了郭沫若研究的阶段性高潮。同时，多项郭沫若研究课题获得国家社科基金和四川郭沫若研究中心立项。相较于前几年，2022 年国内郭沫若研究的学术论文在质量和数量上稳步提升；研究团队后继乏力的局面正在逐步得到扭转，新生力量不断成长；研究领域不断扩展。本文将从以下几个方面作出较为详细的探讨。

一 纪念郭沫若 130 周年诞辰学术会议为推动郭沫若研究提供了极为重要的交流平台

郭沫若是中国现代文学史上里程碑式的人物，在他的五十诞辰之际，中共党组织在重庆举行盛大的庆祝活动，周恩来代表中国共产党对他给予高度评价，并正式确认他为鲁迅之后"革命文化的班头"[1]。2022 年 3 月 26~27 日，中国鲁迅研究会、中国郭沫若研究会、中国茅盾研究会、杭州师范大学文艺批评研究院联合主办的"'鲁迅、郭沫若、茅盾'研究高端论坛——'鲁郭茅与中国精神文化传统'"学术研讨会在杭州师范大学召开。来自中国社会科学院、北京鲁迅博物馆、北京大学、复旦大学、中国

---

* 陈瑜，中国社会科学院郭沫若纪念馆馆员。
[1] 周恩来：《我要说的话》，《新华日报》1941 年 11 月 16 日，第 1 版。

人民大学、南京大学、华东师范大学、杭州师范大学等各地高校和学术机构的70余位资深学者和青年新秀就"鲁郭茅的创作研究"等前沿、热点问题展开了深入的交流与讨论。会议将鲁迅、郭沫若、茅盾这三位中国现代文学巨匠放在一起,从较为普遍的个人研究扩展到整体性、一体化的比较研究,这对于深刻认识中国新文学,认识中国现代思想与文化,认识20世纪中国的历史,以及认识这三位文学巨匠个人都有着极为重要的意义。

郭沫若的文化影响力早已走出国门,深受国际学术界关注。4月22日,中国历史研究院主办"郭沫若与中国共产党"国际学术研讨会暨中国郭沫若研究会第五届青年论坛,来自日本、美国以及中国社会科学院、北京大学、澳门大学等科研机构和高等院校的30余位专家学者通过线上线下相结合的方式参加研讨。中国社会科学院副院长、中国历史研究院院长高翔在开幕致辞中指出,郭沫若无愧于在中国共产党领导下的我国文化战线上的一面光辉旗帜,"革命队伍中人"是郭沫若的首要身份,是他在诸多领域重要建树的底色和根基。他是运用马克思主义立场观点方法研究中国历史的开拓者,为我国文艺和科学工作者树立了榜样。与会资深专家围绕郭沫若的史学立场和史学方法,《女神》《中国古代社会研究》等经典著作,生平文献史料等问题进行了精彩的大会发言。与会青年学者围绕郭沫若的甲骨文金文研究、通史编纂、领导哲学社会科学事业、诗歌历史剧创作等话题进行了热烈的讨论。

11月12～13日,在郭沫若故乡的四川乐山师范学院召开了"纪念郭沫若130周年诞辰暨'新文科'视野下的郭沫若研究国际学术研讨会"。来自中国、美国、日本、韩国、约旦等国内外100余名专家学者以及社会各界嘉宾在"云端"共聚,以"'新文科'视野下的郭沫若研究"为主题,从大文学观视野、大历史观视野和大哲学观视野出发,围绕郭沫若的文学创作、书法、诗歌、翻译、史学立场和史学方法、生平文献史料、文旅IP开发、历史剧等多个方面进行精彩发言和热烈讨论,通过跨学科的研究方法,全方位、多层次地发掘郭沫若文化遗产的当代价值,提炼郭沫若文化的精神标识和精髓,以激发新时代郭沫若研究新的生命力和创造力,从而以高度的文化自信增强实现中华民族伟大复兴的精神力量。此外,乐山市为纪念郭沫若130周年诞辰精心策划了"沫若文化年"系列活动,以沫若文化合作、沫若文化演出、沫若文化展示、沫若文化推广为主要内容,涵盖对外交流合作、沫若经典戏剧展演、沫若书法艺术馆揭牌、郭沫若书法作品展、沫若文化学术研讨会、沫若故里采风创作等活动，进一步展示郭沫若巨大的文化成就，传承郭沫若不断进取的文化精神，打造沫若文化品牌，更好助力乐山加快融入巴蜀文化旅游走廊建设，提升文旅融合发展层级。

二 多家重要学术刊物特设郭沫若研究专栏；郭沫若研究的相关期刊、辑刊、年鉴、学术专著等出版物及科研立项在注年基础上均有新突破

为纪念郭沫若130周年诞辰，《中国史研究》《中国现代文学研究丛刊》《新文学史料》《文艺争鸣》《现代中文学刊》《中国社会科学院大学学报》《海南师范大学学报》等多家重要学术期刊纷纷推出郭沫若研究专栏，集中发表了30余篇高水平研究论文，作者既包括文学、史学研究领域的资深专家，也包括初涉郭沫若研究的青年学人，他们对郭沫若的政治信仰、学术精神、学界地位、历史贡献等方面进行了深入剖析探讨，有效提升了郭沫若研究的学术价值和学界影响力。

创刊于1987年的《郭沫若学刊》是国内外公开发行的以郭沫若为研究对象的专业学术性期刊，2022年出版4期。《郭沫若研究》由中国社会科学院郭沫若纪念馆、中国郭沫若研究会共同主办。2022年出版的《郭沫若研究》总第17辑收录论文18篇，书评1篇，文献辑佚5篇，分为"创造社与现代中国文化""文化审视""文学研究""史学研究""古文字研究"等多个专栏，或提供新见史料，或辨析订正旧有材料，或探究郭沫若翻译某著作的缘由，或阐发郭沫若的学术贡献，对郭沫若研究起到了极大的推动作用。[①] 中国社会科学院郭沫若纪念馆主编的《郭沫若研究年鉴》是以郭沫若研究为编撰对象的学术年鉴，集学术性与资料性于一体，对构建郭沫若研究的话语体系、学科体系和学术体系，推动郭沫若研究的蓬勃发展起到了重要作用。2022年出版的《郭沫若研究年鉴2020》设置了"研究综述""特别推介""专题研讨""论文选编""学术争鸣""观点摘

---

① 赵笑洁、蔡震主编《郭沫若研究》总第17辑，社会科学文献出版社，2022。

编""新书推介""硕博论文"栏目,选刊推评 2020 年在文学、历史学和古文字学等领域的具有代表性的郭沫若研究成果,反映年度研究现状与趋势。此外,该年鉴通过"学人回忆""研究课题""学术会议""获奖成果""活动展览""馆藏资料"等栏目,追踪年度学术动态,记录珍贵学术历史。①

中国社会科学院古代史研究所研究员谢保成的论著《郭沫若学术述论》主要内容为详析郭沫若的学术体系、学术思想、学术成就、学术交往(与史语所、陈垣、陈寅恪、容庚、田中庆太郎、胡适等),以及对某些偏颇或诬蔑传言的纠谬辩诬,其附编为作者研究郭沫若的经历。该著作反映了作者"从郭沫若所研究的学术内容入手"看 20 世纪学术演进之路的研究特色,以郭沫若为"联络站"、从学人交往考察 20 世纪学术的研究思路,以陈寅恪"与立说之古人,处于同一境界"的"真了解法"。②

中国社会科学院郭沫若纪念馆研究员李斌主持的"郭沫若文学著作版本收集整理与汇校"获批国家社会科学基金一般项目。该项目将在全面收集整理郭沫若文学著作的手稿、初刊本、初版本、再版本及其后各个版本的基础上,系统汇校郭沫若修改过的诗歌、戏剧、小说散文、自传等 49 部文学著作,以注释的形式标出异文,直观反映郭沫若通过修改作品表现出的思想及文学观念的变迁。此外,四川郭沫若研究中心广泛征集、批准了多个课题立项,支持中国社会科学院、中国科学技术大学、北京邮电大学、东南大学、陕西师范大学、四川师范大学、重庆师范大学、乐山师范学院等多所科研机构和高校的学者展开有关郭沫若的文学成就、史料编纂、考古文物、抗战活动、史剧创作、诗歌译介、书法流变等多方面的研究。

三 在郭沫若 130 周年诞辰纪念的推动下,郭沫若研究在众多领域取得丰硕成果

1. 学界在郭沫若的新诗、戏剧、散文研究上取得了一系列新突破。

笔者在 CNKI、万方、维普等进行数据检索,发现 2022 年关于郭沫若研究的论文延续了往年的传统,继续以文学研究为主。众多学者对郭沫若

---

① 刘曦光主编《郭沫若研究年鉴 2020》,中国社会科学出版社,2022。
② 谢保成:《郭沫若学术述论》,社会科学文献出版社,2022。

在文学创作中所涉及的文学形象、文艺理论、文学表达、时代场域、价值意蕴等方面都进行了深入研究。

郭沫若的诗集《女神》是新诗革命纪念碑式的作品，也是多位学者一致关注的研究对象。有学者从诗歌结构等多方面对其进行解构、分析。① 也有学者将郭沫若诗歌创作置于城市文化的语境中，动态地呈现了中国新诗与"现代"接触后的嬗变过程。② 还有学者探讨郭沫若通过《女神》对当时国际上的反帝反殖民斗争的关注。③ 景立鹏、傅修海则着重强调郭沫若诗歌在新诗文体上的贡献，认为其"既表现出强烈的破体冲动，又包含着自觉的创体意识"，在二者的互动中实践着"五四"时期对新诗形式的探索。④

学界在郭沫若戏剧创作和文艺理论的研究方面也取得了一些突破性成果。李斌认为，郭沫若在不同的时代主题下解读屈原的精神，从个性解放到爱国诗人，再到突出"人民性"话语，呈现出复杂的内在张力。⑤ 唐文娟指出，郭沫若抗战时期创作的四部"战国剧"，因演出的艺术性、剧情的"当代性"与时代精神的共通性，获得了观众的普遍关注与认可。郭沫若的战国叙事的核心价值在于，站在被压迫奴隶的立场，洞见战国历史进程的悲剧性，发扬其中蕴含的人民解放精神，由此在唯物史观所揭示的历史必然律之外，打开了文学/历史的诗性正义空间。⑥ 孟文博考察了不同时期郭沫若文艺观的历史流变，认为郭沫若前期文艺观折射出他在不同历史

---

① 关于《女神》诗集研究的新进展，参见：朱寿桐《〈女神〉诗人的诗性本格与郭沫若的位格意识》，《文艺争鸣》2022 年第 5 期，第 27~32 页；蔡震《说不尽的〈女神〉》，《文艺争鸣》2022 年第 5 期，第 54~59 页；刘奎《〈女神〉的召唤结构》，《文艺争鸣》2022 年第 5 期，第 71~78 页。
② 吴辰：《诞生于都市中的诗人：论 1920 年代郭沫若诗歌里的城市书写》，《中国社会科学院大学学报》2022 年第 11 期，第 22~32 页。
③ 李斌：《郭沫若五四时期诗歌中的反殖民斗争与民族自决》，《文艺争鸣》2022 年第 5 期，第 65~70 页。
④ 景立鹏、傅修海：《破体与变体：郭沫若新诗文体观探赜》，《中国社会科学院大学学报》2022 年第 11 期，第 33~45 页。
⑤ 李斌：《郭沫若屈原言说的时代性及内在张力》，《中国社会科学院大学学报》2022 年第 11 期，第 6~21 页。
⑥ 唐文娟：《"把人当成人"：郭沫若"战国剧"的历史想象及其根源》，《现代中文学刊》2022 年第 6 期，第 24~42 页。

境遇中"诗人"与"政治家"身份的"变奏"。①

在郭沫若作品的语言特征研究方面，吴彦与咸立强从语法角度出发，分析了郭沫若作品中的"是"字句带有肯定与强调性质，特别适合用来表达现代主体的觉醒、自我价值的肯定。他们还认为，"我是"句型是"《女神》时期"最能体现郭沫若语言特色的表达形式；《鲁拜集》则是郭沫若文学翻译中最早最典型的运用"我是"句型的译诗集；郭沫若的这种语言偏好来自文学创作与文学翻译的交互影响，呈现了郭沫若在语言现代性方面进行的探索，为人们考察现代译语及现代性主体的生成提供了典型案例。②

在郭沫若散文的研究方面，四川大学李怡教授指出，郭沫若的散文创作展示的是自己丰富复杂的人生阅历、生活体验，这种从内容到体式上的丰富才是大文学格局下的现代散文的本来形态，郭沫若散文创作中规模最大也最独特的部分是他的自传性文学，在这一类作品中他所展示的思想、情感及个性具有长久的历史价值。李怡还重新检视和总结郭沫若之于中国现代文学史的历史价值，认为其"不仅是中国新诗的名副其实的开拓者，也是中国现代文学一系列文体的勇猛的尝试者和建设者，成为现代中国文学迈进新中国大门的思想旗帜，具有无可替代的引领作用"。③

2. 学界高度肯定郭沫若在马克思主义与中国文化相结合及中国马克思主义史学的建立与发展方面所做出的卓越贡献。

中国共产党的百年奋斗史有力证明了只有马克思主义才能救中国、发展中国。多位学者刊文论述郭沫若的政治信仰和学术精神、史学研究的特质，及其对中国马克思主义历史学的贡献。蔡震指出，在郭沫若的人生行旅中，无论是作为诗人、历史学家、翻译家，还是作为革命家、社会活动家，都与"马克思主义"密切相关。冯时指出，与中华优秀传统文化相结合一直是马克思主义中国化的具体表现，而郭沫若的史学研究正是将两者有机结合的成功实践。卜宪群指出，新中国成立后，马克思主义史学体系

---

① 孟文博：《郭沫若前期文艺观历史流变考论》，《山东师范大学学报》（社会科学版）2022年第2期，第47~57页。
② 吴彦、咸立强：《郭沫若译〈鲁拜集〉的"是"字句综论》，《现代中文学刊》2022年第6期，第59~65页。
③ 李怡：《"借文学来鸣我的存在"——郭沫若散文的历史价值》，《中国现代文学研究丛刊》2022年第6期，第104~116页；李怡：《郭沫若与中国现代文学史》，《中国史研究》2022年第3期，第22~26页。

在中国史学界占据了主导地位,中国史学体系发生了千古以来根本性的变化。郭沫若既是这两个转化的亲历者,又是实践者。作为中国马克思主义史学的开拓者和奠基人,郭沫若为中国马克思主义史学体系建设做出过重大贡献,也为今天中国特色历史学"三大体系"构建留下了丰厚遗产。程鹏宇论述了"后社会史论战时期"史学界以陶希圣、郭沫若和侯外庐为代表的三种相对于社会史论战的学术转向。与陶希圣的实验主义路径不同,郭沫若在马克思主义的指导下转向史料的整理与考证;侯外庐则潜心于马克思主义政治经济学理论的研究与运用。郭沫若和侯外庐从史料和理论两个方面推动了经典意义的中国马克思主义史学的最终形成,他们的学术风格也成为中国马克思主义史学的两大优良传统,对当代中国史学的发展仍然具有路径式的典范意义。王璞从郭沫若抗战时期的四大战国历史剧出发,提出马克思主义的历史剧难题,展开贯通文学史和批评理论的漫谈,试图容纳理论论争和文本实践的多种线索,不仅追踪郭沫若历史剧的起源构型,而且回溯马克思主义历史观和文学观的最初交点之一:马克思、恩格斯对历史剧《济金根》的批评。郭平英则通过探究郭沫若对马克思主义著作的翻译活动,肯定了郭沫若等前辈学者为马克思主义理论在中国的翻译传播做出的不懈努力。[①]

部分学者关注到郭沫若作为革命的政治家和社会活动家的身份。有学者指出,1927年9月郭沫若因担任中国共产党历史上第一个红色政权——汕头市革命委员会的外交官而彪炳于史册。[②] 何刚认为,郭沫若主编的《中原》杂志是抗战时期重庆左翼文化学术场域的重要营构者,也是当时思想文化战线上激烈斗争的一个缩影,在郭沫若和《中原》的组织引领下,抗战时期重庆左翼文化学术阵营取得了很大成就,鲜明体现了其学术

[①] 蔡震:《郭沫若怎样成为马克思主义者》,《中国史研究》2022年第3期,第5~10页;蔡震《郭沫若与马克思主义》,《中国现代文学研究丛刊》2022年第11期,第1~24页。冯时:《唯物史观与格物致知——郭沫若马克思主义与中国文化相结合的史学贡献》,《中国史研究》2022年第3期,第11~15页。卜宪群:《郭沫若与中国马克思主义史学体系构建》,《中国史研究》2022年第3期,第16~21页。程鹏宇:《后社会史论战时期的学术转向与中国马克思主义史学的形成——以陶希圣、郭沫若、侯外庐为例》,《近代史研究》2022年第5期,第131~141页。王璞:《漫谈马克思主义的历史剧难题(上)——从郭沫若历史剧说起》,《现代中文学刊》2022年第6期,第15~23页。郭平英:《郭沫若研读翻译马克思主义理论著作若干史料的重温》,《中国现代文学研究丛刊》2022年第11期,第25~35页。

[②] 陈汉初:《中国红色外交的先驱者郭沫若》,《党史博采(上)》2022年第11期,第34~36页。

生产过程的复杂性和丰富性。邹佳良则认为，郭沫若在广州是从文学家转变为"革命名流"的完成阶段，郭沫若在广州因时应势发起的"择师运动"叠加了多重政治光谱，因此，"广州郭沫若"既是理解郭沫若与政党政治及中国革命关系的重要视点，又反映出知识分子与革命的复杂纠葛。①

3. 学界从全球视野重新审视郭沫若的文化品质和精神特质，并探讨其与世界文化的关系。

王璞在《从歌德遗产到"时代精神"——文化政治中的郭沫若、冯至和卢卡奇》一文中指出：在20世纪30至40年代的歌德阐释问题上，郭沫若和卢卡奇、冯至都以歌德遗产来回应现实，都隐藏着"时代精神"的"蜕变艰难"的话语痕迹；郭沫若的歌德论具有更明确的介入性，他的歌德"人民意识"论和"中国浮士德"论成为五四新文化和人民解放战争之间的想象性中介；《宇宙写真——从〈女神〉中的歌德神话到郭沫若早期作品的镜像构造》一文从歌德到郭沫若、从诗歌到翻译、从主体到世界的一系列镜像构造中，一个泛神的"大宇宙"得以绘制，完成着对想象性集体及其时代的召唤。在另一篇文章中，王璞则聚焦于"时代精神"这一郭沫若作品中反复出现而郭沫若研究也不可回避的关键话语，重思郭沫若和"时代"的关系。他指出，郭沫若研究的自我批判意味着深入到郭沫若和整个中国"革命世纪"的互嵌动态机制之中，然后从这种互嵌结构中发展出对郭沫若的以及我们自己的概念、框架、话语和方法的内在批判，形成重新阐释的视野。②

李斌在研究郭沫若如何接受鲁迅遗产时指出，应本着辩证思维和历史唯物主义的方法，全面分析鲁迅遗产，将鲁迅遗产放在历史发展过程中去理解，努力研究、阐释和宣传鲁迅遗产中的主要方面和积极因素，维护这位民族文化巨人的光辉形象。③ 冯庆探讨了郭沫若与廖平在古今诗学思想

---

① 何刚：《"左派文人的大本营"：抗战时期郭沫若与〈中原〉杂志述论》，《现代中文学刊》2022年第6期，第53~58页。邹佳良：《"广州郭沫若"：从文学家到"革命名流"》，《现代中文学刊》2022年第6期，第43~52页。

② 王璞：《从歌德遗产到"时代精神"——文化政治中的郭沫若、冯至和卢卡奇》，《中国现代文学研究丛刊》2022年第6期，第67~85页；王璞：《宇宙写真——从〈女神〉中的歌德神话到郭沫若早期作品的镜像构造》，《文艺争鸣》2022年第5期，第60~64页；王璞：《郭沫若研究的"自我批判"》，《中国现代文学研究丛刊》2022年第11期，第79~93页。

③ 李斌：《论郭沫若对鲁迅遗产的理解与接受》，《中国现代文学研究丛刊》2022年第6期，第86~103页。

上的差异，认为二人虽代表着不同的政治方向，但都旨在为现代中国树立一种文明立法的传统典范，也体现了古今诗学包蕴的哲学与政治智慧得以"隔代遗传"。①

此外，部分学者通过研究郭沫若译著的版本与流传，探讨郭沫若推介的众多世界先进理论学说及其对中国近现代文化的影响。李斌认为，通过郭沫若的翻译，《少年维特之烦恼》在现代中国的影响得以扩大。陈析西以新中国成立后郭沫若仅有的一本译作《英诗译稿》为研究对象，在认知架构理论背景下分析其隐喻表达及主题，并总结了郭沫若的翻译技巧与策略。②

4. 学界在解读郭沫若的档案史料、佚作钩稽等方面有所进展。

商金林通过追踪《蒋委员长会见记》版本的由来及用途，探讨了像《蒋委员长会见记》这样曾经引起过不同评价的文本或事件应该怎样去解读和评说。③ 更多的学者通过深度挖掘民国报纸、档案和其他资料寻找沉寂在故纸堆中的郭沫若痕迹，对散佚的郭沫若的文章、书信等材料进行钩稽解读，取得了重要突破，这些成果有利于我们全面认识郭沫若以及郭沫若的"朋友圈"；④ 特别是对他任公职期间的电报电文的发掘，丰富、完善了郭沫若研究的史料，有利于进一步理解郭沫若为中国共产党领导的文化抗战做出的重要贡献。⑤ 这些史料承载了郭沫若学术交往、文学创作、革

---

① 冯庆：《郭沫若、廖平与古今诗学问题——从神游经验到文明立法》，《中国现代文学研究丛刊》2022 年第 11 期，第 36~59 页。
② 李斌：《郭沫若译〈少年维特之烦恼〉版本考》，《新文学史料》2022 年第 3 期，第 19~33 页；陈析西：《郭沫若〈英诗译稿〉中刻意隐喻的认知解读及翻译策略研究》，《郭沫若学刊》2022 年第 3 期，第 27~33 页。
③ 商金林：《郭沫若〈蒋委员长会见记〉版本的由来及用途》，《中国现代文学研究丛刊》2022 年第 11 期，第 60~78 页。
④ 关于这一方面的成果，可参见：梁仪《从郭沫若佚诗〈隔海送时珍赴德行〉谈起》，《新文学史料》2022 年第 2 期，第 8~17 页；蔡震《郭沫若诗话三则》，《新文学史料》2022 年第 3 期，第 4~9 页；郭平英、陈俐《郭沫若与原配夫人张琼华关系始末》，《新文学史料》2022 年第 3 期，第 10~18 页；邱田《夏氏兄弟书信中的郭沫若》，《新文学史料》2022 年第 3 期，第 33~41 页；廖久明《论郭沫若与宗白华讨论墨子的通信》，《现代中文学刊》2022 年第 6 期，第 66~71 页；武继平《有关郭沫若留学九州帝国大学的几个细节问题》，《郭沫若学刊》2022 年第 3 期，第 2~9 页；冯锡刚《"诗以序之"——郭沫若为四本印谱作序》，《郭沫若学刊》2022 年第 2 期，第 27~29 页。
⑤ 沈卫威：《新发现抗战期间郭沫若未刊电文稿本 91 件释读》，《文艺争鸣》2022 年第 5 期，第 33~53 页；金传胜、钱程：《新发现的郭沫若函电、佚文与演讲》，《郭沫若学刊》2022 年第 2 期，第 30~37 页；沈卫威：《郭沫若 1938 年签呈稿本辑录、释读——抗战文艺宣传的行政权力运作》，《郭沫若学刊》2022 年第 3 期，第 34~47 页。

命活动的丰富信息，反映出他在左翼文化界的领导地位及其和进步人士的广泛联系与密切合作，体现了他坚持真理、追求正义、高举爱国主义旗帜的一贯姿态。

5. 学界在有关郭沫若的跨学科研究上取得新进展。

郭沫若在抗战时期以及新中国成立初期指导了考古工作，部分学者结合郭沫若的考古学研究和文学创作展开跨学科研究。张千可认为郭沫若的考古学研究开拓了某种考古学式的认识路径，因而考古学突破了认识的领域而被赋予了政治实践的性质，最终呈现为一种能够表达与结构历史经验的生动形式。张勇从铜奔马的命名探讨了郭沫若以文入史的研究策略。孙泽仙、江翠华从"实践与成就""思想与方法""地位及影响"着手，认为郭沫若的"甲骨文字考释影响深远，甲骨文研究的百年间取得的成就多与郭沫若的探索不可分割"。①

在郭沫若130周年诞辰纪念活动的激励和推动下，郭沫若研究取得了丰硕的成果，但毋庸讳言的是，郭沫若研究还有相当大的发展空间。首先，应有更多的学者从古典学、考古学等薄弱环节着力推动郭沫若研究更加深入。其次，目前的研究角度多集中在郭沫若个人以及其与他人交往或其文学、史学地位等方面，还缺乏更高层面的理论提炼。相信在国内外学者的共同努力下，郭沫若研究会走得更远，研究更深入，并产生更大的影响。

---

① 张千可：《文学考古学：试论郭沫若的考古研究与抗战历史剧之联系》，《现代中文学刊》2022年第6期，第33~42页；张勇：《郭沫若与铜奔马新论》，《海南师范大学学报》（社会科学版）2022年第5期，第2~8页；孙泽仙、江翠华：《郭沫若甲骨文字考释述要》，《赤峰学院学报》（哲学社会科学版）2022年第2期，第37~40页。

史学研究

《盐铁论》"是一部处理历史题材的对话体小说"辨析

——以郭沫若《盐铁论读本·序》为中心

杨胜宽*

摘　要：郭沫若在20世纪50年代点校出版了《盐铁论读本》，他在序言中提出桓宽《盐铁论》"是一部处理历史题材的对话体小说"的新奇见解，但其分析论证的依据却缺乏说服力。无论是从桓宽写作《盐铁论》主要根据当时举行盐铁会议的记录"议文"看，还是从桓宽所做推衍、增广等内容与文字的"组织"工作看，此书都属于忠实记录论辩双方围绕国家实施专营盐铁等经济政策的利弊得失展开对阵争辩交锋的著述，而与古今小说的概念和写作特征相去甚远。

关键词：盐铁会议　经济政策　《盐铁论》　"议文"　文体特征

在1953年至1956年，郭沫若完成了两部古籍的整理工作：一部是开始于1953年11月，完工于1955年11月的《管子集校》，按照他本人在此书二校完成后所写《书后》的说法，"费时整整二年，行有余力，大抵集中于此"[①]。可见其用心用力之苦，重视程度之高。另一部是完成于1956年3月的《盐铁论读本》，可以了解其所写的《盐铁论读本·序》落款时间为是年3月20日，次日赓即致信尹达："《盐铁论》标点好了，似可由科学出版社印行"[②]，简单交代了如何处理标点稿。除此之外，就很难寻觅更多与此相关的信息了。他何以要在《管子集校》完成之后，着手校点桓宽所著的《盐铁论》？此书为什么突然会引起郭沫若的特别关注？具体校

---

*　杨胜宽，乐山师范学院文学与新闻学院教授。
[①]　郭沫若：《〈管子集校〉校毕书后》，《郭沫若全集·历史编》第八卷，人民出版社，1985，第466页。
[②]　郭沫若：《郭沫若全集·书信集》下，转引自林甘泉、蔡震主编《郭沫若年谱长编》第四卷，中国社会科学出版社，2017，第1579页。

点工作何时开始,中间的经过情形怎样?这些对于郭沫若及《盐铁论读本》读者都很重要的信息,他本人不作交代,给读者或者研究者留下了诸多疑团。在郭沫若一生的著述中,这算是较为罕见的一种处理方式。

但如果我们留意郭沫若在校点《管子》一书过程中的一个细节,就可能寻找到一些其何以选择校点《盐铁论》的蛛丝马迹,值得研究者加以注意。郭沫若在开始创作《管子集校》一段时间之后,特意放下手中的校点工作,专门写作了《〈侈靡篇〉的研究》,这篇一万多字的长文完成于1954年5月5日,随后发表于当年的《历史研究》第3期。此文由七个部分组成,郭沫若在绪言中说:"《管子·侈靡篇》,在中国思想史上是一篇具有特色的相当重要的文字。"① 他在接下来分部分阐述其重要性时,分别有这样一些表述。"本篇的制作年代"说:"这篇文章虽然是用齐桓公和管仲一问一答的形式写出来的,但和《管子》这部书整个不是管仲做的而是战国、秦、汉的人假托'管子'的文字总汇一样……它是写于西汉初年汉惠帝在位时吕后专政时代的东西。"② "本篇最大的特异性何在"说:"《侈靡篇》基本上是一篇经济论文。就如它的题目'侈靡'二字所表示的一样,它主张大量消费,大量生产;大量兴工,大量就业。消费大,然后生产才可以促进;工作的机会多,然后人民才不致于失业。"③ "作者的阶级立场与思想背境"说:"作者在汉朝初年是一位在野的学者,他既主张侈靡而重视商人,因而他的思想和汉代的统治思想便立在反对的地位……他不完全满意于秦代的统治,更完全不满意于汉代的统治,这种叛逆的思想是不好明说的,故只好假托之于古人。"④ "对于作者的进一步的推测"在论述汉朝初年官僚地主和富商大贾的斗争问题使用"证据"时,引述了如下材料:"桓公曰:泰奢教我曰:'帷盖不修,衣服不众,则女事不泰'。"(语出《管子·侈靡篇》)"管子曰:'非有积蓄不可以用人,非有积财无以劝下。'"(语出《管子·事语篇》)郭沫若对第二段文字作自注云:"《盐铁论·通有

---

① 郭沫若:《〈侈靡篇〉的研究》,《郭沫若全集·历史编》第三卷,人民出版社,1984,第145页。
② 郭沫若:《〈侈靡篇〉的研究》,《郭沫若全集·历史编》第三卷,人民出版社,1984,第145~146页。
③ 郭沫若:《〈侈靡篇〉的研究》,《郭沫若全集·历史编》第三卷,人民出版社,1984,第153页。
④ 郭沫若:《〈侈靡篇〉的研究》,《郭沫若全集·历史编》第三卷,人民出版社,1984,第184页。

篇》引《管子》曰：'不饬宫室则材木不可胜用。不充庖厨则禽兽不损其寿。无末利则本业无所出，无麤皾则女工不施。'这些话为今本《管子》所无，疑是记述《事语篇》与《侈靡篇》的大意而已。汉人引书，往往如是。"①

从以上的论述和征引可以看出，不仅郭沫若校点《管子》时直接使用了《盐铁论》的资料，还特别注意到了《盐铁论·通有篇》"大夫"桑弘羊在与"文学"论辩商贸流通在国家经济发展中的重要作用时，把《管子》中的言论作为自己"农商交易，以利本末""财物流通，有以均之"思想主张的有力理论依据。而且其在分析《侈靡篇》的经济思想、重视商人、鼓励发展生产扩大消费等核心思想主张时，自然容易与汉武帝时代主推国家盐铁专营以积累国家财富、均输平准以刺激商贸流通等经济政策的桑弘羊联系起来，而《盐铁论》作为记录桑弘羊与"贤良""文学"辩论过程中阐述其经济思想观念最全面准确的历史文献，受到郭沫若的特别关注并对其加以校点整理，就是水到渠成之事了。

由此看出，郭沫若在进行《管子集校》的工作进程中，就注意到《盐铁论》与《管子》在阐述国家经济发展策略方面的前后关联性，特别是当郭沫若认定《侈靡篇》的作者可能就是汉代初年的一位"在野"的学者时，意识到其中关于发展经济的思想主张与发生于汉昭帝时代的"盐铁会议"围绕盐铁专营等经济政策的朝野激烈论争，有着值得联系起来进行考察的密切关系。故其在完成《管子集校》的工作之后，便立即着手校点《盐铁论》，耗时三四个月，完成了今天读者看到的《盐铁论读本》。

一　《盐铁论》是"盐铁会议"的论辩记录，首创了二论相难的文体表现形式

郭沫若《盐铁论读本·序》在谈到此书内容的表现特征时，各处的提法并不一致。在第一部分介绍全书的篇章结构时说：

> 原书分为十卷六十篇，自第一至第四十一篇是写盐铁会议的正式辩论，自第四十二篇至第五十九篇是写会议后的余谈。②

---

① 郭沫若：《盐铁论读本·序》，《郭沫若全集·历史编》第八卷，人民出版社，1985，第471页。
② 郭沫若：《盐铁论读本·序》，《郭沫若全集·历史编》第八卷，人民出版社，1985，第471页。

依照这个说法，除最后的第六十篇《杂论》是全书的后序之外，《盐铁论》的内容全是参与盐铁会议双方的"正式辩论"和"余谈"，虽然郭沫若把后面的十八篇称为"余谈"，但各篇展现的双方论辩的结构形式，与前面四十一篇完全一致。表明全书表现的内容，都是跟与会双方展开"辩论"密切相关的。

而在第三部分引述了《汉书·车千秋传赞》关于桓宽写作《盐铁论》一书经过的一段文字之后，郭沫若又说：

> 据此可知，盐铁会议在当时是有记录的（"颇有其议文"），桓宽利用了那些记录把他组织了一番，即"推衍"和"增广"。所以这部《盐铁论》并不等于盐铁会议的记录文件。
>
> 这部《盐铁论》，在我认为是一部处理历史题材的对话体小说。它不仅保留了许多西汉中叶的经济史料和风俗习惯，在文体的创造性上也是值得重视的。它虽然主要是对话体，但也有一些描述性文字。①

在这里，郭沫若首先肯定盐铁会议有"记录文件"，桓宽著书所依据的主要就是会议"议文"；同时又认为《盐铁论》"是一部处理历史题材的对话体小说"，并且强调这是桓宽"文体的创造性"的体现。郭沫若如此认定的依据之一，是书中虽然保留了许多西汉中叶的经济史料和风俗习惯，但它却"有一些描述性文字"。

"有一些描述性文字"是否构成认定《盐铁论》为一部处理历史题材小说的起码条件，留待下一部分再展开讨论。这里值得辨析的是，郭沫若既然承认桓宽的《盐铁论》是根据当时盐铁会议的记录加以组织而成的，作者只是在组织的过程中适当做了"推衍"和"增广"，而这番加工处理，是否就能使其完成由原来的经济政策论辩记录文本到"一部处理历史题材"文学小说的文体转换，是颇有疑问的。

首先，我们来看郭沫若引文中所提到的当时"颇有其议文"包含的主要意义。《汉书·公孙刘田王杨蔡陈郑传赞》云："所谓盐铁议者，起始元中，征文学、贤良问以治乱，皆对愿罢郡国盐、铁、酒榷、均输，务本抑末，毋与天下争利，然后教化可兴。御史大夫弘羊以为此乃所以安边竟、

---

① 郭沫若：《盐铁论读本·序》，《郭沫若全集·历史编》第八卷，人民出版社，1985，第474页。

制四夷，国家大业，不可废也。当时相诘难，颇有其议文。"① 这里所谓的"议"，指围绕盐铁等由官府专营获取利润的经济政策受到来自民间的"文学""贤良"的强烈质疑与非议，他们不赞成这一系列经济政策，认为这样的政府行为是与天下民众争利，把农业与商业的本末关系搞颠倒了，不利于重义轻利教化之风的形成。而主推这一系列经济政策的御史大夫桑弘羊则对此予以反驳，强调这是"安边竟、制四夷"的"国家大业"，关系到国防安全与立国根基，极其重要，不可罢废。桑弘羊对"文学""贤良"主张的反驳，在《汉书·食货志》对于同一事件的记载里，称为"难"："昭帝即位六年，诏郡国举贤良、文学之士，问以民所疾苦、教化之要。皆对愿罢盐铁酒榷均输官，毋与天下争利，示以节俭，然后教化可兴。弘羊难。以为此国家大业，所以制四夷、安边足用之本，不可废也。乃与丞相千秋共奏罢酒酤。"颜师古解"难"字为"诘难议者之言"②。古代帝王在决定重大国家事务时，下诏让朝野广泛议论，分析其是非得失，然后帝王综合各种意见，做出抉择，已经形成一种十分古老的传统。明人徐师曾对"议"这种文体的起源及传承有如下解释："按刘勰云：'议者，宜也，周爱咨谋以审事宜也。'《周书》曰：'议事以制，政乃不迷。'此之谓也。昔管仲称轩辕有明台之议，则议之来远矣。至汉，始立驳议。驳者，杂也，杂议不纯，故曰驳也。盖古者国有大事，必集群臣而廷议之，交口往复，务尽其情，若罢盐铁、击匈奴之类是也。"③ 把盐铁之议作为具有代表性的文体形成之范例。显然，班固所谓当时记录的"议文"，就是争议双方论辩相难的原始记录文字。当代学者赵逵夫解释《盐铁论》这一书名中"论"字的含义说："《荀子·解蔽》'道尽论矣'，杨倞注：'论，辩说也。'《文选》司马相如《上林赋》'且二君之论'，吕延济注：'论，辩论也。'又《吕氏春秋·应言》'不可不熟论也'，高诱注：'论，辩也。''盐铁论'，即有关盐铁政策的辩论。"④ 桓宽根据"盐铁议"的论辩记录写成书，命名为《盐铁论》，其实取的正是"议""论"互训之义，都是指围绕盐铁政策的那场辩论。故徐师曾《文体明辨序说》云："按字书云：

---

① 班固：《汉书》卷六十六，中华书局，1982，第2903页。
② 班固：《汉书》卷二十四下，中华书局，1982，第1176页。
③ 徐师曾：《文体明辨序说·议》，人民文学出版社，1982，第133页。
④ 赵逵夫：《〈盐铁论〉研究·序》，载王永《〈盐铁论〉研究》，宁夏人民出版社，2009，第9页。

'论者，议也。'刘勰云：'论者，伦也，弥纶群言而研一理者也……其为体则辨正然否，穷有数，追无形，迹坚求通，钩深取极，乃百虑之筌蹄，万事之权衡也。至其条流，实有四品：陈政则与议说合契……'"① 表明陈述不同政见乃是"论"体的重要一品。由于盐铁议是昭帝下诏让郡国"文学""贤良"就民间疾苦发表意见，故在争辩双方中，桑弘羊处于答辩的一方，通过反驳"文学""贤良"的观点，来证明国家实施盐铁专卖等经济政策的必要性、重要性、合理性、正当性。

其次，桓宽在对这些论辩原始记录进行整理和组织时所做的"推衍"和"增广"，完全是增加"描述性文字"，从而改变原先会议论辩记录的性质而使之成为一部处理历史题材的小说，其可信度与说服力也是不足的。就能够见到的文献信息而言，除桓宽以外，后来的人已经无法知道盐铁会议原始记录材料的真实样貌。从历史年代看，盐铁会议发生于汉昭帝始元六年（前81）；桓宽写成《盐铁论》的时间在汉宣帝（前74~前49在位）末年，离盐铁会议发生的时间已经过去了三十年；而班固（32~92）完成《汉书》的时间大约在汉章帝建初（76~84）后期，上距桓宽的著书时间又过了一百余年。看来，在经过至少一百五十年之后，班固在《车千秋传赞》中说盐铁会议"颇有其议文"，是在已经难以确定会议真实记录情况下的一种或然性表述。出生在东汉的班固已经不能确知盐铁会议记录的真实情况，其所谓"推衍"和"增广"，自然也只能作为一种推断之辞来理解。

"推衍"和"增广"意思接近，都是指《盐铁论》作者对盐铁会议的原始记录有所变动和润色，在此过程中，自然有作者对某些论辩内容加以推测敷衍、增广文字的作用发挥成分。至于这种作用发挥的程度，则不宜过于拔高。因为班固已经做过明确交代，说桓宽"博通善属文，推衍盐铁之议，增广条目，极其论难，著书数万言，亦欲以究治乱，成一家之法焉"②。由此可知，桓宽所"推衍"的是"盐铁之议"本身，不排除桓宽站在同情和认同"文学""贤良"观点的角度，对他们的论议内容有所补充完善或者深化拓展，使其显得理由更加充分，逻辑更加严谨，结论更具说服力。至于"增广"，则主要是对"条目"的增设，可能盐铁会议的原

---

① 徐师曾：《文体明辨序说·论》，人民文学出版社，1982，第131页。
② 班固：《汉书》卷六十六，中华书局，1982，第2903页。

《盐铁论》"是一部处理历史题材的对话体小说"辨析

始记录只有双方辩论内容，而没有条目设置，到桓宽著书时，为了使不同辩论主题显得集中和醒目，所以分设了五十九个条目，把相关内容归顺于各个条目之下。可以想象，随着条目的设置，原来按照论辩时间先后和发言顺序记录下来的材料，桓宽会作一些调整组织，这应该是郭沫若所说的文学性"处理"的一个方面，并且应该是很重要的方面。这样，全书的文字篇幅在原来的基础上增加到数万字的规模。

正因为《盐铁论》内容的论辩性质，历来论者都看到了此书的这一突出特征，并在此基础上对其价值和意义进行衡量与评价。在这些评价中，绝大多数论者都异口同声地肯定其文体的独特性，以及对后世产生的空谷足音般的积极影响。与班固同时代的思想家兼文学家王充对《盐铁论》论辩内容表现形式的独特性最早作出肯定，他在《论衡·案书篇》里说："两刃相割，利钝乃知；二论相订，是非乃见。是故韩非之《四难》、桓宽之《盐铁》、君山《新论》之类也。"① 虽然桓宽之前的韩非著有《难》四篇②，但其内容表现方式以韩非对古人古事的质疑性评价为主，尽管所据的"本事"具有论辩对话的性质，但与《盐铁论》所载内容完全由论辩双方一来一回彼此相驳难以阐明各自不同立场主张的结构形式相比，有着很大不同。而西汉末东汉初的桓谭《新论》，其自述写作目的云："余为《新论》，术故今今（清人严可均以为当作'述故正今'），亦欲兴治也……谭见刘向《新序》，陆贾《新语》，乃为《新论》。"③ 从严可均所辑的《新论》佚文看，其文章体例主要借鉴于《新序》和《新语》，采取"述古正今"的方式进行论述，其论难的色彩尚不如《韩非子》的《四难》，更无法与《盐铁论》相提并论了。由此而言，是桓宽首创了"二论相订，是非乃见"的辩难"议""论"文体表现形式。

《盐铁论》这一真实记录朝廷权臣与民间士子代表围绕国家推行的重大经济政策而展开长时段、面对面集中论辩情景的文体表现形式，由于在后世与之类似的大规模官民论辩已经罕见举行，所以成为不仅空前，而且几乎绝后的独特存在，令后世历代学人歆羡者有之，慨叹者有之。南宋人

---

① 张宗祥：《论衡校注》卷二十九，上海古籍出版社，2013，第565页。
② 《韩非子》有《难一》《难二》《难三》《难四》四篇，载梁启雄《韩子浅释》下册，中华书局，1982，第346~389页。
③ 桓谭：《新论·本造》，载严可均《全上古三代秦汉六朝文·全后汉文》卷十三，中华书局，1987，第537页。

陈振孙联系北宋熙宁变法引起的长期党派纷争，致憾于元祐诸贤："霍光号知时务，与民更始。而盐铁之议，乃俾先朝首事之臣与诸儒议，反覆无厌，或是或非，一切付之公论，而或行或止，未尝容心焉。以不学无术之人，而暗合乎孟庄子父臣父政之义，曾谓元祐诸贤而虑不及此乎？"① 言下之意，如果元祐宰相司马光能够像西汉霍光那样，在废止熙宁新法问题上采取类似举行盐铁会议的办法，让朝野广泛参与议论，辨明是非，择善而从，不走抛弃一切新法不用的极端路线，就不至于导致绍圣复辟时新法派势力得势以后对元祐诸贤疯狂报复之祸了。清人倪邦彦则云："《盐铁论》者，桓次公推衍诘难，增益条缕，错变数万言以成一机轴……故每一篇辞响发而披赤悃，意沉壮而寓讽激，其遥遥乎莫知玄邈疾靡能物色也。……世之学者，命辞以托志，至乎桓而后谓论不能至，要之不知论尔。是故善附者异旨如肝胆，拙会者同音如胡越。嗟乎，论议之难，唯有宽焉。"② 在这里，我们不仅注意到作者对西汉朝野公开论辩以明是非做法的高度赞扬，认为后世士人的议论勇气难以望其项背，其对桓宽处理盐铁会议原始记录材料的出色技巧更是赞不绝口，认为他的"推衍""增益""错变"安排，使那场历史上著名的朝野公开辩论记录文献更加眉目清晰，逻辑分明，前后贯通，自成机杼，班固称其"善属文"，于此得到了有力的印证。

二 《盐铁论》的文体与古今"小说"概念及体裁完全不符

《盐铁论》，最早载于西汉刘向、刘歆父子共同完成的《七略·诸子略》一书，在"儒家"类著录"桓宽《盐铁论》六十篇"。③ 而《七略·辑略》定义"儒家"曰："儒家者流，盖出于司徒之官，助人君顺阴阳、明教化者也。游文于六经之中，留意于仁义之际，祖述尧舜，宪章文武，宗师仲尼，以重其言，于道为最高。"④ 而定义"小说家"则曰："小说家者流，盖出于稗官，街谈巷语，道听途说者之所造也。孔子曰：'虽小道，

---

① 陈振孙：《直斋书录解题》卷九，载纪昀总纂《四库全书·史部·目录类·经籍之属》，台湾商务印书馆，1986，第674册，第694页。
② 倪邦彦：《刻〈盐铁论〉序》，引自王利器《盐铁论校注·附录四述书》，中华书局，2017，第726页。
③ 姚振宗辑录，邓俊杰校补《七略佚文》第三，上海古籍出版社，2008，第133页。
④ 姚振宗辑录，邓俊杰校补《七略佚文》第一，上海古籍出版社，2008，第99页。

必有可观者焉。致远恐泥，是以君子弗为也。'"①《汉书·艺文志》颜师古注："稗官，小官。"又引如淳曰："街谈巷说，其细碎之言也。王者欲知闾巷风俗，故立稗官使称说之。"②可见自汉至唐，"小说"均被视为街谈巷语、道听途说的细碎之言，最多只是一种民风民俗的反映，其与班固所称的另外九家的思想性、学术性都不可同日而语。《七略·诸子略》著录"小说家类"十六种，其中多数为后世不知名者所伪托，而明确为汉武帝时人所作的有《封禅方说》十八篇，《待诏臣饶心术》二十五篇，《待诏臣安成未央术》一篇，《虞初周说》九百四十三篇；宣帝时项国圉人所作《臣寿周纪》七篇。东汉班固《汉书·艺文志》基本沿用《七略》"九流十家"的界定与区分，同样在"儒家类"著录《盐铁论》六十篇。而所录"小说家类"十五种，武帝、宣帝时人所作者全同。显然，无论就《七略》《汉书·艺文志》对"小说家"的定义，还是所著录的作品看，《盐铁论》都不能归属其中。而从桓宽在《盐铁论》中表达的思想倾向和感情色彩看，其被列入"儒家"一类，是比较符合作者思想实际的。汉代以后，历代正史《艺文志》《经籍志》均著录此书，照例将其归入子部"儒家类"。当代学者袁行霈、侯忠义在20世纪30年代初孙楷第所编《中国通俗小说书目》的基础上，编成《中国文言小说书目》一书，收录著述年代自先秦以迄清代，其中收录两汉小说二十一种（其中有些是托名汉人），也未收录《盐铁论》一书。③

除自西汉以来各代正史皆有著录外，宋代以后的众多私家藏书志也将《盐铁论》载入，使其成为自问世以来没有佚亡或者严重残缺过的西汉典籍之一。这说明，桓宽的《盐铁论》，自成书以后的内容、结构和条目基本上就是今天读者见到的样子，郭沫若《盐铁论读本》除取消原书卷数外，连原文的分篇与条目也没有变动，最大限度地保持了该书的原貌。

郭沫若说《盐铁论》是桓宽"处理历史题材的对话体小说"，这里首先需要考察的一个重要问题是，生活于西汉时代的桓宽，是否就能够把一个论辩经济政策的历史题材处理成小说？那个时代有没有可能出现真正文学意义的"小说"这种文体？

---

① 姚振宗辑录，邓俊杰校补《七略佚文》第一，上海古籍出版社，2008，第101页。
② 班固撰，颜师古注《汉书》卷三十，中华书局，1982，第1745页。
③ 袁行霈、侯忠义编《中国文言小说书目》，北京大学出版社，1981，第7~14页。

众所周知，任何一种文体的形成、成熟与消亡，都有一个必然的渐变过程。"小说"这种文体自然不能逃脱这样一个发生、发展的客观规律。在此我们只要大致追溯一下中国古代"小说"的演化历史过程，再把今天的所谓"小说"与《盐铁论》略加比较，就能看得比较清楚。

前文述及，自西汉到唐宋时代，史家、书评家以及文学家，都没有把《盐铁论》视为小说，其中最根本的原因是，严格意义上的中国古代小说，在汉代并没有出现。虽然在先秦的相关典籍中就曾提到"小说"一词，如《庄子·外物》所谓"饰小说以干县令，其于大达亦远矣"云者，唐人成玄英解释为"修饰小行、矜持言说以求高名令闻者，必不能大通于大道"。① 把它与高名令闻对举，指的是一种不能登大雅之堂的琐屑言辞，根本不具备作为一种文体的基本内涵；正史所著录的所谓"小说"，要么就是出自闾里间的细碎闲言，要么是一些伪托古人名头、内容荒诞不经的神仙家言，最多也只是显示出了某些古小说发源状态的简单特征，东汉桓谭称为使用"残丛小语"的小说家，被世人认为最与一般意义上的小说概念相近，但其结构形式体现为"短书"，内容则多残破、丛杂。② 史志书录所载汉代所谓小说中被鲁迅称为"意绪优异、文笔可观"的《西京杂记》，虽然托名西汉刘歆，实则为六朝东晋葛洪（283~363）所作。

学界关于小说起源有基本共识，认为它肇源于远古神话传奇，而真正对古代小说产生起了重要作用的是志怪一体。李建国对唐代以前的志怪小说进行了专门研究，他把这一历史时期的志怪小说内容划分为三类，虽然三类小说在汉代都能找到相对应的作品，如第一类"地理博物体志怪小说"有《括地志》《神异经》，第二类"杂史杂传体志怪小说"有《汉武故事》《列仙传》，第三类"杂记体志怪小说"有《异闻记》等，③ 但正如李建国所指出的那样，汉代的志怪小说，在内容上"多是神仙家言"④，反映的是宗教迷信思想，折射出的道教盛行背景下的一种社会意识。故李建国在总结唐前志怪小说发展状况时说："唐前志怪小说，……多数属于自觉或半自觉的宗教迷信宣传，……因而志怪创作一般还不是有意识的文学

---

① 郭庆藩：《庄子集释》卷九上，中华书局，1982，第927页。
② 李善注江淹《杂体诗三十首·李都尉从军》引桓谭《新论》语，见萧统编《文选》卷三十一，中华书局，1981，第444页。
③ 刘叶秋：《古小说的新探索——〈唐前志怪小说史〉序》，载李建国《唐前志怪小说史》，南开大学出版社，1984，第2~3页。
④ 李建国：《唐前志怪小说史·志怪叙略》，南开大学出版社，1984，第22页。

创作。"① 而真正自觉的文学创作，要迟至唐代才成为现实。故鲁迅对这一发展质变做过非常著名的评价："小说亦如诗，至唐代而一变。虽尚不离于搜奇记逸，然叙述宛转，文辞华艳，与六朝之粗陈梗概者较，演进之迹甚明，而尤显者乃在是时则始有意为小说。"② 唐代传奇，虽不称为小说，但这时才真正实现了"有意为小说"的创作突破，标志着具备严格文体意义的小说之正式诞生。鲁迅对唐传奇"有意为小说"在六朝志怪上的突破性特征，还做了进一步阐述："传奇者流，源盖出于志怪，然施之藻绘，扩其波澜，故所成就乃特异。期间虽亦或托讽喻以纾牢愁，谈祸福以寓惩劝，而大归则究在文采与意想，与昔之传鬼神明因果而外无他意者，甚异其趣矣。"③ 传奇虽由志怪演变而来，但它与志怪有了质的区别，"施之藻绘"以增加文采，"扩其波澜"以注重意想，这两者的结合，产生了一加一大于二的文学质变效果，完全超越了志怪"传鬼神明因果而外无他意"的宗教宣传目的，转而以实现创作者"作意好奇"的文学自觉意趣。故鲁迅称唐传奇"在文体上也算是一大进步"④。按照鲁迅的定义，古代小说诞生的主要标志，乃在于彻底摆脱过去宗教宣传的单一目的，转向突出创作者文学自觉的多元化意趣，以主观"意想"为思想内核，以注重文采为表现形式，最终促成一种新兴文体——"小说"的诞生。

唐传奇经历宋话本到明清小说的不断演化，其现代意义上的小说文体特征逐步彰显。如鲁迅评价《金瓶梅》时所说："作者之于世情，盖诚极洞达，凡所形容，或条畅，或曲折，或刻露而尽相，或幽伏而含讥，或一时而写两面，使之相形，变幻之情，随在显现，同时说部，无以上之。"⑤ 只有对世道人情具有洞达的了解和把握，才能把小说写得主题深刻，内涵丰富，贴近现实，贴近生活。鲁迅用四个"或"字肯定《金瓶梅》的写作手法，既可以理解为对这部著名人情小说艺术特征的高度概括，也可以视

---

① 李建国：《唐前志怪小说史·志怪叙略》，南开大学出版社，1984，第23页。
② 鲁迅：《中国小说史略·唐之传奇文（上）》，《鲁迅全集》第9卷，人民文学出版社，1987，第70页。
③ 鲁迅：《中国小说史略·唐之传奇文（上）》，《鲁迅全集》第9卷，人民文学出版社，1987，第70~71页。
④ 鲁迅：《中国小说的历史的变迁》第三讲，《鲁迅全集》第9卷，人民文学出版社，1987，第313页。
⑤ 鲁迅：《中国小说史略·明之人情小说（上）》，《鲁迅全集》第9卷，人民文学出版社，1987，第180页。

为对小说作为一种文学体裁应该具备的表现手法要求。鲁迅作为中国现代小说的奠基人,其见解对于我国现代小说创作与发展的影响,是有目共睹的。

郭沫若的主要文学成就虽然不在小说创作方面,但其尝试写作小说与鲁迅差不多同时,鲁迅还曾就其历史题材小说《不周山》受到创造社骨干成员成仿吾的批评,而与创造社围绕小说的现实题材和历史题材如何评价问题,产生过相当明显的龃龉。鲁迅非常看重他的现实题材小说,针对成仿吾批评小说集《呐喊》中的《狂人日记》《阿Q正传》等"浅薄""庸俗"的责难,鲁迅于1936年作文反唇相讥:"我是不薄'庸俗',也自甘'庸俗'的;对于历史小说,则以为博考文献","言必有据者,纵使有人讥为'教授小说',其实是很难组织之作;至于只取一点因由,随意点染,铺成一篇,倒无需怎样的手腕。"① 他在这里的嘲讽,不知道有无针对郭沫若历史小说作品的用意,但至少其关于创作历史小说当"博考文献""言必有据",并以此为基础来"组织"成篇的观点,表明了鲁迅对于历史题材小说创作方式的基本看法。

郭沫若从1923年起开始创作历史题材小说,至1936年,共有作品十篇,于1936年以《豕蹄》为名结集出版,他还在出版前为该小说集写了序文,题为《从典型说起——〈豕蹄〉的序文》,该文首发于《质文》月刊第二卷第一期,同年,小说集由上海不二书店正式出版。在这篇序文里,郭沫若阐述了关于小说创作的一些基本观点,集中体现了其包括历史小说在内的现代小说写作的主要理念。他说:

> 任何小说家在描写刻画他的人物上都在创造他的典型,问题只在他所创造出来的东西是否成功,而成功的典型创造是应该采取怎样的方法和具备怎样的条件。②

由此看来,郭沫若十分强调小说人物的典型塑造,这是一个作品成功的首要因素,而要把作品的典型人物形象塑造成功,不但需要作者采取适当的艺术表现方法,并且要具备足够充分的有利条件。在进一步阐述典型

---

① 鲁迅:《故事新编·序言》,《鲁迅全集》第2卷,人民文学出版社,1987,第341~342页。
② 郭沫若:《从典型说起——〈豕蹄〉的序文》,《郭沫若全集·文学编》第十六卷,人民文学出版社,1989,第195页。

人物创造时，郭沫若又说：

> 大抵典型创造的过程是应该以客观的典型人物为核心，而加以作家的艺术的淘汰，于平常的部分加以控制，于特征的部分加以夸张，结果便可以造出比客观所有的典型人物更为典型的人物。[①]

所谓"客观的典型人物"，大约指存在于现实生活中的原型人物，作家在选择描写对象时，必须要选好具有典型性的人物原型，因为这是一篇小说创造人物的核心，如果没有这样的合适原型，那么在作品中要创造出好的典型人物，就极端困难甚至不可能。实际上，郭沫若提出了一个小说家发现生活典型的重大课题，那就是他在创作小说之前，必须有深入生活、熟悉生活的体验，以及把握时代脉搏和现实生活旋律的能力。作品典型人物创造既要源于生活，又要高于生活。所以郭沫若认为，在创造典型的过程中，小说家要对人物原型进行艺术加工，要汰去一些平常（不具有典型性）的东西，而对其特征（具有个性化与典型性）的部分加以"夸张"，尽量突出和放大，甚至可以进行合乎情理的虚构，目的在于使之成为"比客观所有的典型人物更为典型的人物"。

至于创造典型人物需要具备的有利条件，郭沫若认为："客观的典型人物之'典型度'要看气质与境遇相成的关系如何。两者如有最适当的相成关系，就可以产生出比较完整的典型。作家如能选择得这种完整的典型而加以忠实的刻画，这种再现及其成果也不失其为高级的艺术或艺术品。"这里涉及典型人物性格的形成与展现，还需要有适宜成长的外部环境，就像俗话所说"时事造英雄"，两者构成相辅相成的关系，则可以达到典型人物"典型度"最理想的境界。小说家能够获得这样的客观典型人物，通过其艺术上的忠实刻画，一个源于生活高于生活的典型人物形象便应运而生了。与此同时，关于小说家怎样才能做到对客观典型人物的忠实刻画，郭沫若提出：

> 关于人物之生理的、心理的与社会的、职业的各种特征之抽出与综合是典型创造的秘诀。然而这抽出与综合过程总须得遵循着科学的

[①] 郭沫若：《从典型说起——〈豕蹄〉的序文》，《郭沫若全集·文学编》第十六卷，人民文学出版社，1989。

律令。①

这表明，小说家创造典型人物，必须遵循艺术表现的规律，讲究写作的方式方法，不仅要关注到人物生理、心理、社会、职业各个层面，而且要在"抽出与综合"上下功夫。尤其是后者，既考验小说家的写作水平，也直接关系到作品典型人物创造的成功。

在阐述了关于典型人物创造的这些理论观念之后，他谈到自己的历史题材作品的创作动机及其对人物形象的处理：

> 我自己本来是有一点历史癖和考证癖的人，在这个集子之前我也做过一些以史事为题材的东西，但我相信聪明的读者，他会知道我始终是站在现实的立场的。我是利用我的一点科学智识对于历史的故事作了新的解释或翻案。我应该说是写实主义者。我所描画的一些古人的面貌，在事前也尽了相当的检查和推理的能事以力求其真容。②

从这里，我们似乎看到了郭沫若在有意无意间对当年鲁迅讥讽成仿吾及创造社的一种回应。当然，郭沫若说的也是事实，他的历史题材小说创作，绝不是单纯地为古人涂脂抹粉，或者任意漫画化地做历史翻案文章，他是要用历史题材来服务现实需要，其写作立场与表现方法是现实主义的。他自谓"豕蹄"之名虽然曾有"史题空托"的意味，但并非没有现实针对性的立意"空托"，而是在字里行间充盈着创作典型人物的现实主义"性质"的。③

在郭沫若所创作的历史题材小说中，《孔夫子吃饭》具有一定的代表性。首先，这是一篇较为典型的做翻案文章的作品。他在《从典型说起——〈豕蹄〉的序文》里，专门提及历来对孔子过分尊崇的现象："孔子是'道贯古今'的大圣人，这个观念已经比任何铜像、铁像都还要坚

---

① 郭沫若：《从典型说起——〈豕蹄〉的序文》，《郭沫若全集·文学编》第十六卷，人民文学出版社，1989，第195页。
② 郭沫若：《从典型说起——〈豕蹄〉的序文》，《郭沫若全集·文学编》第十六卷，人民文学出版社，1989，第196~197页。
③ 郭沫若：《从典型说起——〈豕蹄〉的序文》，《郭沫若全集·文学编》第十六卷，人民文学出版社，1989，第200页。

固。然而想到孔子也还是人，过分的庄严化觉得是有点违背真实。"① 他列举了《墨子·非儒篇》《庄子·盗跖篇》揭发了孔子的隐私与调皮，表明先秦诸子时代的孔子并不神圣，多少还接近正常人。特别是《吕氏春秋·审分览》中的《任数篇》，记载了孔子被困于陈蔡之间时，饿了七天之久，幸亏弟子颜回去讨了点米回来，他们可以暂时充饥了。郭沫若选取"吃饭"这个片段作为描写孔子与颜回形象的素材，写成《孔夫子吃饭》这篇历史题材小说。

《吕氏春秋》对于此事的记载，通过颜回在煮饭时偷吃饭粒行为被孔子看到而颜回在与孔子的对话中不承认自己偷吃行为这一事件的叙述，来揭示孔子关于了解一个人不容易的感慨："所信者目也，而目犹不可信；所恃者心也，而心犹不足恃。弟子记之：知人固不易矣。"② 在这个故事里，孔子的形象非常正面，他明明看到了颜回偷吃米饭的举动，但他并没有当着众弟子的面揭穿真相，而是从凭借眼与心不足以完全了解一个人的角度，来对弟子们进行怎样"知人"的教育。在孔子看来，颜回一向是安贫乐道的典型形象，而在饥饿难耐的时候，也会忍不住有偷食行为，说明人的形象是有多面性的，并不能一概而论。

但在郭沫若笔下，孔子的圣人形象被完全颠覆了。看到颜回偷吃的过程，他的第一反应是："这下便很伤了孔子的尊严。因为孔子是一团人的领袖，连我领袖都还没有吃的时候，你公然就先吃！这是孔子在肚子里斥责颜回的话，但他没有说出口来。"③ 孔子此时装在肚子里的话没有说出口，是因为他觉得时机未到。随即颜回将刚煮熟的饭，先送到孔子面前，请老师先吃。而孔子却要"试验"一下颜回的"虚伪"程度，故意不吃，还找了一个巧妙的借口，说晚上梦见了自己的父亲，"有饮食要先敬了长上，然后再吃（笔者按：这摆明是在有意挖苦颜回）。你替我在露天为我的父亲献祭吧"。颜回回答：今天的饭不适宜用来敬神，因为不干净。孔子装着不明白地问：为什么说不干净呢？颜回只好找理由说：刚才自己揭开锅盖时，掉了烟尘进去，自己把烟尘及弄脏的饭粒用指甲挑出来，觉得

---

① 郭沫若：《从典型说起——〈豕蹄〉的序文》，《郭沫若全集·文学编》第十六卷，人民文学出版社，1989，第197页。
② 陈奇猷校释《吕氏春秋校释》卷第十七，学林出版社，1984，第1067页。
③ 郭沫若：《孔夫子吃饭》，《郭沫若全集·文学编》第十卷，人民文学出版社，1985，第173页。

扔掉太可惜，所以便把它吃掉了。

　　孔子听到这里，才突然"啊哦"地叹了一口气。他赶快地抢着说：
　　——"好的，好的，回呀，你实在是一位圣者，连我都是赶不上你的。"
　　他说了这话，又对着弟子们把自己的一片疑心和对于颜回的试验，和盘告白了一遍。
　　孔子借着这一番话的告白和缓了他自己良心上的苛责，但他同时更感受着一种下意识的安慰：
　　——"我的领袖的尊严，并没有受伤。"①

孔子看准最佳时机，不仅当着众弟子的面，把颜回偷食的事戳穿了，还别有用心地把自己的所谓"试验"讲了一遍，以此来达到维护自己"领袖的尊严"目的。小说中孔子口口声声说颜回虚伪，实际上，郭沫若所要揭露和讽刺的，恰恰是历来被奉为"大圣人"的孔夫子，他才是历史上最虚伪的典型人物形象！

郭沫若带有几分自谦地把他的《豕蹄》所收历史题材小说称为"速写"，似乎在描述与刻画等艺术手法上还不甚满足，但就《孔夫子吃饭》对孔子形象的塑造来看，倒是颇费了一番心思的。为了突出孔子的虚伪，他把《吕氏春秋》里的故事情节做了变化处理，比如他设计的"试验"颜回是否诚实的环节，他听到颜回为自己偷食而编造的理由，明明知道颜回并不诚实，反倒言不由衷地说颜回是连自己都赶不上的"圣者"；又比如他明明看到了颜回偷食的全过程，心里很是不满却能隐忍不发，等到颜回在众弟子面前为自己偷食找寻理由的时候，才当着大家的面揭穿真相，还扬扬自得地把他的所谓"试验"和盘托出，以此来满足自己过分的虚荣心。这类细节的描写及对人物心理的刻画，我们不能不说作者为了实现创造典型形象的目的，而做了相当程度的"夸张"即虚构。他如此颠覆孔子千古"大圣人"的形象，用意如作者所言，是要"拿现在的一些领袖意识旺盛的人来对照一下"②，表明其讽喻现实的动机正在于此。

---

① 郭沫若：《孔夫子吃饭》，《郭沫若全集·文学编》第十卷，人民文学出版社，1985，第173~174页。
② 郭沫若：《从典型说起——〈豕蹄〉的序文》，《郭沫若全集·文学编》第十六卷，人民文学出版社，1989，第198页。

《盐铁论》"是一部处理历史题材的对话体小说"辨析

郭沫若说桓宽的《盐铁论》是处理历史题材的对话体小说，而如果拿郭沫若自己关于历史题材小说的创作要求及其作品创作来比较，差异之大是显而易见的。

三 桓宽的写作动机及《盐铁论》的人物形象问题

从历史演进的时间看，唐朝开国时距离桓宽写作《盐铁论》的时代，相距约七百年。由此看，说桓宽在他所生活的时代，就能够"有意"把盐铁议的历史题材处理成一部对话体小说，无论主客观因素，都是完全不具备历史条件的。以下笔者将分别对桓宽写作《盐铁论》的动机和书中的人物形象问题做辨析，证明所谓《盐铁论》"是一部处理历史题材的对话体小说"的判断难以成立。

关于桓宽写作《盐铁论》的动机，最可靠的应该是作者本人的称述。《盐铁论》第六十篇名为《杂论》，郭沫若说它"是全书的后序"，这是古人著书的惯例，古今都没有争议。整篇文字，郭沫若没有划分段落，而王利器的校注本却分成了两段。第一小段只有一长句话："客曰：'余睹盐铁之议，关乎公卿、文学、贤良之论，意指殊路，各有所出，或上仁义，或务权利。'"自"异哉吾所闻"至篇末为第二段，乃是作者的观点阐述，其中宣示了写作该书的明确意图。[①] 就《盐铁论》各篇均以交辩双方的对话形式构成来看，《杂论》也沿用这一体例以示统一。全篇的主体部分，是作者对"客曰"的回应，针对其论而不断的陈述，作者的阐述则褒贬鲜明，观点明确，所是所非倾向性非常明显，做到了论而有断。而作者的写作动机，就从其论断中间体现出来。

首先，作者要表明反对"务权利"，赞同"上仁义"的鲜明政治立场。在《盐铁论》前五十九篇对公卿大夫与文学、贤良围绕国家现行经济政策激烈论辩做了如实记录的基础上，桓宽利用全书的序言，要对这场朝野间的政策论辩表明一个总体态度，那就是明确反对桑弘羊主推的包括专营盐、铁、酒在内的一系列经济政策，主张崇尚仁义之道，移风易俗，实现国家的长治久安。他说："悲夫！公卿知任武可以辟地，而不知广德可以附远；知权利可以广用，而不知稼穑可以富国也。近者亲附，远者说德，

---

① 王利器：《盐铁论校注·杂论第六十》，中华书局，2017，第568~569页。

则何为而不成，何求而不得？不出于斯路，而务畜利长威，岂不谬哉！"①任武辟地，指汉武帝用武力开疆辟地，需要大量的财力支持，桑弘羊采取的国营专卖诸项政策，就是为了满足其庞大的战争费用开支需要。权利广用，指武帝时期利用专制皇权强推其逐利经济政策，以满足日益膨胀的国库开支需求。除了战争耗资之外，还有武帝没有节制的挥霍、赏赐等，《史记·武帝本纪》《汉书·武帝纪》及多位大臣传记中，不乏这方面的记载。如《史记·万石君列传》附《石庆传》云："（武帝元鼎五年）是时汉方南诛两越，东击朝鲜，北逐匈奴，西伐大宛，中国多事；天子巡狩海内，修上古神祠，封禅，兴礼乐，公家用少。桑弘羊等致利，王温舒之属峻法，……至九卿，更进用事。"②桓宽以为，奉行仁政，使近者亲附，远者悦德，可以欲为而成，欲求而得，这是一条通向国富民安的康庄大道。而国家所行的"畜利长威"之道，是不能行稳致远的，桑弘羊奉行如此悖谬之策而不悟，很令人沮丧。

其次，作者热情地赞扬文学、贤良的言论和行为。他称赞贤良茂陵唐生、文学鲁国万生等六十余人，踊跃参与盐铁会议，在与大夫、御史的政策论辩中，"舒六艺之风，论太平之原"，阐明儒家先贤所倡导和奉行的治国方略，是定国安邦的太平之本。在这六十余人中，"智者赞其虑，仁者明其施，勇者见其断，辩者陈其词。闿闿焉，侃侃焉，虽未能详备，斯可略观矣"③。在桓宽看来，这些参加论辩的人，满腹经纶，激扬文字，在与公卿大夫的对垒中，从不同角度、侧面、领域侃侃陈述崇尚仁义之道的历史经验，推行好战逐利政策的失败教训，是很值得珍视的。桓宽还重点列举这些人中的佼佼者，如中山刘子雍"言王道，矫当世，复诸正，务在于反本。直而不徼，切而不索，斌斌然斯可谓弘博君子矣"④。这位刘子雍以先王仁义之道来批评当世所行的权利之道，主张不能任由追名逐利之徒把持朝政，应该复归正轨，摒弃重商营利的短视之见，而应该回到以农为本的政策导向上来。还有九江祝生"奋由、路之意，推史鱼之节，发愤懑，刺讥公卿，介然直而不挠，可谓不畏强御矣"⑤。祝生在与公卿的激辩中，

---

① 王利器：《盐铁论校注·杂论第六十》，中华书局，2017，第569页。
② 司马迁：《史记》卷一百○三，中华书局，1982，第2767页。
③ 王利器：《盐铁论校注》卷第十，中华书局，2017，第569页。
④ 王利器：《盐铁论校注》卷第十，中华书局，2017。
⑤ 王利器：《盐铁论校注》卷第十，中华书局，2017。

敢于毫不畏惧地对其刺讥嘲弄，敢于无所隐晦地吐露忠言，不愧为圣门之徒，史鱼之直，堪称不畏强权的典型。桓宽经由其有总有分的评论，清楚表达了对文学、贤良的敬佩之情，极力赞美他们在与公卿大夫论辩中的出色表现。

最后，作者对丞相、大夫、御史等当朝权贵表达了强烈的批评态度。桓宽重点对公卿参与论辩的代表人物桑弘羊做了似扬实抑的历史评价。郭沫若在《盐铁论读本·序》里有不少评论桑弘羊历史作用与地位的文字，给予了很高的评价。并且说桓宽在书中"桑弘羊写得最好，不仅显示了他的智慧，也显示出了他的大政治家的风度"；还说："有桓宽这一部书，把桑弘羊这样一位历史人物的思想、言论和风度，相当完整地保留了下来，是值得庆幸的。"① 言下之意，好像桓宽就是为了把桑弘羊这位大政治家的思想、言论、风度完整地记录下来，才写作了《盐铁论》这本书的。不少研究者在讨论《盐铁论》中的桑弘羊时，也认为桓宽对其多有称道赞扬之意。其实，从桓宽在《杂论》中涉及桑弘羊的全部文字看，作者采用了先扬后抑，或者说是似扬实抑的言说方式，以表明对其在位所为以及不得善终的人生结局的谴责态度。桓宽说："桑大夫据当世，合时变，推道术，尚权利，辟略小辩，虽非正法，然巨儒宿学，恶然不能自解，可谓博物通士矣。然摄卿相之位，不引准绳，以道化下；放于利末，不师始古。《易》曰：'焚如弃如。'处非其位，行非其道，果陨其姓，以及厥宗。"② 在这段话里，桓宽表达了三层意思。第一，桑弘羊在权位上，按照时事变化的需要，推行了一整套"尚权利"的措施，算不上安邦定国的"正法"，但当其为自己所推行的政策辩护时，却能言善辩，连当时的巨儒宿学，都不是对手。"合时变"，并非谓其顺应时代发展潮流，而是依从了当朝皇帝的旨意，积极推行为朝廷赢得最大利益的经济政策，这种以逐利为先的政策导向，绝不是桓宽所赞同的治国"正法"。因此，这一层看似肯定桑弘羊为政的言论，实质上是带着批判意味的，要说有什么值得肯定之处，不过就是桑弘羊的过人辩才，舌战群儒，让对方占不到什么便宜，称得上是"博物通士"。第二，用"然"字领起的四个短语，集中表达了对桑弘羊在卿相之位上所作所为的全面否定评价，指斥其不效法先王仁德之政，唯利是

---

① 郭沫若：《盐铁论读本·序》，《郭沫若全集·历史编》第八卷，人民出版社，1985，第475~476页。
② 王利器：《盐铁论校注》卷第十，中华书局，2017，第569页。

图,败坏了世风民俗。"道""始古"是桓宽向往、赞美的治世"准绳",而"利末"则是其强烈反对的施政方针,他反复强调,这条路是充满危险的,不利于国家的长治久安。第三,其斥责的意味愈加明显,认为桑弘羊"处非其位,行非其道",他原本不应该摄取这么高的权位,而最高统治者为了特殊需要,才使其得到超常重用,推行那一套重商重利政策,与儒家仁义之道相去甚远,给国家安宁埋下隐患,对百姓生计造成损害。桑弘羊最终遭遇杀身之祸,连累其家室宗亲,这样的恶果,难道不是咎由自取?

至于"群丞相、御史",更是桓宽批判讽刺的对象,说他们"不能正议,以辅宰相,成同类,长同行,阿意苟合,以说其上,斗筲之人,道谀之徒,何足算哉!"① 这些人跟桑弘羊相比,更是等而下之,无足言者。

班固在《汉书·车千秋传赞》里评论桓宽写作《盐铁论》说:"(作者)推衍盐铁之议,增广条目,极其论难,著数万言,亦欲以究治乱,成一家之法焉。"② 接着将《杂论》的主要文字移录了过来,印证其"以究治乱,成一家之法"的写作目的。颜师古认为班固移录这些文字,意在突出"桓宽总评议其善恶"③。桓宽通过评议盐铁会议论辩双方的"善恶",来探究国家治乱的根由,表明其所是所非的褒贬立场,为后世提供可以借鉴的法则与教训。因此,桓宽之作《盐铁论》,是在忠实于盐铁会议论辩记录的基础上,来进行内容、结构、条目、文字等成分组织加工的,绝不是为了满足叙事情节、人物典型形象、论辩矛盾冲突等文学作品创作需要而自主设计或者任意创造的;作者的思想感情、政治立场、是非褒贬等主观意图的体现,乃是在五十九篇内容以会议记录为主的前提下,以《杂论》的序言形式,来集中表达他的观点、态度和情感色彩,以及期望为天下治乱提供一些有益启示的良苦用心。

关于《盐铁论》里的人物形象,郭沫若在所作《盐铁论读本·序》中,用了较重的篇幅来谈论桓宽对于论辩双方人物的处理。他说:

> 特别值得注意的是桓宽创造了人物的典型。他用了概括的手法把六十几位民间代表概括成为了"贤良"与"文学"两人,把丞相和御史大夫的僚属也只概括成了"丞相史"与"御史"两人。这四种人物

---

① 王利器:《盐铁论校注》卷第十,中华书局,2017,第569页。
② 班固:《汉书》卷六十六,中华书局,1982,第2903页。
③ 《汉书》卷六十六"颜师古注",中华书局,1982,第2904页。

《盐铁论》"是一部处理历史题材的对话体小说"辨析

都各有一定的立场，有时更简单地写出了他们的感情的动态。①

这是序文中把《盐铁论》定义为历史题材小说的部分根据。在此之前，还提到了"也有一些描述性文字"。综合起来看，郭沫若认定《盐铁论》为历史题材小说的理由主要是三点：一是采用了一些描述性文字；二是把参与论辩的双方人物进行了概括处理，目的在于使人物典型化；三是对人物有简单的感情与动态的描写。如果把第一和第三关于人物描写合并为一项，则其认定的依据就是两条，一是在记录论辩内容的同时还采用了"一些"或"简单"的描述手法；二是把双方参与论辩的众人概括成为各"两人"，使人物具有典型化特征。在笔者看来，凭这两点就认定《盐铁论》是处理历史题材的小说，是很缺乏说服力的。

首先，无论古代还是现代，界定小说与其他文体的区别标准，最重要的一条就是是否具备"故事"特征。即便古代小说发源时期的神话传说，也都具有明显的"故事"特征，英雄故事也好，神仙故事也好，尽管篇幅、形制比较短小、简单，但一定都包含最重要的故事元素。其后演变出来的志怪、传奇，叙述故事的特征更加明显，方法更加成熟，鲁迅所谓"叙述宛转""扩其波澜"，正是把故事的情节、故事中人物形象的刻画、增加文采以强化其文学色彩等写作手法的进步，认定为写作者"有意为小说"的基本根据。而通观《盐铁论》全书，其虽然完整记录了论辩的全过程，但作者完全不是从叙述"故事"的角度来处理材料的，双方依照论辩的主题推进时间进程，中心始终是针锋相对的观点交锋，完全没有体现出故事情节发展的必要元素。即使作者采用了一些文字进行"描述"，那也是在"推衍"和"组织"文字过程中其爱憎情绪的自然流露，根本目的不在于构思故事情节或者塑造人物典型形象。

其次，关于桓宽对论辩双方人物的"概括"处理问题，其实，郭沫若把这个问题过分复杂化并有意拔高了。试想，当时从郡国各地选择的"文学""贤良"多达六十多人，比今天大学一个教室的学生还多，作为论辩一方济济一堂，他们的姓名并不一定为记录者所熟悉或掌握，即便对每一个人都熟悉，在作论辩记录时，最重要的是将论辩方的发言观点及其阐述的内容尽量记录准确、完备，至于出自张三或李四之口，相比之下并不怎

---

① 郭沫若：《盐铁论读本·序》，《郭沫若全集·历史编》第八卷，人民出版社，1985，第474~475页。

么重要，就像现在的各种辩论比赛，区分论辩双方所持观点是最重要的任务，在参与具体论辩时，辩手们用一辩、二辩、三辩代称就行了。况且桓宽《杂论》中提及"文学""贤良"一方的代表性观点时，也只称"贤良茂陵唐生""文学鲁国万生""九江祝生"，具名的人只有"中山刘子雍（有的文献记载为刘子推）"一个，表明桓宽连这些儒生代表的姓名，也是不完全清楚的。这一事实提供的信息是，桓宽所依据的盐铁会议原始记录材料，本来就没有记录下每一位发言者的姓名，当时记录者比较简便的处理办法，就是用"文学""贤良"来代表儒生一方的众多发言者。既然论辩一方采用了不具名的记录方式，那么代表官方的众多参与者，用"丞相史""御史"来代称，就是合情合理的了。郭沫若说桓宽写作时不具名方式是有意"概括"处理，其实只是一种主观臆测，并不能提供具体的文献依据加以确切证明。

再次，关于人物的典型化，按照郭沫若自己在阐述历史题材小说人物典型创造时所说的，要成功创造典型形象，关键是"加以作家的艺术的淘汰，于平常的部分加以控制，于特征的部分加以夸张"，以此为尺度去衡量《盐铁论》中的"概括"手法，即使是桓宽本人的艺术加工，也根本达不到创造人物典型的起码要求。而被郭沫若作为重点人物加以肯定的，是其中的官方论辩代表桑弘羊。他说：

> 从书中的描写看来，桑弘羊是很聪明犀利的人。他差不多一个人在那里舌战群儒。……尽管以儒家思想为武器的贤良和文学执扭地围攻他，有时甚至是当面骂他，他虽然也每每使用了好些尖锐的话来回敬，但他并没有闹到翻脸的地步。在收场的时候，桑弘羊所说的一句话非常有趣。那就是"胶车偯逢雨，请与诸生解"。……用了这句话来结束会议，充分表现了桑弘羊的幽默感。①

郭沫若以为，桓宽把桑弘羊写得最好，既显示了他的智慧，又显示了其大政治家的风度。以上这段话，可以算作郭沫若这个定性评价的全部注脚。但要说这些就是桓宽创造所谓历史题材小说的典型人物形象，仍然是很牵强的。而从另一方面看，郭沫若所肯定的这些，恰恰表明桓宽用意在

---

① 郭沫若：《盐铁论读本·序》，《郭沫若全集·历史编》第八卷，人民出版社，1985，第476~477页。

于反映双方论辩的激烈和尖锐程度,桑弘羊作为官方论辩的核心人物,又是现行整套经济政策的推行者与执行者,其为了维护既定政策可以不惜一切代价,在儒生的围攻甚至辱骂面前,他仍然保持了必要的论辩风度,注意把握好会议节奏,极力避免崩溃局面的出现,因为毕竟这场论辩是由皇帝下诏组织的,他作为官方出场的主要负责人,确保论辩过程的如期完成,是他所肩负的重要政治责任,不管其是否喜欢,都必然如此表现。

最后还需要讨论一下《盐铁论》的一些描写性文字的运用问题。郭沫若在序言中把它作为文学性小说的重要特征,他还特别指出:"拿文字来讲,书中有好些形象化的语句,例如:'顺风承意之士(指御史和丞相使)如编钟,口张而不歙,舌举而不下,暗然如怀重负而见责'。"① 我们翻检《盐铁论》,属于这类描写性文字还有一些,如《刺复》"大夫缪然不言,盖贤良长叹息焉";《论儒》"御史默不对";《园池》"大夫默然,视其丞相、御史";《未通》"御史默不答也";《相刺》"大夫不悦,作色不应也";《刺议》"丞相史默然不对";《散不足》"大夫默然";《救匮》"大夫勃然作色,默而不应";《备胡》"大夫默然不对";《取下》"公卿愀然,寂若无人"。这些记录盐铁会议面对面论辩的前四十一篇里属于作者运用的描写性文字,粗略看一下便不难发现,这类描写都是针对大夫及丞相史、御史的,几乎没有涉及文学、贤良一方的;并且这类描写都是反映官方人物在论辩中处于不利、被动状态的,有时他们还有情绪失控的情况发生;描写的措辞变化很少,用得最多的词语是"默然"。综合来看,桓宽使用这类描写性语言,是特意针对桑大夫等官方人物的,意在表现他们的论辩不利处境和被动局面,这样做,显然带有桓宽的主观褒贬爱憎倾向,而非重在刻画人物典型形象。

郭沫若关于《盐铁论》"是一部处理历史题材的对话体小说"的新奇观点,自 20 世纪 50 年代以来很少得到认同或积极呼应。就笔者所见,唯王永出版于 2009 年的《〈盐铁论〉研究》赞同其说法。作者在该书的第四章《文学视角下的〈盐铁论〉透视》专门用了一节来论述《盐铁论》的"小说化特色",尽管作者用"小说化"这样的措辞以示与郭沫若干脆直接认定《盐铁论》为历史体裁小说略有区别,但既然视之为一大文学"特

---

① 郭沫若:《盐铁论读本·序》,《郭沫若全集·历史编》第八卷,人民出版社,1985,第477页。

色",则其支持郭沫若观点的态度显而易见。读者从作者本节使用的几个论述分题也看得出来:"一、以对话方式通过人物思想完成人物形象塑造的小说化手法","二、细节刻画、心理描写与小说化的特征","三、《盐铁论》的其他小说化特色"。① 在最后的概括性结论部分,该书作者说:"如果我们借用清人章学诚《丙辰札记》中评价《三国演义》的那句老话——'七分事实,三分虚构'来臆测《盐铁论》的虚实度或说原材料的运用与作者推衍、增广的比例,说其'七分'源于盐铁会议'议文'的原始材料,'三分'属于作者推衍、增广的文学化虚设,应该说在一定程度上也是比较准确、合适的。这其中不可否认的虚构成分,则正是《盐铁论》小说化特征的一种表现。"② 笔者以为,拿章学诚评论《三国演义》的话来"臆测"《盐铁论》有三分"虚设",既不合适,也无根据。连作者的博士学位论文导师对其赞同并进一步发挥《盐铁论》为历史题材小说的观点也持明确保留意见,指出:"没有情节而只有几方论辩是非的文字很难称为小说。"③ 把论辩体著作与文学小说加以清楚的区分,是有道理的。

---

① 王永:《〈盐铁论〉研究》,宁夏人民出版社,2009,第270~278页。
② 王永:《〈盐铁论〉研究》,宁夏人民出版社,2009,第284页。
③ 赵逵夫:《〈盐铁论〉研究·序》,载王永《〈盐铁论〉研究》,宁夏人民出版社,2009,第12页。

相通与承继：郭沫若与梁启超"新史学"述论[*]

何　刚[**]

摘　要：郭沫若在治史之路上承继梁启超"新史学"较多。郭沫若认同梁启超对中国传统史学的批评、对西方进化史观的借鉴吸收，注重发扬史学经世致用的现实功能，在史观上二人有前后相通相承的关系；在具体历史研究实践中，郭沫若与梁启超进行过直接的学术对话和讨论，有重视历史人物研究并好作翻案文章的相同治学风格。这一紧密的承继关系说明，中国马克思主义史学孕育产生于近代史学激荡变化的大环境中，其发展之路是在批判性地吸收继承近代史学的基础上开启的。

关键词：郭沫若　梁启超　"新史学"

中国马克思主义史学孕育、产生并发展于近代史学激荡变化的大环境之中，与之有着非常紧密的关系。以郭沫若史学为具体实例，我们可以看到：郭沫若不仅对近代以来的史学成就如罗振玉、王国维、顾颉刚的成就及古史辨运动等给予了中肯的评价，而且其史学研究也是以继承吸收近代史学的有益进步成果为基础的。多位学者对此曾进行过研究，取得了丰富成果，但也有进一步拓展深入的地方。[①] 例如，众所周知，在近代中国史

---

[*] 本文系 2018 年度国家社会科学基金项目"当代学术视野下的郭沫若与马克思主义史学研究"（18XZS001）的阶段性成果。

[**] 何刚，乐山师范学院四川郭沫若研究中心教授。

[①] 以往学界对郭沫若与近代史学的相关研究，主要有杜蒸民先生的《扬弃旧史学 创建新史学——郭沫若对胡适、古史辨史学的扬弃》（《郭沫若学刊》1990 年第 2 期）、《郭沫若对顾颉刚和〈古史辨〉史学的科学批判》（《郭沫若学刊》2002 年第 1 期）、专著《胡适与郭沫若思想比较研究》（中共党史出版社，2010），刘筱红先生的《批判与整理：郭沫若与胡适古史研究的区别》[《华中师范大学学报》（哲学社会科学版）1992 年第 5 期]，周书灿先生的《郭沫若对〈古史辨〉史学的超越——郭沫若史学研究之一》（《郭沫若学刊》2002 年第 1 期）、《论郭沫若对甲骨三堂的评价——兼论郭沫若历史人物评价标准》（《郭沫若学刊》2019 年第 4 期），张越先生的《从对整理国故和"古史辨派"的评价看郭沫若的史学思想》（《郭沫若学刊》2003 年第 1 期）等。这些学者较早地直接关注到了郭沫若与近代史学这一议题，但关注点主要在郭沫若与胡适、顾颉刚及《古史辨》史学等近代考证史学方面，未能对郭沫若与近代史学的关系，特别是与梁启超"新史学"的相通契合之处展开深入论述。

学思潮中，梁启超等人在20世纪初提倡的"新史学"影响深远。它以西方进化论为指导对史学研究的范围、对象、作用等做出了全新的解释，为中国史学注入了生机与活力。而不论是在史学观念还是具体的研究实践方面，梁启超"新史学"都被郭沫若史学承续甚多，是其重要的学术起点和基础。二者之间相通承继的关系是中国马克思主义史学与近代史学紧密关系的生动体现。笔者拟对此作进一步的论述，并就正于方家。

一

中国近代史学肇始于梁启超开启的"新史学"思潮。1902年，梁启超撰成四万字长文《新史学》，首倡"史界革命"，强调史学应"叙述一国国民系统之所由来，及其发达进步盛衰兴亡之原因结果为主"，以激发国民之国家意识和民族主义。梁启超在中国史学现代转型过程中的作用首先体现在阐发"史学新义"之上。他在《新史学》中对中国传统史学提出"四蔽""二病""三难"的批评的基础上，以"人群""进化""公理公例"等为核心概念重新界定史学义例。梁启超认为人类历史是一个由不完善到完善、由低级到高级的进程，史学的任务在于从人类社会进化的历史中探求其变动的普遍法则。尽管梁启超此后对史学的解说逐渐倒退，史观由当初的"公理公例"不断缩窄，到最后连"因果关系"也多加否定，呈现出"明显的玄秘唯心的印记"，[①] 但是，他在20世纪初对传统史学的猛烈批评、体现出的宏大史识气象，以及奔放流畅的笔调，对于早年郭沫若的影响却是非常深刻的。例如，在嘉定中学堂求学时期，郭沫若就开始阅读梁启超的作品，"梁启超的（诗作）在中学时代曾经读过，但他的散文却比他的诗对我有更大的影响"[②]。郭沫若说：

> 章太炎的《国粹学报》，梁任公的《清议报》，就在这时候和我见面了……他著的《意大利建国三杰》，他译的《经国美谈》，以轻灵的笔调描写那亡命的志士，建国的英雄，真是令人心醉。我在崇拜拿破仑、毕士麦之余便是崇拜的加富尔、加里波蒂、玛志尼了……平心而

[①] 盛邦和：《解体与重构：现代中国史学与儒学思想变迁》，华东师范大学出版社，2002，第68页。

[②] 郭沫若：《郭沫若诗作谈》，《现世界》创刊号，1936年8月16日。

论，梁任公的地位在当时确是不失为一个革命家的代表。他是生在中国的封建制度被资本主义冲破了的时候，他负载着时代的使命，标榜自由思想而与封建的残垒作战。在他那新兴气锐的言论之前，差不多所有的旧思想、旧风习都好象狂风中的败叶，完全失掉了它的精彩。二十年前的青少年——换句话说：就是当时的有产阶级的子弟——无论是赞成或反对，可以说没有一个没有受过他的思想或文字的洗礼的。①

到了新中国成立前夕的1948年，郭沫若在与人通信中也有评价到梁启超："梁启超时代已属过去，其早年之文字，盛情丰富，颇有革新情趣，于中国启蒙运动上，功绩有不可没者。中岁反动，谬倡君主立宪，甚至附和科学文明破产之说，实属谬妄，然梁之言论在第一次大战前后已失去魅力，青年志学之士已不复加之一顾矣。"② 当时身处香港的郭沫若作此文虽主要意在批判"中华帝国臣仆"以及胡适的"自由主义"言论，言辞激烈，但对梁启超从"早年"到"第一次大战前后"的思想演进，以及梁启超对近代中国社会影响的评论，特别是对梁启超在近代中国社会转型过程中的思想启蒙作用的肯定，总体上还是比较客观的。当然，这样的评价也包含着作为当年"青年志学之士"的郭沫若自己对于梁启超思想的个人体验。

郭沫若在1930年前后进入历史研究领域，选择用唯物史观研究中国古代社会。这一重要转向并非简单而直接的过程，它既是郭沫若对马克思主义不断认同学习和实践运用的结果，也是在此基础上对近代中国史学涌现出的各种思潮流派批判继承的结果。在这一过程中，梁启超的"新史学"对其产生了重要影响，构成了郭沫若史学最初重要的学术起点和基础。

二

无论是在历史观念，还是在具体的历史研究上，郭沫若史学都与梁启超"新史学"存在着紧密的关系。在历史观念上，梁启超与郭沫若之间多

---

① 郭沫若：《少年时代》，人民文学出版社，1979，第112~113页。
② 郭沫若：《斥帝国臣仆兼及胡适——复泗水文化服务社张德修先生函》，《自由丛刊》第12期，1948年3月1日。

有前后相通、相承之处。郭沫若认同梁启超对中国传统史学的批评，以及史学应"探察人间全体之运动进步，即国民全部之经历"，"为全社会之业影"的进化观念，并注重发扬史学经世致用的现实功能。

首先在对传统史学的认识和批判方面，梁启超在《新史学》中以"四弊"对中国传统史学进行了激烈批评。这"四弊"包括"知有朝廷而不知有国家……昔人谓《左传》为相斫书。岂惟《左传》，若二十四史，真可谓地球上空前绝后之一大相斫书也"，"知有个人而不知有群体"，"知有陈迹而不知有今务"，"知有事实而不知有理想"。[①] 梁氏此处对于中国传统史学的认识和批评为以后的中国史家所认可，这其中也包括郭沫若。梁启超的"帝王将相家谱说"成为郭沫若看待旧史学、旧史书的重要角度。郭沫若1945年在苏联演讲中国现代史学成就时，就曾指出："在中国历史科学拥有大量的资料。这资料的丰富往往到了无法加以整理的程度。这些资料大部份是帝王的专制统治的记载，或者是无数次战争的记载。中国历史学家过去一向把社会制度、人民生活、文化及科学的进步等等问题放在附属的地位；好像沙漠中的金砂一样，过去历史学家的著作中难得遇到这些问题的资料。过去中国有人说过：'一部二十四史，无非是帝王家族生活的年表'，或者说：'二十四史是一部记载纷扰相斫的书'，这话绝没有夸张。"[②] 后来郭沫若也说："旧时代的史书，是替帝王将相作家谱，那种编写方法，无疑地是应该抛弃了……我们要打破的是旧的历史观点、封建正统观点、专为帝王将相作家谱的办法。"[③]

其次在借鉴吸收西方近代史学思想方面，从20世纪初撰写《新史学》的梁启超到稍后的郭沫若，进化论都是他们所共同信从过的史学观念。无论是在《新史学》中提出的史学"叙述进化之现象""叙述人群进化之现象""叙述人群进化之现象，而求得其公理公例"，还是在《中国历史研究法》中提出的"记述人类社会赓续活动之体相，校其总成绩，求得其因果关系，以为现代一般人活动之资鉴者也。其专述中国先民之活动，供现代中国国民之资鉴定者，则曰中国史"，[④] 我们都可以看到，它们与梁启超早

---

① 梁启超：《新史学》，《梁启超全集》（第二册），北京出版社，1999，第737~738页。
② 郭沫若：《战时中国历史研究》，《中国学术》创刊号，1946年8月1日。
③ 郭沫若：《关于目前历史研究中的几个问题——答〈新建设〉编辑部问》，《文史论集》，人民出版社，1961，第3~4页。
④ 梁启超：《中国历史研究法》，上海古籍出版社，1998，第1页。

期大量的政论文章对进化论的服膺和宣传如出一辙,梁氏对传统史学进行批评和阐发史学新义时,十分强调进化史观,或者说是他将其理解的进化论作为普遍原理运用到史学领域,用以批判中国古代的历史循环论,主张用进化史观取代中国传统史学"一治一乱""治乱相嬗"的循环史观。当然,需要指出的是,从某种意义上说,梁启超的进化史观也是一种唯心主义的英雄史观或心理史观。他认为推动人类历史进化发展的不是人民群众,而是英雄豪杰。他说:"世界者何?豪杰而已矣,舍豪杰则无世界。"① 又说:"历史者,英雄之舞台也,舍英雄几无历史。"② 同时,他还以"天运"、地理环境解释历史的发展,提出"境由心造","心力是宇宙最伟大的东西"等观点。③

早期郭沫若在史观上不仅接受并运用梁启超等人竭力提倡的"群学"观念和进化"公理公例"来认识和解释历史,认为"人类社会的一切现象由质而文,是一般进化的公例"。④ 例如,郭沫若当时以"神话时代""渔猎时代"等称中国早期历史的不同阶段,用"群学"观念来解释《周易·序卦传》"履而泰然后安,故受之以泰……与人同者,物必归焉,故受之以大有",认为这是我国关于国家起源学说的一种。他说:"群与群争,悟其交伤而两败,乃归于协力互助,和群比众而成国家。"⑤ 而且,郭沫若早期的历史研究甚至与晚年梁启超呈现出的唯心论倾向亦有着某种程度的相似性。譬如,在1921年所作的《我国思想史上之澎湃城》中,郭沫若将欲望与思想意识解释为人类历史发展的根源:"人类乃哲学的动物,恒为智识欲所驱使以开拓其智识上之疆土;不求之于未知,即求之于继往。而浪曼 Romantic 性成者,更欲统括一切而认识之,此人性之必然的趋势实亦人文进化之所由促发也。"⑥ 在1923年的《论中德文化书》中,郭沫若又说:"人类的精神为种种功利的目的,占有的欲望所扰,人类的一切烦乱争夺尽都从此诞生。"⑦

---

① 梁启超:《豪杰之公脑》,《梁启超全集》(第一册),北京出版社,1999,第354页。
② 梁启超:《新史学》,《梁启超全集》(第二册),北京出版社,1999,第737页。
③ 梁启超:《非"唯"》,《梁启超全集》(第七册),北京出版社,1999,第4276页。
④ 郭沫若:《青铜时代》,群益出版社,1946,第146页。
⑤ 郭沫若著,黄淳浩编《郭沫若书信集》(上),中国社会科学出版社,1992,第72页。
⑥ 郭沫若著,王锦厚、伍加伦、肖斌如编《郭沫若佚文集(1906—1949)》(上册),四川大学出版社,1988,第70页。
⑦ 郭沫若著,黄淳浩编《郭沫若书信集》(上),中国社会科学出版社,1992,第135页。

当然，郭沫若早期历史研究所表现出的与晚年梁启超类似的这些唯心论倾向很快被摒弃。他在接受马克思主义，走上了以唯物史观为指导的研究中国历史之路后，注重社会性质结构、历史演进规律及其原因的探究，可谓从新的理论高度和格局批判性地继承了进化史观。所以，从某种程度上讲，进化论是郭沫若选择接收唯物史观的中介和桥梁，"进化"依然是他在进行中国古代社会研究时的一个重要关键词。例如，在论述《诗》《书》时代的社会变革与其思想反映时，郭沫若就说："我国古代氏族社会的崩溃，一般的传说是以为在虞、夏之际。尧、舜传贤，禹独传子，所以才有家天下制的产生。这个转换的过程是合于人类进化的历史的。"[1] 在论述青铜时代的西周社会时，他开篇就说："一部工艺史便是人类社会进化的轨迹。人类进化史的初期由石器时代而金石并用时代而青铜器时代而铁器时代，这已经是既明的事实。"[2] 又说："世界上无论哪一种民族，都是进化的，都是由原始状态进化到文明生活。原始社会，所谓'狂臻时代'，与木石居，与豕鹿游，没有现社会的种种组织。其后渐渐进化到离开兽域，才有家庭出现。"[3]

最后，在史学目的论上，梁启超、郭沫若均以学术研究为利器，强调史学的致用功能，进而表现出饱满深沉的现实情怀。他们在"追求科学的史学"的治学道路上使学术研究在自己的理解和范式框架下不断进步，更为了发扬史学经世致用的现实功能，因应社会时代变局、民族与国家现代进程中的不同任务。因此，他们在不同的治学阶段勇敢大方地修正自己的学术主张，治学均体现出善思易变的鲜明特点。他们代表了近代以来许多中国知识分子以学术为器，对风云激变的现实社会的思考和关怀。他们的史学贡献和不同的治学之路，在某种程度上体现了现代中国史学的发展历程，以及中国现代史学接受马克思主义唯物史观的历史必然和时代价值。

此外，梁启超"新史学"和郭沫若史学在强调"史学与他学之关系"即多学科综合研究，拓展史学研究范围，开始眼光向下的"民史"书写和社会经济史研究等方面，同样有前后相通和衔接之处。[4]

---

[1] 郭沫若：《中国古代社会研究》，联合书店，1930，第109页。
[2] 郭沫若：《中国古代社会研究》，联合书店，1930，第295页。
[3] 郭沫若：《论古代社会》，《今昔蒲剑》，海燕书店，1947，第171页。
[4] 何刚、王海涛：《郭沫若文艺与史学思想新论》，武汉大学出版社，2014，第103~107页。

三

在具体历史问题研究上，郭沫若与梁启超的学术联系颇为紧密，尤其在历史人物研究领域更是如此。郭沫若重视历史人物研究，以及在历史人物研究中有一定感情介入且好作翻案文章的学术风格，某种程度上受了梁启超的影响；郭沫若在墨子、老子、韩非、王安石等具体历史人物研究上，与梁启超进行过直接的对话和讨论。这些讨论是20世纪二三十年代史学讨论和批评的重要组成部分。

梁启超颇为重视历史人物研究。在梁氏看来，中国传统史学就是以人为主体的历史记述，尽管从现代史学眼光去看待，自有各种缺点，"几乎变成专门表彰一个人的工具"，"偏于个人的历史，精神多注重彰善惩恶，差不多变成为修身教科书，失了历史性质了"，但是，对中国史学这一以人为主体的撰述传统，并不能完全否定和抛弃，而应该在新的历史条件下加以继承和发扬。梁启超提出要在史学撰述中找出不同历史发展阶段的代表人物，看"时势及环境"与这些人物行为的相互作用关系。这样既可以把握"历史主眼"，因为历史就是由这些代表人物集合而成的，以人为主体和标准，可以将历史清晰明白地叙述出来，又可以培养教化人格，所谓"奋乎百世之上，百世之下闻者莫不兴起也"[1]。梁启超在《中国历史研究法》中重点论述了"人的专史"问题。其中，他主张要为以前那些因为史家的偏见挟嫌而被歪曲诬蔑的历史人物做翻案性的研究，"应该用辩护的性质，替他重新作传"。而所谓歪曲诬蔑的情形可以细分为几个方面：一是"完全挟嫌，造事诬蔑"；二是"前代史家，或不认识他的价值，或把他的动机看错了，因此所记的事迹便有偏颇，不能得其真相"；三是"为一种陈旧观念所束缚，带起着色眼镜看人，把从前人的地位身分全看错了"。[2]

在论述中，梁启超专门举王安石和曹操为例。对于王安石，梁启超认为，明以前都以王安石罪大恶极，几乎要将其与蔡京、童贯同列奸臣传内，《宋史》本传把金人破宋的罪名亦放在王安石头上。但王安石绝不是

---

[1] 梁启超：《中国历史研究法》，上海古籍出版社，1998，第172~174页。
[2] 梁启超：《中国历史研究法》，上海古籍出版社，1998，第188~190页。

坏人。梁启超说:"所以我们认为有改作的必要。乾、嘉时候蔡元凤(上翔)作《王荆公年谱》专门做这种工作,体裁虽不大对,文章技术亦差,惟极力为荆公主张公道,这点精神却很可取。"① 这种不公的情形在曹操身上同样存在,梁启超说:"自从《三国演义》通行后,一般人都当他作奸臣,与王莽、司马懿同等厌恶。平心而论,曹操与王莽、司马懿绝然不同……只因玩一回挟天子以令诸侯的把戏,竟被后人搽上花脸,换个方面看待。同时的刘备、孙权,事业固然比不上曹操的伟大,人格又何尝能比曹操高尚?然而曹操竟会变成天下之恶皆归,岂非朱子《纲目》以后的史家任情褒贬,渐失其实吗?……宋以后的士大夫,对于曹操、刘裕一类人物,特别给他们不好的批评,一面是为极狭隘极冷酷的君臣之义所束缚,以一节之短处,抹杀全部的长处,一面因为崇尚玄虚,鄙弃事功,成为牢不可破的谬见。对于这类思想的矫正,固然是史评家的责任最大,但叙述的史家亦不能不分担其责。总而言之,凡旧史对于古人价值认识错误者,我们都尽该下番工夫去改正他。"②

梁启超上述有关历史人物研究的论述,以及体现出的对王安石、曹操评价的"下番工夫去改正"的希冀,显然得到了郭沫若的认可,甚至促发了郭沫若对这些历史人物的研究。郭沫若后来写作《读梁任公〈墨子新社会之组织法〉》《老聃·关尹·环渊》《杜鹃与道学:读梁任公〈王安石评传〉有感》《王安石》等,都可作如是观。

1942年,郭沫若写作《杜鹃与道学:读梁任公〈王安石评传〉有感》一文,所论之旨趣,以及对王安石在历史上所得不公评价的缘由分析,与梁氏如出一辙,并特别提到了梁启超的《王安石评传》。郭沫若说:"本来宋儒门户之见深到极端,自司马光而下,文人如苏氏父子,道学家如程朱之徒,虽云洛蜀分争,但以王安石派为其共同之敌人,阻挠新法甚力。而且不仅阻挠其法,并诬陷其人,毁灭其书,多方改削历史捏造事实,以构陷新党,使成为巨奸大恶,千万年不能翻身。其所受效实至宏大,盖新政因之而罢免,宋室因之而南迁以至覆灭,安石亦因之而受尽诽谤。父子成为狂人,交友成为奸臣,著书失传,名业隳坠,可谓至酷。梁任公有《王

---

① 梁启超:《中国历史研究法》,上海古籍出版社,1998,第189~190页。
② 梁启超:《中国历史研究法》,上海古籍出版社,1998,第190~191页。

安石评传》论此捏造事实，这是很值得我们注意的。"① 而郭沫若 1943 年《论曹植》中所说的"一般迂腐先生们先抱着一个忠君爱国的公式，信手的依着自己的好恶而为是非，见曹操鹰扬，曹丕豹变，便斥为奸雄，斥为篡贼"②，以及在 20 世纪 50 年代末期坚持要"替曹操翻案"，与梁启超所说的要对曹操等人"平心而论"，"下番工夫去改正"，何其相似也。

我们再具体以梁启超《王安石评传·自序》和郭沫若有关王安石的文字为例，在对比中看看二人在王安石研究中的紧密关系。

梁启超的《王安石评传·自序》里有说：

> 自余初知学，即服膺王荆公，欲为作传也有年，牵于他业，未克就。顷修国史，至宋代，欲考熙丰新法之真相，穷极其原因结果，鉴其利害得失，以为知来视往之资。而诇诸先史，则漏略芜杂，莫知其纪，重以入主出奴，谩辞溢恶，虚构事实，所在矛盾。于是发愤取《临川文集》，再四究索，佐以宋人文集笔记数十种，以与《宋史》诸传相参证。其数百年来哲人硕学之言论，足资征信者，籀而读之，亦得十数家。钩稽甲乙，衡量是非，然后叹吾畴昔自谓能知荆公能尊荆公者，无以异于酌潢潦之水，而以为知海；睹瓮牖之明，而以为知天也。而流俗之诋諆荆公、污蔑荆公者，益无以异于斥鷃之笑鹏、蚍蜉之撼树也。不揣寡陋，奋笔以成此编，非欲为过去历史翻一场公案，凡以示伟人之模范，庶几百世之下，有闻而兴起者乎，则区区搜讨之勤，为不虚也。③

1947 年，郭沫若编成《历史人物》，其中收录了《王安石》一文，该文是郭沫若在他人记录自己一次演讲记录基础上"略加改正"而成。郭沫若在《历史人物·序》中专门着重谈到了自己进行王安石研究的动因和对王安石的基本看法：

> 我对于王安石是怀抱着一种崇敬的念头的，实际上他是一位大政治家，在中国历史上很难得找到可以和他比配的人。他有政见，有魄

---

① 郭沫若：《杜鹃与道学：读梁任公〈王安石评传〉有感》，《学习生活》1943 年第 1 期，1942 年 11 月 4 日。
② 郭沫若：《论曹植》，《历史人物》，海燕书店，1947，第 19 页。
③ 梁启超：《王安石评传》，世界书局，1935，"自序"第 1 页。

力,而最难得的是他是比较以人民为本位的人。他在历史上出现得太早了,孤立无辅,形成了一个屈原以来的历史上的大悲剧。这悲剧不限于他晚年的失意,而是在他的新政废止之后,宋室卒于遭到异民族的颠覆,中国的农民老是不得翻身,又苦了一千年。

我很有意思把王安石、司马光、苏轼三个人拿来写成一部《三人行》,以王安石代表人民意识,司马光代表地主阶层,苏轼作为游移于两端的无定见的浪漫文人……

王安石被埋没了一千年,近代人渐渐知道他的价值了。然而他在思想史上所占的地位,就在我们新兴历史家的头脑里似乎都还抵不过司马君实和周、程、朱、张。一种传统观念一被形成,要打破实在是一件不容易的事。①

梁启超虽然认为自己不是在"为过去历史翻一场公案",但其所写所作实质上就是在为王安石翻案,就是他自己所主张的在替被歪曲诬蔑的人"辩护",给他们重新作传。文字中不时出现的"发愤""叹""奋笔"等字眼也能让人体会到梁氏作此文时的感情流露。郭沫若所体现出的对王安石的同情与梁启超如出一辙。虽然他在此同样提到了"人民本位"论,但言语基调和研究缘由与梁氏并无二致。他口中的"近代人",以及在《王安石》中开篇首言"在中国历史上受了近一千年冤屈的王安石,近年来已逐渐得到平反"②的"近年来",指的应该就是梁启超及其王安石研究了。所以,郭沫若是直接在梁启超的基础上进行的王安石研究,是梁启超"为过去历史翻一场公案"工作的继续。不仅如此,从某种意义上,郭沫若的历史人物研究都是出于对被"冤枉"历史人物的同情,对王安石如此,对曹操、万宝常、李岩等人都是如此。

除了王安石以外,郭沫若的老子及《道德经》研究、墨子研究,也与梁启超关系密切。1935年郭沫若在写作《老聃·关尹·环渊》一文时,首先就指出:"《道德经》成书甚晚的一个问题,近年来由梁任公提出,经过多数学者的讨论,虽然还没有得到最终的结论,但成书的年代约略在战国中叶是为多数的人所一致看的。"③郭沫若赞同梁启超关于《老子》成书于

---

① 郭沫若:《历史人物》,海燕书店,1947,"序"第2~3页。
② 郭沫若:《王安石》,《历史人物》,海燕书店,1947,第66页。
③ 郭沫若:《青铜时代》,群益出版社,1946,第205页。

战国中叶的观点，进一步考证出集成《老子》的是老子再传或三传弟子环渊。所以，当1935年郭沫若发现《台湾文艺》杂志还在刊载反驳梁启超《老子》晚出说的《梁任公提诉老子时代问题一案判决书》①时，在给编者的信中说："你们为什么现在还在转载《梁任公提诉老子时代问题一案判决书》那样的文字呢？那文字自然是有趣，但所讨论的问题却依然是梁任公占了胜利的。据我最近的研究，知道了《老子》那部书实在是战国中年的楚人环渊著的，《史记》的《孟荀列传》上有那一段史影。'环渊楚人，学黄老道德之术，因发明序其旨意，著上下篇。'这段话说起来很长，另有一篇《老聃·关尹·环渊》的文章，不久在中国的杂志上可以发表。"②

在现代墨学研究方面，梁启超同样是参与其中的重要学者，他于1904年在《新民丛报》上发表了《墨子之论理学》和《子墨子学说》等文章，20世纪20年代又先后出版了《墨经校释》《墨子学案》等书。梁启超开启了墨学的近代诠释，对墨学持肯定态度。同样的，墨子及墨家学说亦是郭沫若历史研究中的一个重要对象，贯穿于他的先秦诸子研究始终，并在研究中基本上持非墨、"偏恶"墨子的观点。郭沫若的墨学研究正是开始于对梁氏墨学研究的批判——《读梁任公〈墨子新社会之组织法〉》一文，并在此后逐步形成了非墨批墨的墨学观。

梁启超的《墨子新社会之组织法》是其著作《墨子学案》的第五章。其墨学研究的基本路向是"凭借新知以商量旧学"，③即采用西方近代理论

---

① 1922年3月4日，梁启超在北大作关于《老子》成书年代的学术讲演，提出《老子》为战国时期作品，并说："我今将《老子》提起诉讼，请各位审判。"几天后，梁启超果真收到一份"判决书"，作者是当天听讲座的张煦，题目就叫《梁任公提诉老子时代问题一案判决书》，自称为"梁任公自身认定的审判官并自兼书记官"，以在座"各位中之一位"的身份"受理"。其"判决"为："梁任公所提出各节，实不能丝毫证明《老子》一书有战国时期产品嫌疑，原诉驳回，此判。"其还称梁启超"或则不明旧制，或则不察故记，或则不知训诂，或则不通史例，皆由立言过勇，急切杂抄，以致纰缪横生，势同流产"。当时未满30岁的张煦先生，就是后来编纂《汉藏大辞典》的著名藏语学家张怡荪教授。对张煦的批评，梁启超并未介意，反而赞许其才华，并为其"判决书"题写"识语"："张君寄示此稿，考证精核，极见学者态度。其标题及组织，采用文学的方式，尤有意趣。鄙人对于此案虽未撤回原诉，然深喜老子得此辩才无碍之律师也。"一同发表。（张煦：《梁任公提诉老子时代问题一案判决书》，《晨报副刊》1922年3月22、23、24日。）
② 郭沫若：《〈鲁迅传〉中的误谬》，《台湾文艺》第2卷第2号，1935年2月1日。
③ 支伟成编《墨子综释》，泰东图书局，1925，第34页。

来对墨经进行校释，研究墨家思想，发掘中国古代思想和典籍中蕴含的合乎现代社会需要的科学精神，以图阐扬中国古代文明，为现代国民精神建立所用。梁启超说："墨教在牺牲自己，以身教，以言教者，皆是道，甚而经济理想，与今世最新之主义多吻合，而使治古学者当周于世用也。"①例如，《尚同》说："古者民始生，未有刑政之时，盖其语'人异义'……夫明乎天下之所以乱者，生于无政长……是故选择天下贤良圣知辩慧之人，立以为天下，使从事乎一同天下之义。"梁启超据此认为，墨子的"尚同"思想与欧洲的"民约论"相似，墨子此论中的"明""选择""使"的主体均为"人民"，这和"天生民而立之君"的神权起源说和"国之本在家"的家族起源说都不一样。②

梁启超将墨子比附为"民约论"者的观点在郭沫若看来是不成立的。1923 年，郭沫若写作《读梁任公〈墨子新社会之组织法〉》一文，对梁氏的墨学观进行了批评。他从《尚同中》《法仪》《尚贤中》《天志上》《天志中》等篇中直接找出证据，说明墨子的主张就是"天生民而立之君"的神权起源说，与欧西的"民约论"大相径庭。对于梁启超等人对墨子的附会，以及把"兼爱"看作墨学根本观念的做法，郭沫若也提出了批评。他说："墨子的兼爱说很和我们现代的人道主义的精神相类，而他事事都要把利害来韵动人的论调又成了实利主义者的先驱，于是赞扬他的人竟苦心孤诣用无数的近代色彩来替他粉饰。例如胡适的《中国哲学史》便把实利主义和逻辑作为他的根本观念，梁任公的这部《墨子学案》也把'兼爱'来做墨学的根本观念。"③郭沫若进而认为，墨子的一切思想言论的出发点是神的观念，是一个始终"在神的观念里面翻筋斗的宗教家"④。《读梁任公〈墨子新社会之组织法〉》在批驳梁启超墨学研究的同时，也奠定了郭沫若关于墨学的基本态度和观点。20 年后的《墨子的思想》《孔墨的批判》《名辩思潮的批判》《先秦天道观之进展》等文对墨学的系统论述，大抵都是从此阐发和衍生的。

总之，郭沫若在治史之路上承继梁启超"新史学"较多。郭沫若认同

---

① 梁启超：《墨子学案》，商务印书馆，1922，"第二自序"第 2 页。
② 梁启超：《墨子学案》，商务印书馆，1922，第 62 页。
③ 郭沫若：《读梁任公〈墨子新社会之组织法〉》，《郭沫若全集·历史编》第三卷，人民出版社，1984，第 268 页。
④ 郭沫若：《读梁任公〈墨子新社会之组织法〉》，《郭沫若全集·历史编》第三卷，人民出版社，1984，第 269 页。

梁启超对中国传统史学的批评、对西方进化史观的借鉴吸收，注重发扬史学经世致用的现实功能，在史观上二人有前后相通相承的关系；在具体历史研究实践中，郭沫若与梁启超进行过直接的学术对话和讨论，有着重视历史人物研究并好作翻案文章的相同治学风格。这一紧密的承继关系说明，中国马克思主义史学孕育产生于近代史学激荡变化的大环境中，其发展之路是在批判性地吸收继承近代史学的基础上开启的。

由读史地图到历史地图

——谈《中国史稿地图集》对中国现代历史地图集发展的影响

孙靖国[*]

摘　要：历史地图集的编绘是中国现代历史地理学乃至历史学发展的重要内容，郭沫若先生主编的《中国史稿地图集》内容丰富、制图科学精审，表现了中国历史诸多维度的内容，体现出现代历史地理学的研究成果，影响深远，是中国现代历史地图发展史上的重要一环。本文结合清末民国以降中国读史地图向历史地图转变的轨迹，探讨《中国史稿地图集》的学术贡献，并指出《中国史稿地图集》编绘的历史背景：唯物史观的指导；中国现代历史地理学科的建立；全国研究人员的协作。

关键词：郭沫若　《中国史稿地图集》　读史地图　历史地图

历史地图是专题地图的一种，根据《中国大百科全书·地理学卷》的定义，为"反映人类历史时期自然和政治、经济、军事、文化状况及其变化的地图"[①]。《辞海》中的定义与之相似："反映人类某一历史时期自然、经济、政治、军事、文化状况的地图。如历史事件的地点、历史时期疆域和政区、历代政治形势、国内外战争、民族迁徙、地理环境变迁、经济和文化发展等。"[②] 这两部重要工具书均认为历史地图应反映历史时期多维度、多面向的地理特征。

正如中国历史地理学脱胎于传统的沿革地理研究一样，中国的历史地图也经历了由传统的作为研学经史辅助工具的读史地图向展现历史时期广

---

[*] 孙靖国，中国社会科学院古代史研究所副研究员。
[①] 刘宗弼、葛剑雄：《历史地图》，《中国大百科全书·地理学卷》，中国大百科全书出版社，1990，第280页。
[②] 夏征农、陈至立主编《辞海》（彩图本）第六版，上海辞书出版社，2009，第1353页。

阔地理景观的历史地图转变的过程。①。这一过程主要在20世纪70至90年代完成,并确立了历史地图集的标准,以《中国历史地图集》的编绘与出版为重要标志,区域地图则以《北京历史地图集》《西安历史地图集》为代表。而在1982年启动的《中华人民共和国国家历史地图集》中,共计划编绘远古遗址、夏商周、疆域、政区、民族、人口、文化、宗教、农牧、工矿、近代工业、城市、都市分布、港口、交通、战争、地貌、沙漠、植被、动物、气候、灾害等20多个图组,1300多幅地图和相应的表格、说明等,是一部真正意义上的综合历史地图集。②

在这一重要的学术规范确立时期,由郭沫若先生主持编绘的《中国史稿地图集》(上下册)以其丰富的内容、精确科学的制图,呈现了中国历史疆域、政区、古代遗址、战争、水利工程、城市、交通、农业、工矿、商业、民族、科技、中外交流等丰富的内容,体现出现代历史地理学的研究成果,影响深远,是中国现代历史地图发展史上的重要一环。本文拟结合清末民国以来中国读史地图向历史地图转变的轨迹,探讨《中国史稿地图集》的学术贡献和编绘背景。

一 民国之前历史地图的编绘情况

历史地理学在中国拥有悠久的历史,东汉班固所著《汉书》之《地理志》,开篇即梳理自《禹贡》九州至《周官·职方》之历史沿革,体现出成熟的历史地理思维。而用历史地图来表现历史时期地理形势,亦可上溯

---

① 关于历史地图集的内容,侯仁之在论述《北京历史地图集》表现内容的时候,指出:"如果按照一部历史地图集的严格要求来说,还必须增加其他一系列有重要内容的图幅,例如历代人口的分布、交通的变迁、经济与社会的发展以及自然环境诸要素的变化等等,这样才能看到北京城市及整个郊区发展演变的全貌。"参见氏著《北京历史地图集·政区城市卷·前言》,文津出版社,2013。李孝聪教授指出:历史地图要提供历史时期地理学"时间的剖面"与"剖面的序列",以及"人类历史时期的地理现象、地理演变及规律"。参见氏著《〈中华人民共和国国家历史地图集〉城市遗址与布局图组的编纂——兼谈历史地图与读史地图之别》,载北京大学历史地理研究中心编《侯仁之师九十寿辰纪念文集》,学苑出版社,2003,第365页。韩光辉、尹钧科、俞美尔亦对读史地图和历史地图进行了比较,参见氏著《〈北京历史地图集〉编制理论实践和社会评价》,《中国历史地理论丛》1993年第3期,第236页。
② 葛剑雄:《地图绘就中国历史——关于〈中华人民共和国国家历史地图集〉》,《光明日报》2014年2月24日,第15版。

两汉时期，如东汉永平十二年，明帝派遣王景主持治河工程，"赐景《山海经》《河渠书》《禹贡图》及钱帛衣物"①。汉明帝所赐三部图籍都与王景治河使命有关，《禹贡图》所表现自亦应为《禹贡》中的河流情况。西晋时裴秀主持编绘《禹贡地域图》，"考《禹贡》山海川流，原隰陂泽，古之九州，及今之十六州，郡国县邑，疆界乡陬，及古国盟会旧名，水陆径路，为地图十八篇"②。裴秀图上的历史地理内容（相对于西晋）除了《禹贡》中的自然地理格局和九州之外，还有"古国盟会旧名"，可见还包括了先秦时期的政治地理，只是不清楚此"地图十八篇"是按时代而分还是地域而分。不论如何，《禹贡地域图》都可认为是文献记载中已知中国最早的历史地图集。西晋以后，迭有历史地图集问世，著名者有北宋税安礼《历代地理指掌图》等，明清时期更是进入传统历史地图编绘的高峰时期，涌现出诸多历史地图集，其中成就最高的当数清末杨守敬所编绘《历代舆地图》。③

二　民国时期历史地图集的编绘状况

民国建立之后，地图出版呈现兴旺的局面，亦有诸多历史地图集刊行于世，既采取了新的绘制方法，又能看出传统学术的痕迹，④现对其中影响较大的几部的特点梳理如下。

1. 卢彤编绘的《中华民国历史四裔战争形势全图》，南京同伦学社1912年9月初版。此图集系在其1910年所刊行《中国历史战争形势全图》（武昌同伦学社）的基础上增补而成，彩色石印，主图48幅，副图136

---

① 《后汉书》卷76《循吏列传》，中华书局，1973，第2465页。
② 《晋书》卷35《裴秀传》，中华书局，1974，第1039页。
③ 关于中国传统历史地图集绘制，迭有学者进行研究，如陈连开《中国古代第一部历史地图集——裴秀〈禹贡地域图〉初探》，《中央民族学院学报》1978年第3期；曹婉如《论清人编绘的历史地图集》，载氏著《中国古代地图集（清代）》，文物出版社，1997；葛剑雄《中国历史地图：从传统到数字化》，载《历史地理》第18辑，上海人民出版社，2002；辛德勇《19世纪后半期以来清朝学者编绘历史地图的主要成就》，《社会科学战线》2008年第9期；蓝勇《中国历史地图集编绘的历史轨迹和理论思考》，《史学史研究》2013年第2期等。
④ 对于民国时期历史地图集的绘制，参见李鹏《清末民国中国历史地图编绘与民族国家建构》，《史林》2018年第1期；华林甫《110年来中国历史地图集的编绘成就与未来展望》，《中国历史地理论丛》2021年第3辑。

幅，主图以战争形势为主，副图展现了相关的城池、局部战争形势等。此图集主图绘有经纬线，但底图为清末建置，分省设色，清末地名均为墨色，历史内容为不同时期的要地，用红色标注，体现出"古朱今墨"的古今对照传统。

2. 童世亨编绘的《历代疆域形势一览图》，由上海中外舆图局印行，民国三年（1914）八月第一版，后多次再版。在此地图集中，首列"唐贾耽禹迹图"和"唐贾耽华夷图"两幅石刻古地图的拓片，之后为从"禹贡九州图"、"职方九州图"至"清季疆域图"的历代地图，以疆域形势图为主，共18页，大小图47幅。除疆域形势图外，亦有"明初西南诸国交通图"，表现了郑和下西洋的路线。"清季疆域图"附有"京师图（重点展现被毁的圆明园）""辽东半岛图""九龙香港图""澳门图""威海卫图""胶州湾图""广州湾图"等小图，重在展现鸦片战争以来帝国主义对中国的侵略。此图集为彩色印刷，绘有经纬线，无今内容。

3. 民国时期另一影响深远的历史地图集为苏甲荣编绘的《中国地理沿革图》，此图集由上海日新舆地学社印行，第一版发行于民国十一年（1922），迭有十四年十一月增补再版、十九年九月增补三版、二十五年一月订正四版等。此图集卷首有多位著名学者之序，分别为：张相文（民国七年冬）、杨敏曾（民国八年一月）、朱希祖（民国十年十二月二十八日）、白眉初（民国十一年四月十日）和梁启超（民国十一年四月二十日），又苏甲荣在"例言"中说明"本图稿编于民国四年至七年间，迄十一年修补制印"[①]，可知此图集虽然印行于1922年，但成书于1918年，亦为民国时期编绘较早的历史地图集。

《中国地理沿革图》的第一版中共有地图100幅，并附有附图12幅。时代从《禹贡九州图》到《民国分道图》，反映了中国历史从古至"今"数千年的沿革变化。其地图主要分为四类。

第一类为历代疆域政区图，如主图中的《禹贡九州图》《尔雅九州图》《周制职方图》《战国七雄图》《秦三十六郡图》《汉地理志图》《三国疆域图》《隋州郡图》《唐州郡图》《唐极盛时之版图》《宋州域形势图》《元极盛时之版图》《元行省图》《明十五省图》《清极盛时之版图》《清季疆域及四邻图》等。第二类为形势格局图，如《楚汉之际形势及诸侯王》《汉

[①] 苏甲荣：《中国地理沿革图》，日新舆地学社，1922年第一版，1936年订正第四版。

初封建及七国形势》《前汉末割据及光武定乱图》《后汉末大乱及群雄割据图》《蒙古勃兴时之近邻诸部图》《元末割据图》《明末诸王图》等。此类地图往往将同类的不同时代的地理格局和政区、建置、政权、人物集团等放置在同一幅图内，如第五十七图《唐藩镇图》中，将唐代安史之乱之后的诸多藩镇、藩帅均标于图上，既有中唐时期的李怀仙、李希烈、田承嗣、李宝臣、薛嵩等，也有唐后期及唐末的李国昌、李茂贞、杨行密等。又如第七十五图《明九边七行都指挥使司及明初诸王图》，亦是将明代不同时期的建置置于同一图上。第三类是军事图，包括战争图和要地图，如《三国时长江要地图》《梁萧铣之灭图》《安史之乱图》《晋梁战争地域图》《元军灭金地理图》《清初兵事地理图》等。第四类是小区域图，主要是清末被列强强占强租地区之图，如《胶州湾图》《广州湾图》《威海卫图》《香港图》《澳门图》等。

民国时期，一些重要的历史地图集编绘者对距离其时代较近的若干影响颇大的历史地图集进行了评述，如在《历代疆域形势一览图》的序言中，童世亨梳理了中国历代疆域地理地图的沿革，指出了距离作者时代较近的清代以来的地图绘制情况：

> 图则惟杨（守敬）氏之《历代舆地沿革图》三十四册较为详尽，惜其于放缩分合、雕版着色之术未曾研究，故往往有地名无几字，而亦分为数图，连缀成十余页者。日人河田（罴）氏之《支那疆域沿革图》外观似较精美，然以一代为一图，于纷更割据之际殊欠明了。箭内（亘）氏近辑《东洋读史地图》，简要明晰，似胜河田氏之作矣，顾其中舛误脱漏之处仍多不免。甚矣！沿革地图之未易编制也。①

而在1934年，顾颉刚、谭其骧在其主编的《禹贡》半月刊发刊词中，列举了《禹贡》所要计划开展的几项主要工作，其中第二项为：

> 我们也还没有一部可用的地理沿革图。税安礼的《历代地理指掌图》早已成了骨董，成了地图学史中的材料了。近三十年来中国、日本两方面所出版中国地理沿革图虽然很多，不下二三十种，可是要详备精确而合用的却一部也没有。日本人箭内亘所编的《东洋读史地

---

① 童世亨：《历代疆域形势一览图》"自序"，上海中外舆图局，1914，第4页。

图》很负盛名，销行甚广，实际错误百出，除了印刷精良之外一无足取。中国亚新地学社所出版的《历代战争疆域合图》还比箭内氏图稍高一筹。至于上海商务印书馆等所出版的童世亨们的《中国地理沿革图》，固然最为通行，但其讹谬可怪却尤有甚于《东洋读史地图》者。比较可以称述的，只有清末杨守敬氏所编绘的《历代舆地图》。此图以绘录地名之多寡言，不为不详备；以考证地名之方位言，虽未能完全无误，亦可以十得七八，可是它有一种最大的缺点，就是不合用。一代疆域分割成数十方块，骤视之下，既不能见其大势，检查之际，又有翻前翻后之苦。所以我们第二件工作是要把我们研究的结果，用最新式的绘制法，绘成若干种详备精确而又合用的地理沿革图。①

在前引两段评述中，童世亨、顾颉刚和谭其骧回顾了清末民国以来坊间流行的多种历史地图集，指出了存在的问题。

一、杨守敬的《历代舆地图》具有内容丰富、考订精审的优点，但同时又有着卷帙浩繁，加上采用同一朝代总图分割拼合的方式，读者如果不熟悉地理形势或者查阅接排表，很难找到所需的地点，所以不方便读者使用。无独有偶，日本学者箭内亘在其《东洋读史地图》的"凡例"中，亦谈到杨图的这一问题："近年，杨守敬氏中国沿革图全集从上古到隋代，考证精核，盖可称作苦心之大作。然而描图的技法实在是以旧套之法，将一代之疆域图分割在数十枚纸幅之上，最终合缀一册，细节处翻阅尤其不便。斯种地图只有熟练习惯者容易检索到所要的地名，今之世，被视作不够科学的著作，而不免受到讥讽。"② 可见当时的使用者普遍感受到杨图使用难度大的这一问题。

二、当时日本编绘的中国历史地图（或包括中国在内的"东洋"历史地图）销路甚广，影响很大，如重野安绎、河田罴的《支那疆域沿革图》和箭内亘的《东洋读史地图》等，但亦存在很多缺点，如童世亨指出《支那疆域沿革图》一代仅一幅总图，"于纷更割据之际殊欠明了"，不符合读史的需要。而《东洋读史地图》，童、顾、谭三人均认为错误颇多。

通过对民国时期比较重要、影响较大的中国历史地图集的梳理，我们

---

① 顾颉刚、谭其骧：《禹贡发刊词》，《禹贡半月刊》第一期。
② 〔日〕箭内亘：《东洋读史地图》，富山房，1912。这段话本为日文，系硕士研究生张子旭同学帮助翻译为中文，特此感谢。

可以看出这些历史地图集的几个显著特点。

一、以疆域形势图为主，辅以军事形势与战争图。不止上述所列几种中国学者所编绘的中国历史地图集，在中国影响较大的几部日本学者所编绘的中国历史地图集亦是如此，如苏甲荣《中国地理沿革图》中参考文献中所列的重野安绎/河田罴编绘《支那疆域沿革图》、桑原骘藏编绘《中等东洋历史地图》、小岛彦七编绘《支那古今沿革地图》、石泽发身编绘《东洋历史地图》、箭内亘编绘《东洋读史地图》等均基本如此。①

二、某些地图集亦收有少数疆域军事类型之外的地图，如童世亨《历代疆域形势一览图》中《明末西南诸国交通图》、箭内亘《东洋读史地图》中《法显三藏印度旅行图》《唐代海上交通图》等，但数量很少，而且并不普遍。

三、从制图学角度来看，有些历史地图无经纬度，如石泽发身《东洋历史地图》等；有些地图只有古内容，而无今内容做底图，未能体现中国传统历史地图的"古今对照"表现形式。如石泽发身《东洋历史地图》、箭内亘《东洋读史地图》和苏甲荣《中国地理沿革图》等。有些地图失之简略，不但地名不多，战争、军事图亦无行军路线，示意图色彩浓厚。

上述特点，反映了中国现代历史地理学学科体系建立之前的学术面貌，如前所述，"禹贡学会和《禹贡》半月刊创办的三年余，是我国历史地理学发展的关键时期，也是从传统的沿革地理学向现代历史地理学发展的转变时期"②，《禹贡》半月刊中也逐渐刊发了自然、经济、城市、交通、人口、民族、民俗等多个领域的论文，但依然以传统的疆域政区沿革为主，这体现了传统的沿革地理的学术取向，从当时高校普遍开设的"中国疆域沿革史""中国地理沿革史"等课程，也能看出这一点。另外，正因为处于传统学术向现代学术研究发展的阶段，反映疆域地名之外的历史内容缺乏积累，需要开展新的研究，而疆域政区地名大多有历代正史地理志及地理总志做基础，有长期的学术传承，制作较为容易。更重要的是，民国时期中国历史地图以表现历代疆域为主，既是中国传统沿革地理注重疆

---

① 〔日〕重野安绎、河田罴：《支那疆域沿革图》，富山房，明治二十九年（1896）五月刊行；〔日〕桑原骘藏：《中等东洋历史地图》，大日本图书株式会社，明治三十二年（1899）刊行；〔日〕小岛彦七：《支那古今沿革地图》，三松堂，明治三十六年（1903）刊行；石泽发身：《东洋历史地图》，弘文馆，明治三十四年（1901）刊行；〔日〕箭内亘：《东洋读史地图》，富山房，1912。

② 邹逸麟：《中国历史地理概述》（第三版），复旦大学出版社，2013，第3页。

域政区传统的延续，更是民国时期帝国主义侵略加剧，学术界唤醒民众国家民族认同的努力的一种反映。①

三 《中国史稿地图集》的编绘过程与内容

中华人民共和国成立以后，历史地理学科性质、体系得以确立，历史地图集的编绘也进入科学的现代历史地图集阶段，尤其是经过数十年的积累，20世纪70~90年代，涌现出多部重要的历史地图集，其中，《中国史稿地图集》编绘出版后，得到了社会的良好反响，对中国现代历史地图集体系的确立起到了重要的作用。

《中国史稿地图集》是郭沫若主编《中国史稿》的组成部分。1956年初，中央请郭若沫主编一部干部读物《中国历史》，经过两年的筹备，编写工作于1958年底开始。1962年，此书定名为《中国史稿》，所以所附地图集亦名为《中国史稿地图集》。② 编写工作一开始，郭沫若就向编写组提出："作为干部读物，在史实的比例、章节的安排、行文的风格等方面，都要活泼些，不要太呆板了；同时，要吸收史学界现有的成果，使它具有正确的思想、严密的结构和独创的风格。"所以，郭沫若决定"这部书要做到文图并茂，图谱出专册，书内有插图，书后附年表并有历史地图集"③。郭沫若特别提到历史地图，"应有的历史地图，要求编绘达到一定水平"④。"必须尽可能编绘，使读者有比较准确的历史地理的概念"。所以，在《中国史稿》编写之初，"就组织力量分别编绘应有的历史地图，选编有关的图版及插图。第一册中的地图及图版经过郭老一再审阅，才定了下来。《中国史稿地图集》的书名也是郭沫若所提，可见郭老对地图集的重视。后来，因为地图多了些，出版部门认为制图困难，装订费时，颇

---

① 李鹏在《清末民国中国历史地图编绘与民族国家建构》(《史林》2018年第1期)中有系统论述，此不赘述。
② 翟清福：《郭沫若与尹达二三事》，载中国郭沫若研究会主编《郭沫若研究》第八辑，文化艺术出版社，1990，第314页。
③ 翟清福：《郭沫若与尹达二三事》，载中国郭沫若研究会主编《郭沫若研究》第八辑，文化艺术出版社，1990，第312页。
④ 陈可畏、邓自欣：《历史地理组的成立与任务》，载中国社会科学院历史研究所编《求真务实五十载：历史研究所同仁述往》，中国社会科学出版社，2004，第516页。

有难色；这就不得不采取另册出版的形式了"①。于是在1979年出版了上册。1990年又出版了下册，以配合《中国史稿》第四、五、六、七册。②

《中国史稿地图集》上册有大小地图74幅，下册有大小地图117幅，除两册均置于卷首的《中华人民共和国全图》外，共计历史地图189幅，在清末以降，1990年之前除杨守敬《历代舆地图》和谭其骧《中国历史地图集》之外的主要历史地图集中，数量居于前列。③

《中国史稿地图集》上册于1979年推出后，由于丰富精审的内容、美观的制图，受到社会的广泛欢迎，被选定为高等院校的文科教材，先后重印和再版多次，在上册的第二次印刷本的封底，就标明了"高等学校试用教材"的字样，④1995年被评为全国高校优秀教材一等奖，⑤充分反映了该图集的学术价值和社会对其的肯定。现总结其特点如下。

1. 反映历史内容的综合性。《中国史稿地图集》改变了以往历史地图集以历代疆域为主的格局，反映了广阔的历史内容，除疆域政区外，还包括了原始社会遗址、阶级斗争形势、战争、水利工程、城市分布、城市形态、中外交通、工商业、经济、民族、科技、作物等诸多领域，大大拓宽了历史地图所表现、反映的历史景观。

2. 理论框架的科学性。在《中国史稿》的前言中，明确指出："中国是一个统一的多民族的国家。汉族和各兄弟民族在长期的生产斗争和阶级斗争中，共同缔造了我们统一的多民族的祖国，开发了祖国的锦绣河山。祖国境内各少数民族的历史，都是我国历史不可分割的组成部分。他们都为我国统一的多民族国家的形成和发展，为实现祖国各民族平等的联合和

---

① 尹达：《中国史稿地图集》上册《前言》，载郭沫若主编《中国史稿地图集》上册，人民出版社，1979。
② 《中国史稿地图集》下册《编后记》，中国地图出版社，1990。
③ 参见华林甫《110年来中国历史地图集的编绘成就与未来展望》，《中国历史地理论丛》2021年第3辑，第112、116页。
④ 就笔者所了解，《中国史稿地图集》上册分为精装本和平装本，其中精装本第一版第一次印刷印数为5500册；平装本印数为20501册。下册精装本第一版第一次印刷印数就达到20000册，可见其受社会欢迎程度。
⑤ 《中国史稿地图集》再版说明，中国地图出版社，1996年第2版；陈可畏、邓自欣：《历史地理组的成立与任务》，载中国社会科学院历史研究所编《求真务实五十载：历史研究所同仁述往》，中国社会科学出版社，2004，第516页。

接触外来的民族压迫，作出了各自的贡献。"① 为中国历史所表现的内容做出了科学的阐释，即"统一的多民族国家"的历史。在《中国历史地图集》的编绘工作中，谭其骧也对"历史上的中国"进行了阐释，指出：中国"是各族人民包括边区各族所共同缔造的，不能把历史上的中国同中原王朝等同起来。我们需要画出全中国即整个中国历史的地图来，不应只画秦、汉、隋、唐、宋、元、明、清等中原王朝。……范围要包括各个时期的全中国。……我们是拿清朝完成统一以后，帝国主义侵入中国以前的清朝版图，具体说，就是从18世纪50年代到19世纪40年代鸦片战争以前这个时期的中国版图作为我们历史时期的中国的范围。所谓历史时期的中国，就以此为范围"②。《中国史稿地图集》的地图编绘则充分体现出这一科学理论。在下册的《编后记》中，编者清楚地说明了这一点："我国是一个多民族的国家，经历了一个长期的发展过程，直到清乾隆时期才最后完成全国的大统一。它是中原王朝和边区少数民族政权之间经济、政治、军事、文化关系自然发展的结果。鸦片战争以后，由于资本主义列强的宰割，我国丧失了大片土地，才形成今天这个样子。我们这部图集，就是以清朝前期全国大统一的版图为基点，做历史回顾的。"③ 在《中国史稿地图集》上册出版后，刘寅年、卢运祥即指出："由郭沫若主编的《中国史稿地图集》，则一反这种传统的历史地图编制方法（指以王朝疆域为内容的表现方法），坚持以人民群众创造历史的观点，着重探求自古以来我国各族人民在祖国土地上共同活动的历史地理情况。"④

3. 地图表现方法的规范性。《中国史稿地图集》是一部现代历史地图集，其制图是由地图出版社（现中国地图出版社）和人民出版社的刘宗弼、卢运祥等专业地图工作者与历史地理学者共同完成的，其底图选择、经纬投影以及古墨今朱的古今对照表现方法，都体现出了当时历史地图制图的科学规范。

4. 地图底层信息的学术性。《中国史稿地图集》图稿的编绘是建立在

---

① 《中国史稿》编写组：《前言》，载郭沫若主编《中国史稿》第一册，人民出版社，1976，第6页。
② 谭其骧：《历史上的中国和中国历代疆域》，载氏著《长水集续编》，人民出版社，1994，第2页。
③ 《中国史稿地图集》下册《编后记》，中国地图出版社，1990。
④ 刘寅年、卢运祥：《一本内容充实形式新颖的历史地图集——〈中国史稿地图集〉上册评介》，《历史研究》1981年第1期。

中华人民共和国成立后历史学与地理学发展的基础之上的，不但其内容反映了几十年来学术研究的成果，更重要的是反映了学术和学科方法的进步。如历史地图中的海岸线、河流、湖泊等，都进行了复原，与地理底图中的今内容形成鲜明的对比，使得读者很直观地感受到自然环境的变迁。上册前三幅历史地图，分别为："原始社会遗址"、"黄河长江流域原始社会前期遗址（旧石器时代）"和"黄河流域原始社会后期遗址（新石器时代）"，汉长安城图中更是区分了"城墙、宫墙"和"尚在发掘的宫墙"，这既是编绘团队吸收考古学研究成果的体现，又普及了考古学知识和方法。《中国史稿地图集》非常突出的一点是，其很多图幅标注了标准年代，尤其是疆域政区图，这是中国历史地图科学化专业化的重要标志之一。其中诸多标准年代未能有地理志或地理总志作为支撑，需要通过大量学术研究工作进行复原，工作量和困难程度可想而知，如《春秋时期黄河长江中下游地区（前506年）》《战国时期形势（前291年）》《唐代大运河和黄河长江中下游地区（741年）》等。历史事件也多标出年份，若是超过一年的历史事件，如农民起义、战争、游历等，亦会标出其起止年代，如《楚汉战争（前205—前202年）》《法显西行（399—413年）》《隋末农民起义（611—623年）》等。即使是建置形势图，亦会标出年代范围，如《唐代贞观、总章年间安东、东夷、安北、单于、安西都护府（640~669年）等，进一步增强了历史地图所表现时空范围的准确性。

四 《中国史稿地图集》所反映的学术背景

如前所述，《中国史稿地图集》具有综合性、科学性、规范性和学术性四个重要特征，是中国现代历史地图集中重要的一部。尤其综合性，是其对于中国现代历史地图集发展史的重要贡献。谭其骧曾指出，《中国历史地图集》从严格意义上讲，应该称作"中国历代疆域政区地图集"，或者"中国历代的普通地图集"[①]。当然，《中国历史地图集》中对海岸线、河流、湖泊、岛屿、山峦、陉道、陵墓等要素都进行了呈现，但主体依然是历代疆域政区。而老一辈历史地理学者均致力于编制一部能够综合体现

---

① 谭其骧：《中国历史地图集》"后记"，载谭其骧主编《中国历史地图集》第八册，中国地图出版社，1987年第1版，1996年第2版。

中国历史各领域内容的综合地图集，1982年正式启动的，由中国社会科学院主办，谭其骧任总编纂，夏鼐、侯仁之、史念海、翁独健等数百名学者共同参与编绘的《中华人民共和国国家历史地图集》则是这一思路的成果。但由于此图集编绘工作繁重，除2012年出版第一册外，其余两册仍在编绘中。而1979年出版的《中国史稿地图集》则成为这几十年中国现代综合历史地图集的先驱和代表，对于中国历史地理学科的建设、历史学与地理学知识与研究成果的普及和教育，起到了重要的不可磨灭的贡献。

《中国史稿地图集》能够具备上述重要特征，是与当时学术发展的背景分不开的。

第一，中华人民共和国成立以来，郭沫若等老一辈马克思主义历史学家自觉运用唯物史观指导中国历史研究，引领了史学发展的方向。唯物史观重视地理环境对人类历史的作用，马克思、恩格斯指出："任何历史记载都应当从这些自然基础以及他们在历史进程中由于人们的活动而发生的变更出发。"[①] 从研究内容和研究方法来看，郭沫若在《中国古代社会研究》的导言中开宗明义地指出："人类社会的发展是以经济基础的发展为前提，这已经是成了众所周知的事实了。"[②] 唯物史观打破了"帝王将相"的历史叙事体系，改变了"二十四姓家谱"的研究取向，重视经济基础，重视社会发展，重视社会各阶层的历史，取得了一系列的成果，《中国史稿》就是以郭沫若的史学思想为指导进行编写的。作为《中国史稿》的配套地图集，更是体现了郭老的史学思想，尽可能地呈现了中国历史广阔的多维度内容。正如尹达在《中国史稿地图集》上册"前言"中所指出的："这部地图集包括从原始社会到鸦片战争的有关地图。其中有原始社会遗址分布图，有奴隶社会、封建社会各朝代的行政区划图，有历史上的民族分布及迁徙图，有历代战争的地图，有历代中外交通的地图，有反映经济发展的地图等等；总之，尽力以地图的形式，把我国历史上各族人民重大的阶级斗争和生产斗争的活动史实反映出来，使《史稿》的读者对一定历史时期人们活动的地区有个比较具体的概念。"[③] 同时，这也得益于中华人

[①] 马克思、恩格斯：《德意志意识形态》，《马克思恩格斯选集》第1卷，人民出版社，2012，第147页。

[②] 郭沫若：《中国古代社会研究》，载《郭沫若全集·历史编》第一卷，人民出版社，1982，第13页。

[③] 尹达：《中国史稿地图集》上册《前言》，载郭沫若主编《中国史稿地图集》上册，人民出版社，1979。

民共和国成立以后,在马克思主义理论指导下,史学在各方面取得的成就。如果没有这些成就,很多图幅很难画出。正如顾颉刚、章巽在其编绘的《中国历史地图集》的前言中所指出的,他们也力图体现更多的历史内容,尤其是农民战争和经济情况,但由于"对于我国历史上的农民战争的科学研究是最近才开始的,研究的范围还不够普及,研究的程度还不够深入,所得到的一些结论也往往还未能完全作为肯定""旧有经济史料苦多苦乱,新的整理成绩又苦其太少",所以"关于经济方面资料只能从'正史'和'十通'等书里面爬梳了一部分出来"[①]。

第二,中华人民共和国成立后,现代历史地理学科建立起来,1950年,侯仁之发表《"中国沿革地理"课程商榷》一文,指出,应将"中国沿革地理"改为"中国历史地理","其内容不以历代疆域的消长与地方政治区划的演变为主,而以不同时代地理环境的变迁为主,这样应该从先史时期开始,举凡每一时期中自然和人文地理上的重要变迁,如气候的变异、河流的迁移、海岸的伸缩、自然动植物的生灭移动以及地方的开发、人口的分布、交通的状况、都市的兴衰等,凡是可能的都在讨论范围之内"[②]。正是因为历史地理学学科性质和学科体系的确定,在侯仁之、谭其骧、史念海等历史地理学者的努力和推动下,涌现出诸多分支学科的成果。在此基础上,才实现了《中国史稿地图集》由传统的读史读图向现代的历史地图的转变。

第三,全国研究人员的协作。《中国史稿地图集》的编绘人员,主要是当时中国科学院历史研究所(现中国社会科学院古代史研究所)的学者,1970年,中央指示恢复《中国史稿》的编写工作,尹达指定陈可畏负责地图集工作,要求与上海复旦大学史地室协作。1972年12月,尹达在给陈可畏的信中写道:"有事多同历史地理组的负责同志商量,多请教谭其骧同志。"[③] 在《中国史稿地图集》上册的前言中,也提到上册的编绘工作,"是在陈可畏、刘宗弼两同志主持下进行的,历史研究所李学勤、卫家雄同志等参加了这项工作。历史研究所的林甘泉同志经常关切着上册地图集的编绘工作,从编绘的内容设计到出版都费了不少的心力。在编绘进

---

① 顾颉刚、章巽编,谭其骧校《中国历史地图集》序,地图出版社,1955,第3页。
② 侯仁之:《"中国沿革地理"课程商榷》,《新建设》1950年第11期。
③ 陈可畏、邓自欣:《历史地理组的成立与任务》,载中国社会科学院历史研究所编《求真务实五十载:历史研究所同仁述往》,中国社会科学出版社,2004,第516页。

行中，还得到不少单位的合作，其中有：考古研究所的王世民、郑乃武同志，复旦大学的杨宽、钱林书、周维衍、项国茂、嵇超、祝培坤同志……在编绘过程中，谭其骧同志一直非常关心，他和复旦大学历史地理研究室的同志们对这部图集的编辑及绘图都给我们以无私的帮助，提供了许多宝贵意见"①。而参加下册编绘工作的，"有中国社会科学院历史研究所的陈可畏、刘宗弼、田尚、卫家雄、史为乐、邓自欣、苏治光、杜瑜、朱玲玲同志，复旦大学历史地理研究所的周维衍、祝培坤、项国茂、嵇超同志，人民出版社的卢运祥同志。历史内容由陈可畏同志最后修改、定稿，今内容和图幅设计则由刘宗弼同志负责。抄清工作是由朱力雅、王影静同志完成的"②。

如上文所述，《中国史稿地图集》的编绘工作，是由中国社会科学院（原中国科学院哲学社会科学学部）历史研究所（现古代史研究所）承担（具体执行者以历史地理研究室人员为主），同时也得到了中国社会科学院考古所和复旦大学等单位学者的帮助与支持，体现出协同攻关的合作精神。

同时，我们可以看到，《中国史稿地图集》大部分编绘人员，同时也是中国社会科学院主办、谭其骧主编的八卷本《中国历史地图集》的编绘人员，③ 也是中国社会科学院主办、谭其骧主编的《中华人民共和国国家历史地图集》的编绘人员。④ 可以说，中华人民共和国成立以来，围绕着现代的中国历史地图集的编绘，培养了现代历史地理学的人才和学术团队，也催生出杰出的学术著作，这三部重要历史地图集，是当时全国大协作和集体攻关的产物，正如邹逸麟所指出的："集体项目既出成果，也培养人才。"⑤

---

① 尹达：《中国史稿地图集》上册《前言》，载郭沫若主编《中国史稿地图集》上册，人民出版社，1979。
② 《中国史稿地图集》下册《编后记》，中国地图出版社，1990。
③ 中国社会科学院主办，谭其骧主编《中国历史地图集》第八册《清时期》所附编绘人员名单，中国地图出版社，1996。
④ 中国社会科学院主办，谭其骧总编纂《中华人民共和国国家历史地图集》第一册，中国地图出版社、中国社会科学出版社，2012。第二、三册的作者名单见《中华人民共和国国家历史地图集》编辑室档案。
⑤ 段伟：《集体项目既出成果也出人才——访邹逸麟先生》，《中国史研究动态》2019年第4期，第75~85页。

结　语

中国传统历史地图集经历了漫长的发展过程，在清末达到顶峰，民国时期亦出版了诸多历史地图集，但多以历代疆域战争为主，属于"读史地图"范畴。中华人民共和国成立后，随着郭沫若等马克思主义历史学家的努力，马克思主义史学迅速发展起来，而中国历史地理学者亦推动了传统的沿革地理学向现代历史地理学的转变。在这样的学术背景下，配合郭沫若主编《中国史稿》编绘的《中国史稿地图集》改变了传统的以疆域形势示意图为主的框架，呈现出中国广阔的历史面貌，对由传统读史地图向现代历史地图的学术转向，对中国历史知识的传播，起到了重要的作用，其学术贡献不可忽视。

文学研究

郭沫若历史剧女性形象流变的现代思想史意义*

韩旭东**

摘　要：郭沫若以失事求似和托古言志之心，在新编历史剧中构型出高贵刚烈、深明大义、奉献天下的古代新女性形象，隐含作者在高扬女性主体意识的基础上，探索现代知识分子情感史的驳杂性和生命哲学的内涵。本文在长时段现代文学思想史的视角下，以郭沫若历史剧中激情奔放的女超人、神圣崇高的贤媛、心怀社稷的女史形象为流变脉络，从情感能量、思想动态、历史语境出发，将女性群像放置在激进浪漫主义、文化保守主义、现代国家主义的思想网络中，归纳作家性别观与女性崇拜的偏好和偏颇，最终指认郭沫若理想的家国政治何为。

关键词：郭沫若　历史剧　女性形象　现代思想史

作为"五四"之子，郭沫若的历史剧尤为关注性别议题。他以失事求似和托古言志之双重视角，打破纪实与虚构的界限，构型出高贵刚烈、深明大义、心怀天下的古典新女性形象。"女神"重浮地表，填补空白之页。在性别批评之维中，历史由男人创造，女性无法以自我言说来证"名"，是"文化的消极接受者"[①]。然而，郭沫若的女性群像是历史长河中闪耀的精灵，叙事人以女性独特的具身体认呐喊时代最强音，呼应近代以来的文化思潮。性别批评意在审视男性中心主义，揭露文学/文化文本中的人格歧视，在高扬主体生命尊严的基础上倡导两性平等。在现代思想史视角下，"人"的主体建构维度高于性别视差，古典新女性寄予着郭沫若的理想历史蓝图，故探寻本体在思想结构中的恰当位置是女性生命哲学之要

---

*　本文系中央高校基本科研业务费专项资金资助项目（63222083）、天津市青年科研项目（TJZW21-007）的阶段性成果。

**　韩旭东，南开大学文学院助理研究员。

①　张京媛主编《当代女性主义文学批评》，北京大学出版社，1992，第5页。

义。"生命哲学"涉及主体实践的价值、自我精神超克的必要性和生死抉择的形而上指向。本文意在打破男女二元对立关系,将激情自由的女超人、神圣崇高的贤媛、心怀天下的女史等,指认为郭沫若历史剧女性形象流变的基本脉络。文章拟从情感能量、思想动态、历史语境出发,将女性群像放置在激进浪漫主义、文化保守主义、现代国家主义的思想网络中,归纳作家性别观的偏好与偏颇,与郭沫若理想的家国政治何为。

一 烈女图谱:女超人的时代强音与根本恶

郭沫若早期剧作有将人物作为现代思想传声筒的痕迹。"五四"时期,他认为"三从四德和阶级压迫"催动叛逆的女性争取做"人"的权利和自由,女权运动要与阶级解放并行。[①] 对"人"生命价值与生命动能的维护,与破除阻碍生命发展的束缚,是尼采哲学的要义。郭沫若首次接触尼采,是1915~1916年初抵日本冈山图书馆时。随后,在1923年5月至11月,他又集中翻译《查拉图斯特拉如是说》,认为尼采动态强力的"酒神精神"能为中国"三代"的衰落注入活力。[②] 此时,他笔下的红箫、毛淑姬、春姑等下层女性不满父权制,坦陈个人诉求,主体激进动力源于尼采式强力意志。"生命的本质是强力意志"[③]。女性内在生生不息的创造力和浪漫的内驱能量使其不断自我超克,至死方休。"层"源于经济概念。下层女性是大写抒情主体,她们精神意力坚定,以时代最强音启蒙民众。边缘人刚烈的性格、正义的道德心、迅猛的行动力,帮助上层完成生命抉择,以人性关怀缔结跨阶层姐妹情。

红箫独立思考,决意自己改变命运,她和卓文君的友谊源于尊重和关爱;毛淑姬偏爱楚辞奇崛的想象力,对王昭君母女有同情心。"使生命得以超越自身的"强力意志是"基本的情绪冲动形式",它展现人永不枯竭的生命意志和生命的充盈。[④] 与女主角突兀的主体建构相比,下层女性敢想敢干的生命动能使她们风姿绰约。卓文君缺乏主体询唤的动因,仅能喊

---

① 郭沫若:《写在〈三个叛逆的女性〉后面》,《郭沫若全集·文学编》第六卷,人民文学出版社,1986,第135页。
② 李斌:《郭沫若思想中的尼采资源新谈》,《中国现代文学研究丛刊》2016年第4期。
③ 周国平:《尼采与形而上学》,北京十月文艺出版社,2019,第292、294、310页。
④ 周国平:《尼采与形而上学》,北京十月文艺出版社,2019,第298、301、307页。

出子君式（鲁迅《伤逝》）的"大道理"；王昭君戏份较少，在未了解汉元帝行为动因之前便控诉其欲壑难填。相反，尼采式冲动的生命强力使红箫与毛淑姬不满现状，持续自我超越，并影响他人。红箫愤恨秦二叛主，提剑斩杀爱人，她难舍爱情，死于"耻"感与信义。死亡使灵魂永生，殉情后的幻视是激进启蒙对人间道义的超越。毛淑姬的冲动告发源自强者对弱者的悲悯，她被昭君的神女气质撼动，大义灭亲是主体道德超越。聂嫈与聂政互为镜像，春姑欣赏聂政为天下人谋平安的宏图之志，三人的强力意志贯穿于"救国"的国家主义诉求中。他们为运转浪漫动能以身赴死，复仇带有叛逆感和抵抗性。聂政与聂嫈外貌/镜像相似，姐姐看到弟弟尸体后，血亲灵魂合二为一，形影不离。"像"与本体勾连人间侠义精神，家国情怀与侠客风范不以"性别"作为区分。春姑的强力意志体现在变装救国和动员言说中，她带伤控诉王昏庸无道，启蒙大众应联合抗秦。卫士们在鼓动情绪的生命宣言下，杀死士长，以慰超人英灵。

南后性格毒辣，有表演型人格，体现了强力意志"恶"的一面。她离间楚怀王与魏美人，为提防张仪进献美女而且栽赃屈原。南后的"恶"是道德残忍，它"持久且有意地羞辱"了弱者，危害其个人品格，导致"受害者最终既无法信任自己"[1]。根本恶源于欲，她为让大权不旁落，将"恶"弥散在实践能力和行动效率中。作者讽刺南后的毒辣和妒忌，却肯定其生命动能："凡是对我有害的，其本身就是有害的。他知道，完全是他自己赋予事物荣誉。"[2] 她办事效率高，善随机应变，赏罚分明。恶女喜繁华热闹，好胜心强，为赢得斗争不惜牺牲他人生命，这是郭沫若理想的女性才干。强力意志使南后"自由选择善恶"。人性在道德上非善非恶，仅凭主体自由"选择"，后"在道德上变成了善的或恶的"[3]。她常以话术笼络人心，又当众装疯与屈原对戏，以恶的动力羞辱三闾大夫。她自视甚高，自比巫山神女，"酒神"在历史舞台上独唱"雷电颂"。然而，屈原多控诉张仪，鲜少怨恨南后，在狱中自白"对于南后倒并不怨恨。南后她平常很喜欢我的诗，在国王面前也很帮助我。今天的事情我起初不大明白，后来才知道那是张仪在作怪啦……又如南后的聪明吧，我虽然能够佩服，

---

[1] 〔美〕朱迪丝·N.施克莱：《平常的恶》，钱一栋译，上海人民出版社，2018，第55页。
[2] 〔德〕尼采：《善恶的彼岸》，朱泱译，团结出版社，2001，第207页。
[3] 〔美〕理查德·J.伯恩斯坦：《根本恶》，王钦、朱康译，译林出版社，2015，第14、22、29页。

但我却不喜欢"①。屈原与南后为一体善恶两面,超人自己制定规则,超越善恶伦理。在被诬陷前,屈原曾赞颂"南后,你有好些地方值得我们赞美,你有好些地方使我们男子有愧须眉。我是常常得到这些感觉,而且把这些感觉化成了诗的"②。这不是奉承或暗恋,而是超人间彼此欣赏和真情流露。屈原和南后体内涌动一股随时可喷发的力比多,期待在世间改天换地,实现个人价值。南后选择权力,屈原选择救国,他们本是同根生,却因道德自由导向不同善恶伦理。

二 柔和唯美的过渡：儒家神女临水独照

婵娟、如姬、阿盖与蔡文姬等儒家贤媛身世显赫,德行才华出众,在相夫教子、辅助亲人时,亦在事业上有所作为。贤媛温婉内敛,内蕴高傲贵族气质,是古代女性的楷模,③ 也体现出现代转型后,儒家文化的精髓。其中,婵娟与如姬以屈原和信陵君为榜样,对家国政治的见解不输男性。在创作《屈原》前,1942年前后的重庆文化界曾发起"诗人节"纪念屈原,多家报刊与陪都文人借屈原符号缔结战时"想象的共同体",以抒发爱国正气。此外,《屈原》《虎符》的创作和演出均曾得到毛泽东、周恩来等人的支持。④ 郭沫若借神女纯洁无瑕的人格、一往无前的精神,寄寓战时理想国民精神和战后新中国形象。纳瑞斯临水独照是显现崇高人格的必要阶段。男性引导女性走向独立,启蒙与被启蒙者不应争夺关于启蒙的话语权,更应注重启蒙的目的论："人"的主体意志普世性。屈原是婵娟的精神之父,先生平等对待女弟子,"婵娟是道义美的形象化,没有屈原精神的暗示,我却写不出那样的婵娟"⑤。婵娟将老师视为国家栋梁和精神信仰,将从启蒙者处习得的"屈原精神"内化于心。信陵君帮如姬报杀父之仇,她感激英雄,认同其政治理念、个人才能和人道精神。二人"不会说

---

① 郭沫若:《屈原》,《郭沫若全集·文学编》第六卷,人民文学出版社,1986,第388页。
② 郭沫若:《屈原》,《郭沫若全集·文学编》第六卷,人民文学出版社,1986,第390页。
③ 钱南秀:《"列女"与"贤媛":中国妇女传记书写的两种传统》,载游鉴明等主编《重读中国女性的生命故事》,江苏人民出版社,2012,第179页。
④ 李斌:《女神之光:郭沫若传》,作家出版社,2018,第247页;毛泽东:《致郭沫若（1944年1月9日）》,《毛泽东文艺论集》,中央文献出版社,2002,第277页。
⑤ 郭沫若:《〈屈原〉与〈厘雅王〉——这是回答徐迟先生的一封信。原信附后。》,《郭沫若全集·文学编》第六卷,人民文学出版社,1986,第406页。

没有情愫。但在故事里却丝毫嗅不出这样的气息，足见得他们很能以礼自闲"①。他们彼此信任，警惕男女大妨，发乎情止乎"礼"。男女主体间性体现在信陵君对如姬窃符前的托付，与如姬宁死不赴赵国求助的大义报偿上。

崇高神女寄托郭沫若美善的政治理想，她们胸怀广博、信念坚定、志向高洁，在"例外状态"②下显现以"信"和"礼"为中心的主体意志及君子间的交往原则，其理念与行动内蕴理性崇高之美。女性人物的儒家生命质素，是郭沫若在灵感枯竭时，受周恩来的启发而作。在构思《虎符》前，郭沫若一直苦于材料不够，后想起周恩来曾对他说，"中华民族对慈母很有感情，希望郭沫若能够在作品中塑造一个伟大的母亲形象"③。故才有《虎符》以魏太妃的"孝""慈""亲"引出郭沫若对传统思想现代转型，以"今文经学"赓续文化经典的思考。儒家神女的崇高让历史丑角深感恐惧，"绝对地大"的人格尊严是人因反思不合理欲望而生成的精神情调，个人私心与"大"相比"都是小的那个东西"。④婵娟视先生箴言为至宝，厌恶子兰与南后等小人，并在宋玉变节后呵斥其卑下。她对身边人事认知清醒，认为卑下者不配与先生和自己比附，宁可入狱受辱也不变节。屈原受冤后，根据先生日常高洁的节操，婵娟坚信他被人陷害，力主找出洗冤证据。如姬深知自己是魏王的玩偶，并看透王的嫉妒心与秦国的贪婪，认为要把士兵当人看的同时，需提防唇亡齿寒。在对魏太妃夸耀信陵君的才能时，她间接表达对英雄的信任，后果断相助窃符。二人政治理念不谋而合，女性钦佩男性的才能，甘愿舍命完成任务。"信"是营造崇高美感，并主动赴死建构主体性的前提。

神女牺牲让人惋惜不适，为非作歹之人仍在活着，但这曾经过作者理性的筹划。"不愉悦"的情感阻滞唤起审美的愉悦，她们真诚正义的强力意志在历史轨迹的滑动是不可抗力。婵娟痛恨南后弄权，指责其目光短浅：一旦屈原身死或不被信任，楚必将亡国，最终受损失的是人民。《橘

---

① 郭沫若：《写作缘起》，《郭沫若全集·文学编》第六卷，人民文学出版社，1986，第550页。
② 〔德〕施米特：《政治的概念》，刘宗坤等译，上海人民出版社，2003，第12页。
③ 李斌：《女神之光：郭沫若传》，作家出版社，2018，第257页。
④ 〔德〕康德：《判断力批判》，邓晓芒译，杨祖陶校，人民出版社，2017，第63、65、67、68页。

颂》的抒情对象是婵娟,她代替师父饮毒酒,死于精神信仰和家国理想。如姬早就想自杀,在信陵君围魏救赵成功,魏太妃认罪身死后,主体的绝望感被推向极致。她临死前渴望看信仰对象一眼却不得,并因对魏王绝望而不愿怀上暴力的种子。选择自杀的人是自由的,此为精神层面崇高"阻滞"的自我认同。匕首解放灵魂,自杀成"人"的目的是拒绝"暴戾的人束缚我、限制我、虐待我"[①]。女性因信念赴死,由爱意、钦佩等情动而生的激情信义,经国家间大势而演化为理性理念,人对信义的坚守和对理性理念的追求"协和一致",人之死"被表象为和目的的"[②]。在抗战相持阶段,早期激进浪漫的尼采思想已不适用,由激情过度而来的理性,让战时国民在具体历史语境中沉潜,思考国家向何处去。神女追求灵魂的绝对自由,她们的死诱发了国民被现实拒斥的不快感,悲剧宿命刺激人向历史理性与家国意志中寻求依托。死亡带来的"消极的快乐"让人痛苦、痛快且感到高尚,"人心感到在他自己的评判中被提高了"[③]。郭沫若在"例外状态"下戴上尼采"酒神"的眼镜,在破除汉宋儒家思想中不合理的权力崇拜后,抽取信义、礼节、仁爱等崇高精神,以保守文化激励大后方物资匮乏、贫病交加[④]的国民。

在《孔雀胆》中,郭沫若再现阿盖纠结的情感和高尚的节操,自由女性主体颠覆险恶男权,贤媛借新型儒家文化自我认同。阿盖自主择夫,钦佩段功的阳刚气,渴望被男性强力保护。她以仁爱善待继子,培养孩子的精神节操,告诫他们要警惕贼子,为父报仇。在王妃计谋败露后,阿盖因"仁"的同理心而不忍让小弟失母,求父亲饶恕忽的斤。她与丈夫举案齐眉,在照顾好家庭的同时,亦在危难时首先考虑丈夫的安全。隐含作者肯定她母性与妻性的完美融合,贤媛仁者爱人,能跳出单一视角关怀他人的困境,以爱抚慰亲人情感。《孔雀胆》上演后,国泰门前聚集了来自各方的观众,等待名剧开场。在大后方上演时,"每次演出都能获得观众的热烈欢迎"。观众因阿盖公主的"仁"与"慧"为她"洒了同情之泪"。[⑤] 此外,阿盖与段功互为镜像,他们是自己民族与家庭的双重他者。阿盖比段

[①] 郭沫若:《虎符》,《郭沫若全集·文学编》第六卷,人民文学出版社,1986,第539页。
[②] 〔德〕康德:《判断力批判》,邓晓芒译,杨祖陶校,人民出版社,2017,第74、75页。
[③] 邓晓芒:《康德〈判断力批判〉释义》,生活·读书·新知三联书店,2018,第232、245、240、245页。
[④] 刘盛亚:《郭沫若在重庆》,青海人民出版社,1982,第466页。
[⑤] 徐飞:《〈孔雀胆〉演出以后》,《新华日报》1943年1月18日。

功清醒果敢,主体虽纠结于夫妇与父女之情的悖论,但仍显现出智慧光辉和凛然气节。段功死于优柔寡断和过于轻敌,阿盖早已洞悉敌人计谋,且绝不屈从于车力特穆尔的淫威。丈夫死后,她一度陷入疯狂,这与《孔雀胆》初版结尾处人物行动的差异存在接续性:任由车力特穆尔表白,阿盖一概不理,只在月下踱步吟诗。郭沫若本想把阿盖想象为"纯粹的玉观音",该段落再现她的苦闷。① 原版更有诗性,并全面再现阿盖先疯狂,后因绝望极致而止语,不愿目睹污浊世界的过程。她认为奸恶者不配和自己对话,宁可沉默于对亲人的思念中。这比新版以对话来抗争更富诗意和张力。阿盖不愿再尴尬面对导致丈夫间接被杀的父亲,选择吞孔雀胆自杀,"人在自杀时往往依据某种信念,这同样是人的意志力的表现"。主体宁为玉碎不为瓦全,多疑无能的庸人苟活于世。女诗人自杀是对普世血缘伦理的质疑和印证自我精神信念:"世界不应该是这样子。"②

三 能量温和持守:何为良好的帝王术与制度建构

蔡文姬形象是郭沫若的夫子自道:"其中有不少关于我的感情的东西,也有不少关于我的生活的东西。"③ 但作家创作该剧的最初动因是为曹操翻案。1957年11月和1958年11月,郭沫若分别与毛泽东、周恩来共进晚餐时,他们对曹操的关注和评价,引起了他的重视。④ 同时,1959年,他为反驳刘大杰、胡适、郑振铎关于《胡笳十八拍》作者的观点,亦将注意力集中到蔡文姬身上。"历史上从来没有过一个十全十美的人"⑤,此为当代剧本为曹操翻案的宣言。作者自陈,曹操形象没有隐喻国家领导人,但从其中隐含作者对伟人功绩的肯定和对集体主义的认同,不难看出艺术虚构与作家自白间的悖论。蔡文姬并非主体性缺失,而是国家话语高于性别意识,经战时儒家贤媛"唯美的过渡",故中古女史不再迸发早期浪漫女性的生命强力,转将视角抬高到理想的制度建设与文人和帝王良性对话关系上。文姬具有双重民族身份,归乡寓指文化寻根,确证民族认同。隐含

---

① 郭沫若:《孔雀胆》,《郭沫若全集·文学编》第七卷,人民文学出版社,1986,第267页。
② 刘小枫:《拯救与逍遥》,华东师范大学出版社,2011,第46、42页。
③ 郭沫若:《蔡文姬》,《郭沫若全集·文学编》第八卷,人民文学出版社,1986,第3页。
④ 李越然:《外交舞台上的新中国领袖》,解放军出版社,1989,第98页。
⑤ 郭沫若:《蔡文姬》,《郭沫若全集·文学编》第八卷,人民文学出版社,1986,第9页。

作者反复强调汉朝和匈奴是一家，意在召唤少数民族认同新中国，呼唤民族团结。蔡文姬的女性意识体现在母亲对子女的思念上，这是为人母的人性本能。但文姬的女性意识在董祀的感召下，由思念孩子转移到事业认同，即继承父亲遗志，修撰《后汉书》。董祀认为，人不能沉浸在离子的悲哀中，发挥个人才能传续文化事业，比缅怀亲子之情更有价值。天下人的子女都是蔡文姬的子女，天下事大于个人的事。集体话语置换蔡文姬的个人/女性意识，"公"取代"私"，因而文姬发愤著书。

曹操欣赏其才华，认为悲愤激昂的《胡笳十八拍》呐喊了生命真言，而非知识分子的消极感伤情调。在曹操未出场前，作者曾借董祀、侍书的介绍赞美过丞相简朴的生活习惯、平易近人的性格和雄才大略的治国才能。蔡文姬在汉末流离失所后定居匈奴，当时汉家天下"千里无鸡鸣"。曹操执政后，知人善任，立志要"乐以天下，忧以天下"①，故百姓能安居乐业。这也正是郭沫若向往的理想新中国。统治者并非独裁者，良好的制度建构与主体反思能力同样重要。在曹操误会文姬与董祀有染，经查证真相大白后，他勇于自我批判："我现在感觉着我们有点轻率了"，"兼听则明，偏听则暗"，"我们这回可算得到了一次教训了"②！此为郭沫若心中理想明君应有的姿态。但作者对曹操的肯定也弱化了蔡文姬内面情感的多维性，这暗示作者后期思想意识和生命动能的变化。

《武则天》出版于1962年9月，带有集体创作色彩。自1959年国庆十周年开始，郭沫若频繁与周恩来、刘少奇等人接待各国使团，并屡次参与繁重的外交国务活动，③此时他已不仅是"诗人革命家"，还是担任高层要职的"诗人丞相"。故郭沫若尝试用马克思主义阶级分析法，坚持与"帝王本位"相对的"人民本位"立场，在未完全按照"人物阶级出身判定人物的阶级属性"④时，"为最大多数谋最大的幸福"，让"老百姓做主人"，"站在老百姓的观点看历史"。⑤郭沫若认为南后与武则天都是历史上有强力意志的女帝，"三省四通地，千秋一女皇"（郭沫若：《咏皇泽寺》）。随思想史的时间流逝和郭沫若对武则天的倾情，"人民本位"立场弱化了

---

① 郭沫若：《蔡文姬》，《郭沫若全集·文学编》第八卷，人民文学出版社，1986，第78页。
② 郭沫若：《蔡文姬》，《郭沫若全集·文学编》第八卷，人民文学出版社，1986，第80页。
③ 李斌：《女神之光：郭沫若传》，作家出版社，2018，第423页。
④ 李斌：《论郭沫若〈武则天〉中的"历史真实"》，《文学评论》2020年第6期。
⑤ 郭沫若：《答教育三问》，《新华日报》1946年6月25日；《抗战八年的历史剧》，《新华日报》1946年5月22日。

恶女个人的生命动能。尼采式的个人强力意志融化在"群"的体制建构中,儒家贤媛个体与个体间的"信"与"仁",弥散为中唐女史对天下人的慈悲大爱,剧本意在点明得民心者得天下。武则天形象传递着作家在具体语境中的思想变迁与时代议题,"我们评定一个历史人物,应该以他所处的历史时代为背景,以他对历史发展所起的作用为标准,来加以全面的分析"①。此刻,"女神"看似微弱的个人声音,是由于郭沫若意在思考何为良好的帝王术,居高位者应如何在宏观格局中自我让渡,以换取体制建构中微妙的平衡。

为坚持人民立场,武则天打破阶级区隔,让寒微出身的人因才能而升迁。武后执政时,坚持民为邦本,让人民安居乐业,天下变为天下人的天下。她相信人间的一切都是人造的,"即使不是人造的东西,凡是有益于人的,我们能够利用它、培植它、发扬他",这就是"人定胜天"。② 遗憾的是,武则天的成就均源于自我反复言说或旁人复述的话语,隐含作者仅借郑十三娘之口交代她为朝政殚精竭虑,因难寻接班人而深感担子沉重而已,观众未见其究竟推行何种措施践行本位思想。同时,"人定胜天"的口号依稀可见尼采的幽灵,"人"不是"女神"时期具有强力意志的个人,而是泛指大众的力量。但大众力量的来源、表征和效果,在剧中却隐而不见。武则天生命动能弱于南后,选择以群的至善和仁者的包容心建构良好行政体制,为此不惜让渡生命健康和外在名誉。她以上官婉儿为鉴,借镜检查主体是否时刻精进,自我超克。面对骆宾王等反对派,她宽容大度,像曹操一样兼听则明,让罪人为我所用。女帝象征领袖,郭沫若托古言志,"希望那些在1949年前或在社会主义建设期间犯过错误的知识分子,能够改过自新,歌颂这个服务人民的伟大时代,重新投身于建设中来"③。根据人物自陈,领袖并未因私仇关押造反者,而是由于他们代表豪强的利益,压榨百姓、伤害人民,必须惩戒。欺善怕恶的权力结构必须被破除。此外,剧本对女史的个人苦闷表现得较弱。郭沫若仅注意到武则天身为女

---

① 郭沫若:《关于目前历史研究中的几个问题》,《郭沫若全集·历史编》第三卷,人民文学出版社,1984,第486页。
② 郭沫若:《武则天》,《郭沫若全集·文学编》第八卷,人民文学出版社,1986,第227页。
③ 李斌:《论郭沫若〈武则天〉中的"历史真实"》,《文学评论》2020年第6期。

帝体认到的性别歧视，"总是说女人不好，女人是'祸水'，这是不公正的"[①]，未能深挖歧视的来源。在"男女都一样"的时代性别文化下，总体性思想建构弱化了女性浪漫强力意志，但面对抱怨不满的太子时，她讲道理、说事实为自己洗冤的精神坚守，仍能显影人性复杂的情感挣扎和隐含作者对家国信仰的维护。

结　语

郭沫若的历史剧文以载道，让女性人物担任作家思想的传声筒，或以角色功能设定来隐喻映衬心中理想统治者的形象，这遮蔽了自由主义视角下人物的性别意识。但在时间叠印之际，任何决绝、非此即彼的"概念先行"，均会伤害现代知识分子情感结构的丰富性，历史人物郭沫若和他的"历史人物"必须放在主体的语境中解读。新中国成立后，郭沫若歌颂新时代来临，"五四"时期拥有强力生命意志的女性再难复现于剧本中。然而，以阿盖和如姬为代表的新儒家贤媛，借女性本体聪慧机智、大义凛然、坚定果敢的主体意识，弥合了高扬尼采式的现代文学与探索何为良好帝王术的当代剧本之断裂。就生命动能而言，早期郭沫若欣赏超人式的女性，他崇拜这些有强烈生命力、生机焕发，勇于改天换地的女疯人，这是他在"五四"时代对自我价值的肯定。抗日战争时期，"例外状态"下建构的女性/国家形象，则糅合了古代儒家文化的仁、爱、信等思想精华，以"柔"之内的刚性为抵抗外国侵略，为战后新民族性的复苏注入新动能。

1949年前后，郭沫若对传统贤媛和贵族女史的认同，说明其早年激进浪漫情感的退场，但消退不等于消亡。主体以柔克刚，将早期的外在生命力隐藏至内心，在弱化人物极端性格，再现女性繁复纠结的内面情感时，肯定了儒家女性坚韧内敛的内向型自我认同。保守不是守旧，而是作者在早期尼采式"现代人"的视角下，挑选出儒家文化中顺应人性发展的信、仁、爱，进而，在"天地君亲师"的总体性语境下思考何为良好的帝王术与新制度建构。时代转型之际的文人，期待兼听则明、体

[①] 郭沫若：《武则天》，《郭沫若全集·文学编》第八卷，人民文学出版社，1986，第192页。

谅百姓的明君出现，女史愿意附身聆听文人的忠言，并甘愿让渡部分个人利益，以弥合旧我与新我之间的裂痕，奉献大众，自我超克。在借女性形象言说心志时，郭沫若不是男权中心主义者和权力崇拜者，隐含作者未曾压抑或戕害任何一个女性人物，而是在特定的历史语境中体谅每一个主体情感结构的驳杂性。此乃以情感史和思想史视角进入郭沫若新编历史剧的意义所在。

从三组关键词看《女神》的生成逻辑

韩晨辉　陈夫龙*

摘　要：《女神》虽诞生于"德先生"和"赛先生"大行其道的变革时代，但细观其价值生成过程，就会发现《女神》在接受中发生了一定程度的异变。《女神》的创作思维逸出了理性规范，互渗的原始思维支配着《女神》的创作，科学的意象则受原始创作思维的驱动而浮动在诗作表面；作者受"泛神论"的影响，"对话"是诗作本身的主要态度，"启蒙"则是一个被生成的过程；《女神》中张扬的"自我"一直被认为是诗作的核心，但"自我"的膨胀是为"无我"的目的创造条件的。理清《女神》的创作思维、文本态度和诗作核心，分析这三者与惯性认同的间隔，可以洞察《女神》的价值生成过程，以及作者通过诗歌建构的宏大愿望。

关键词：《女神》　创作思维　文本态度　诗作核心　价值生成

引　言

《女神》诞生于新旧文化交锋之际，由于其鲜明的个性色彩，郭沫若也被认为是新文化阵营的一员猛将，之后的文学史书写更将《女神》的价值推崇到了无以复加的地步，使得《女神》后来居上，超越了胡适的《尝试集》成为新旧诗歌的分野。那么这是为何呢？笔者认为这与作品的生成逻辑密不可分。对于这一点，部分学者进行了一定的研究，刘悦坦的《郭沫若文学创作与史学研究的"关键词"——重新解读〈凤凰涅槃〉》[①] 和

---

* 韩晨辉，山东师范大学文学院硕士研究生；陈夫龙，山东师范大学文学院教授。
① 刘悦坦：《郭沫若文学创作与史学研究的"关键词"——重新解读〈凤凰涅槃〉》，《东岳论丛》2015年第4期。

《仪式：从一个关键词看郭沫若的文艺创作与精神历程》[1] 分析了郭沫若的原始创作思维，这一点十分值得关注。创作思维的原始意味着回到过去，《女神》的写作年代却是一个崇尚科学的时代，两者间的张力能产生广阔的审美空间。此外，《女神》也经常与"时代"这个词一同出现，甚至成了"时代精神"的代名词。时代是一个巨大的集合体，其中包含着极多的对立和矛盾，而"时代精神"指向却是相对单一的，说《女神》就是"时代精神"的代言人是否成立？彭冠龙的《〈女神〉是"五四时代精神"的"诗化"吗？——从接受史角度重申〈女神〉的文学史形象》[2] 就从历史现场还原了"《女神》是诗化了的时代精神"这一观点的分娩过程。最后，一提及《女神》，人们普遍的认知就是"解放个性""张扬自我"云云，那解放个性、张扬个人的目的何在？其有何现实指涉？我们受制于文学史话语的权威往往将《女神》与时代进行同构，对于其中展现出来的罅隙也进行了无意识缝补，五四时代是科学的、启蒙的、自我的，那么《女神》是否就与"五四"精神同频同步，其有何独特性？康德在《判断力批判》当中说："一个客体，或是一种内心状态，或是一个行动，甚至哪怕它们的可能性并不是必然地以一个目的表象为前提，它们之所以被称为合目的的，只是因为我们只有把一个按照目的的原因性，即一个按照某种规则的表象来这样安排它们的意志假定为它们的根据，才能解释和理解它们的可能性。所以合目的性可以是无目的的。"[3] 我们发现，《女神》的某些精神是合乎时代目的的，但这种合目的性往往被困于表象，无法还原历史现场，合目的的原因性在《女神》中是否存在值得人们去思考。在进行解读的时候，我们发现《女神》在创作思维、文本态度和最终指向（诗作的核心）上都与时代存在着差异，但我们也不能完全否认时代立场中对《女神》的价值认定。本文在前人研究的基础上，在《女神》创作思维、文本态度和诗作核心上选取三组关键词进行对比，探讨《女神》的价值生成过程。

---

[1] 刘悦坦：《仪式：从一个关键词看郭沫若的文艺创作与精神历程》，《郭沫若文献史料国际学术研讨会暨 IGMA 学术年会论文集》，2010 年 8 月。
[2] 彭冠龙：《〈女神〉是"五四时代精神"的"诗化"吗？——从接受史角度重申〈女神〉的文学史形象》，《现代中文学刊》2016 年第 2 期。
[3] 〔德〕康德：《判断力批判》，邓晓芒译，人民出版社，2017，第 43 页。

一　原始/科学：郭沫若《女神》的创作思维

内在律是郭沫若《女神》研究不可回避的一个话题，所谓内在律之"内在"即和"外在"相对，外在律是古体诗歌的创作规范，是形的束缚，内在律是"情绪的自然消涨"，是神的涌动。"外在"向"内在"转向的主要原因是古体诗歌不能较充分表达现代思想情绪，平仄、押韵等秩序虽是古体诗人思想情绪停靠的良木，但转至现代，尤其是社会发生剧烈变革的时代，这些秩序就成了禁锢现代精神情绪的囚笼。

"内在"与"外在"并不完全对立，一个偏重外在结构，一个偏重内在情绪，郭沫若也说道："诗应该是纯粹的内在律，表示它的工具用外在律也可，便不用外在律，也正是裸体的美人。"① 内在律偏重情绪，那么是否意味着情绪可以直接进入诗歌？答案是否定的。"诗情不同于一般的实情。通常流行的说法是'写诗要有强烈的感情'，郭沫若却精辟地把诗情和日常生活中的实际感情做了明确的区分，指出：'假如过于快活，或者过于不快活，我们每每呆窒着说不出话来……所以纯粹的感情是不能成为诗的。'什么是诗情呢？诗情就是他在那个关于诗的公式里提出的'直觉+情调+想象'。"② 所以生活中的情绪进入诗当中要经历一个化和的过程。

内在律是郭沫若完成《女神》中的绝大部分篇目后提出的，可见这只是郭沫若对自己创作过程的规律总结，而非一个指导郭沫若进行诗歌创作的方法论，那么牵引着他进行创作的是什么呢？有研究者提出："从接受美学意义上讲，郭沫若的前期新诗几乎是很难用理性进行分析的。她是一种醍醐灌顶的原始仪式和近乎宗教崇拜般的情绪迷狂。"③《天狗》中"我飞奔，我狂叫，我燃烧"④，《晨安》中"晨安！……晨安……！……晨安！……"⑤，《立在地球边上放号》中"啊啊！我眼前来了的滚滚的洪涛

---

① 郭沫若：《论诗三札》，载杨匡汉、刘福春《中国现代诗论》（上编），花城出版社，1985，第51页。
② 吕家乡：《内在律：新诗艺术成就的核心》，《山东师范大学学报》（人文社会科学版）2008年第3期。
③ 刘悦坦：《郭沫若文学创作与史学研究的"关键词"——重新解读〈凤凰涅槃〉》，《东岳论丛》2015年第4期。
④ 郭沫若：《郭沫若全集·文学编》第一卷，人民文学出版社，1982，第54页。
⑤ 郭沫若：《郭沫若全集·文学编》第一卷，人民文学出版社，1982，第64~65页。

呦！啊啊！不断的毁坏，不断的创造，不断的努力呦！啊啊！力呦！力呦！"①，这种呐喊呼号和同一句式的反复使用在《女神》中经常出现，诗人的洪水般澎湃的激情一览无余。郭沫若在论及《凤凰涅槃》创作时说："《凤凰涅槃》那首长诗是在一天之中分成两个时期写出来的。上半天在学校的课堂里听讲的时候，突然有诗意袭来，便在抄本上东鳞西爪地写出了那诗的前半。在晚上行将就寝的时候，诗的后半的意趣又袭来了，伏在枕上用铅笔只是火速的写，全身都有点作寒作冷，连牙关都在打战。就那样把那首奇怪的诗也写了出来。"② 可见，其创作过程很难用理性、科学的方法去解释，只是一种"情绪迷狂"，或者叫灵感突袭。毫无疑问，这是无意识的，但无意识的也恰恰是最真实的。所以有论者说："郭诗最明显的特征是着意创造诗的情感氛围。在创作中，他让心灵处于无所束缚的状态下，让潜意识层多种心智机能共同参与对生命的感受和情境的体验，他不注重甚至排斥理性，而强调直观、直觉和灵感。"③ 创作的非理性化、非逻辑化将本真的郭沫若的个性融进了诗歌当中，进而极大突出了郭沫若的创作风格。更为重要的是，《女神》在理性的王国里独自圈占了一个话语阐释平台，她就像一座城堡，任何在理性平台上肆无忌惮、横冲直撞的规律、逻辑和学说都无法攻破"我"的壁垒，"我即是神"，是独一无二的，是自己主宰自己的。

不仅《女神》的创作过程与逻辑和理性世界保持着分明的界限，其内部也背离了理性王国的法规，显示出高度的浑融：不存在物我的界限，没有主体与客体的分别。《天狗》中："我是月底光，我是日底光，我是一切星球底光，我是 X 光线底光，我是全宇宙底 Energy 底总量！"④ 《雪朝》中："楼头的檐溜……那可不是我全身的血液？我全身的血液点滴出律吕的幽音，同那海涛相和，松涛相和，雪涛相和。"⑤ 《梅花树下醉歌》中"梅花呀！梅花呀！我赞美你！我赞美我自己！我赞美这自我表现的全宇宙的本体！"⑥ 早年的郭沫若受"泛神论"的影响较大，"泛神是无神"，

---

① 郭沫若：《郭沫若全集·文学编》第一卷，人民文学出版社，1982，第72页。
② 郭沫若：《我的作诗经过》，《郭沫若全集·文学编》第十六卷，人民文学出版社，1989，第217页。
③ 龙泉明：《中国新诗的现代性》，武汉大学出版社，2005，第174页。
④ 郭沫若：《郭沫若全集·文学编》第一卷，人民文学出版社，1982，第54页。
⑤ 郭沫若：《郭沫若全集·文学编》第一卷，人民文学出版社，1982，第85页。
⑥ 郭沫若：《郭沫若全集·文学编》第一卷，人民文学出版社，1982，第95页。

即"我"即是神，神即是"我"，这与原始互渗的思维模式具有高度的相似性。"文化人类学的研究表明，互渗律是原始思维最一般的规律。互渗律支配下的原始思维中，主体、客体、存在物或现象能够以我们不可思议的方式既是他们自身，又是其他别的什么东西。"① 在这样的思维模式之下，情绪的洪流湮没了主客体的界限，比如《梅花树下的醉歌》，先是赞美梅花，又赞美"我自己"，紧接着又赞美全宇宙的本体，诗人在这三方面之间不存在任何逗留和喘息，恰如在极尽曲折的道路上用极限速度奔驰。梅花、"我自己"和全宇宙的本体都不是这条道路的起点，亦不是终点，诗人与这三者互渗，既是梅花，也是自我，也是宇宙，这样一来这三者的界限就破碎了，三者都和诗人本身相融，差异性被毁灭，三者之间不做任何逗留和喘息的转换，不是一个向前行进的过程，而是一个自我重复，并在重复中积攒力量的过程，也就是"还有什么你？还有什么我？"②并最终"一切的偶像都在我的面前毁破！破！破！破！"③

由此可见，原始思维在《女神》的创作过程和具体内容中占有支配地位，这种原始的思维模式催化郭沫若分娩了《女神》，才有了无往而不利的"自我"，有了天狗吞月、凤凰涅槃。原始的创作思维和意象几乎统治着《女神》，那为什么闻一多还说《女神》"不愧为时代底一个肖子"④？闻一多所说的"时代"，不仅是白话的时代，更是一种先锋的姿态，是反抗、张扬、科学。表现张扬和反抗的诗篇比比皆是，如《天狗》《立在地球边上放号》《梅花树下的醉歌》《匪徒颂》《巨炮之教训》等。同样，《女神》里带有科学元素的诗篇不在少数，如《笔立山头展望》中："黑沉沉的海湾，停泊着的轮船，进行着的轮船，数不尽的轮船，一枝枝的烟筒都开着了朵黑色的牡丹呀！哦哦，二十世纪的名花！近代文明的严母呀！"⑤《日出》中："哦哦，摩托车前的明灯！你二十世纪的亚坡罗！你也改乘了摩托车吗？我想做个你的助手，你肯同意吗？"⑥ 《心灯》中："空中的太阳，胸中的灯亮，同是一座公司底电灯一样：太阳万烛光，我

---

① 刘悦坦：《郭沫若研究中的"时间与空间"》，《郭沫若学刊》2008年第1期。
② 郭沫若：《郭沫若全集·文学编》第一卷，人民文学出版社，1982，第95页。
③ 郭沫若：《郭沫若全集·文学编》第一卷，人民文学出版社，1982，第96页。
④ 闻一多：《女神之时代精神》，《创造周报》1923年第4期。
⑤ 郭沫若：《郭沫若全集·文学编》第一卷，人民文学出版社，1982，第689页。
⑥ 郭沫若：《郭沫若全集·文学编》第一卷，人民文学出版社，1982，第62页。

是五烛光，烛光虽有多少，亮时同时亮。"① 可以肯定的是，郭沫若对"轮船""摩托车""电灯"这种现代科技并不陌生且不抱有任何敌意，甚至多溢美之词。那这种表层的意象是受怎样的深层驱动的呢？"如果说人文主义的自觉，是郭沫若文学创作的品质，那么，科学主义的取向，则是郭沫若学术研究一以贯之的方法。"② 虽然原始思维主宰了《女神》创作方式，但诗人毕竟是生活在时代中，任何人都无法超脱时代，科学精神作为20世纪的信仰，或是有意，或是无意，终要在女神的面庞上涂上一点油彩。另外，郭沫若本人也是笃信科学的，除了早年修习医学之外，在他生命结束前两个月发表的《科学的春天》讲话也可视作他一生作为科学信徒的总结。

《女神》擎起的"赛先生"这杆大旗内容和形式缺一不可，内容是锦缎，形式是旗杆，若没有内容，形式就成了一根光秃的木棒，只能作为一件缺乏美感的武器，如以胡适的《尝试集》为代表的第一批白话诗实验品往往有"话"无"诗"，"诗"味索然。《女神》内容中的科学元素作为活跃分子是直观可感的，但形式却鲜有人将它归入科学的阵列。白话和诗体解放固然有现实功利目的，但这并非就意味着形式的审美价值被解构。《女神》进行了多样化的形体尝试，半自由体、新格律体和歌剧体在作品中都有呈现，并且不在少数，集外佚诗中更有古体和散文诗，而真正的自由体却只占少数。因此说《女神》形式上的尝试是建构在功利目的和意识形态上的说法并不全然正确。内容上的生命狂欢带有冲决一切的激情，形式上的节制恰好是避免诗美被损害的最好嚼勒，或者说，《女神》中的形式是对激情过剩的反弹，这种节制和调和也就体现了《女神》科学的诗美建构。

所以，"原始"和"科学"并不是相互排斥的，郭沫若本人也曾说："生活体验也依然是一种研究，文艺工作和科学精神是分不开来的。"③ 原始的创作方式虽支配了《女神》的分娩过程，但诗人作为生活在那样一个充满进取、革新精神时代中的个体，其不免受到时代思潮的影响，科学的因子亦因此渗入诗人的潜意识领域。当然，也不排除诗人的主动选择。所

---

① 郭沫若：《郭沫若全集·文学编》第一卷，人民文学出版社，1982，第56页。
② 王文勇：《论郭沫若早期的科学主义倾向——〈从笔立山头展望〉说起》，《名作欣赏》2013年第5期。
③ 郭沫若：《文艺与科学》，《郭沫若全集·文学编》第二十卷，人民文学出版社，1992，第38页。

以，原始的创作思维是筋络和肌肉，而科学构成的皮肤则使两者看起来更完美和饱满，原始和科学相得益彰，两者相结合则成了一个"裸体的美人"。

二 对话/启蒙：郭沫若《女神》的文本态度

文学一直是作为工具在新文化运动旗手手中挥舞的，这些文化先驱也毫不掩饰这种功利目的，不论是陈独秀还是胡适，他们改造文学的最终目的都在于改革政治。"及至文学创作，其目的性和功利性就更加强烈了。在中国现代文学史上第一篇真正的白话文小说《狂人日记》中，鲁迅毫无保留地喊出了自己写作的目的：'救救孩子'；冰心、王统照等'问题小说'的作家们在小说中也以各自提出问题的方式，去寻求一条条拯救中国国民灵魂的道路；即使是像郁达夫《沉沦》这样的小说，其功利主义倾向也是非常明显的。郁达夫通过剥去自己身上虚伪的外衣，将自己的灵魂毫无保留地展示给读者看，在很大程度上是对于中国旧文学所营造的话语场域中矫饰和做作的挑战，其动机仍是服膺于整个大的启蒙话语之下的。无怪乎在《沉沦》中，主人公临自杀前还要大呼：'祖国呀，祖国！我的死是你害我的！你快富起来吧，强起来吧！你还有许多儿女在那里受苦呢！'"[①] 在这种功利目的的驱使下，他们的共同目的就是启蒙，启蒙必定有启发的一方和蒙化的一方，客观来讲，两者无绝对的平等可言，前者对后者多是"哀其不幸，怒其不争"的态度，《狂人日记》中鲁迅对"愚民"的态度就可见一斑。启蒙者和受蒙者之间的关系是紧张的，这种紧张的关系过分关注矛盾斗争双方的差异性而忽略了斗争双方的主体性，由此来看，在启蒙的旗帜下不免出现有些许自夸的一方对另一方的蔑视和说教。

前文已经说到，《女神》是独立于理性王国的，创作方式的非理性恰如在这座城堡之中埋下了一颗种子，成长出来的文本也无法一下转移到理性的世界当中，但启蒙则是在理性的向度进行思考的，两者并不同频同步。那么由这颗非理性种子发育起来的树木到底是个什么姿态呢？可以肯定的是，《女神》中并无强烈的启蒙意向，"与胡适的《尝试集》和其他

---

① 吴辰：《论郭沫若〈女神〉的审美特色》，《山东师范大学学报》（人文社会科学版）2016年第4期。

诗人的作品不同，郭沫若不再是以一种对旧体诗的反动的焦虑介入诗坛，而是以一种自由的状态来进行新诗形式和内容上的革新"①。去除了"反动的焦虑"类的目的导向，郭沫若能表现的空间就大大扩展了，可以看到，《女神》中并无共同的价值指向，"女神"以其宽大的怀抱来容纳一切，各种情绪都进入文本当中，语言也呈现出芜杂的状态。虽然指向不同，但文本中各个主体是平等进行对话的。比如《太阳礼赞》中："太阳呦！你请把我全部的生命照成道鲜红的血流！太阳呦！你请把我全部的诗歌照成些金色的浮沤！"② 文本中主体与太阳的对话是一种命令与被命令的关系，太阳的权威性被消解，太阳被诗人从至高无上的神坛上呼唤下来与诗人等高，虽然是诗人命令太阳，但这种命令并不是居高临下式的指使，这种命令只关乎命令这个动作自身，不带有任何背景上的高低优劣。《三个泛神论者》中，诗人赞美了庄子、斯宾诺莎和卡尔比，可诗人爱他们是因为他们分别是"靠打草鞋吃饭的人"、"靠磨镜片吃饭的人"和"靠编渔网吃饭的人"。③ 以往的文学史书写受制于阶级斗争的巨大惯性，往往将这分析为"赞美劳动"和"树立人民权威"④，但从诗作本身来看，这种说法似乎不具备很强的说服力，因为这种说法仅仅关注"打草鞋""磨镜片""编渔网"这三个具体动作和"吃饭"的逻辑关系，而遮蔽了泛神论的在场。"人和自然的关系在泛神论的作用下具有一种主体间性，'平等'成为了其与世界万物对话的重要基础。"⑤ 这三个动作是庄子、斯宾诺莎和卡尔比与自然进行对话的途径，是抽象化了的动作，三个动作的具体差异服从于诗作者的创作规律。像这样同一结构的反复使用在《女神》中俯拾皆是，如《凤凰涅槃》《地球，我的母亲！》《沙上的脚印》《新阳关三叠》《匪徒颂》等，这样的反复目的在于创造一个平等对话的空间，同一结构的反复不仅在平面上拓展了对话性，更伸延了三维的对话空间，因此这种结构笼罩着文本，对话的态度得以无向度扩展。

对话所生成的空间要大于启蒙，当下的文学史叙述中启蒙反而僭越了

---

① 吴辰：《论郭沫若〈女神〉的审美特色》，《山东师范大学学报》（人文社会科学版）2016年第4期。
② 郭沫若：《郭沫若全集·文学编》第一卷，人民文学出版社，1982，第100页。
③ 郭沫若：《郭沫若全集·文学编》第一卷，人民文学出版社，1982，第73页。
④ 唐弢：《中国现代文学史简编》，人民文学出版社，1987，第139页。
⑤ 吴辰：《人民：作为一种美学建构——论郭沫若文学创作中的对话倾向》，《贵州师范大学学报》（社会科学版）2020年第6期。

对话的这一现象是值得关注的。启蒙侧重历时性，是一个时代的启蒙者将思想抽象后向受蒙者进行灌输，强调的是两者之间的动态关系和启蒙者的超越性；对话则更看重双方的独立性，在共时性上双方的相互影响。综览《女神》，抱有强烈启蒙姿态的文本百不存一，但《女神》常与启蒙捆绑在一起，将视角跳到具体语境当中，还原启蒙意义生成的历史现场，我们会发现启蒙是一个"被生成"的过程。最早将《女神》与时代联系起来的是闻一多的《女神之时代精神》，但影响有限，之后随着郭沫若在革命中的影响力增大，他本人也成了革命要争取的明星，《女神》作为郭的嫡长子自然也就受到了荫泽，周恩来发表的《我要说的话》更在某种程度上将郭沫若认定为鲁迅的接班人，随后周扬《郭沫若和他的〈女神〉》作为《我要说的话》的注脚出现了，周扬的这篇文章从政治立场出发，让郭沫若化身成了时代的先觉者和启蒙者。之后，随着周扬在文艺界地位的提高，郭沫若是先觉者、启蒙者说法的权威性不断被巩固，再之后随着文艺体制化，这种说法就自然而然成为"正朔"，更加不可动摇了。①

但不能因为这种说法是被生成的就给予否定，这种生成并不是建造空中楼阁，其必定有现实的根基。《女神》中亦可以找到启蒙的一二踪迹：《天狗》可以说是张扬自我，《我是个偶像崇拜者》可以说是彻底的革新精神，《凤凰涅槃》可以说是中国的重生……不容忽视的是，诗歌是抒情的艺术，情感才是诗歌的精魂，不能否认诗歌启蒙价值的存在，但它们只能作为副产品出现，诗歌真正生产出来的是一种情绪流动，是"我"与太阳、庄子、斯宾诺莎和卡尔比的对话空间。

《女神》的对话超越了启蒙，其中蕴含的精神也正巧和当时的时代思潮撞了怀抱。虽然《女神》的创作思维与当时崇尚科学的态度和现实功利的追求格格不入，新旧对立的铁马金戈之声无法穿透她森严的城堡，但《女神》确实也在事实上参与了新文化激烈的斗争。"与新文化运动的倡导者们所持的基于启蒙立场而具有本质上功利主义的目的性动机相比，郭沫若的《女神》体现出的更多是一种在对话精神统御下的无目的性的合目的"②，所以，《女神》这株在城堡中生长的大树树冠已经超越了城堡主

---

① 彭冠龙：《〈女神〉是"五四时代精神"的"诗化"吗？——从接受史角度重申〈女神〉的文学史形象》，《现代中文学刊》2016年第2期。
② 吴辰：《论郭沫若〈女神〉的审美特色》，《山东师范大学学报》（人文社会科学版）2016年第4期。

人——也就是郭沫若——的设想,她的枝条已经伸到了城堡之外,结下的果子给了正在奋斗的战士养分。

所以如果非要在"对话"和"启蒙"中选择一个《女神》的文本态度,那么"对话"无疑是这个问题的最精确答案,但"对话"只是一种彼岸关怀,是诗人建构的宏大愿望,一旦这种东西进入社会中,随着社会政治的剧烈震动,"对话"的完整性就破碎了,"启蒙"作为"对话"的子集就像筛豆一样被筛选出来,抱有强烈功利倾向的先驱者们就拿起"启蒙"这件趁手的兵器开始大杀四方。偃旗息鼓之后,"启蒙"并没有立即返回"对话"的母体,这是因为"启蒙"在向外进行扩张的时候,外部话语也对"启蒙"进行了一步步的塑性与建构,"启蒙"的内涵不断被丰富,地位不断被提高,迥异于刚从"对话"母体中破碎出来时的状态,以至于"启蒙"在一定程度上遮蔽了"对话",返回文学的具体现场就可看到这种价值流变的过程。

三 无我/有我:郭沫若《女神》的诗作核心

《女神》中的"我"是主宰,可以说在《女神》中居于统治地位,"我"这一主体有"裂冠毁裳"的冲动,具有强大的能量,能冲破所有逻辑的界限,毁坏一切理性的藩篱,"我"可以吞食日月,在自己的脊髓上奔跑;可以崇拜亘古的偶像,又将他们毁掉;可以跟随太阳,让海水在脚下舞蹈;可以与维纳斯恋爱,沉醉于她的怀抱;可以燃烧自己的头颅,又长出一棵春草。"我"的能量和欲望被最大限度地激发,诗中的主体不再是中庸的、节制的,而是激进的、四处乱撞的,在横冲直撞中摄取能量并寻找着自我的边界。所以有论者说:"新诗可以说是一种主体性的艺术,对主体的依赖比以往任何时期的诗歌都要强。丰富而自由的主体和诗人自我形象,可以释放诗歌写作中的限制,激活语言文化中的沉潜因素,使新诗的写作更加自由舒展。"[1] 但如果把这种高昂的主体性仅仅理解为无限张扬自我,"自我"进行的仅仅是无限制成长,那么就又落入启蒙的"陷阱"当中了。

---

[1] 程继龙:《众语喧哗 杂而有致——郭沫若〈女神〉的杂语性》,《郭沫若学刊》2016年第1期。

《女神》中"我"张扬、膨胀的目的是什么？"我便是我呀！"中第二个"我"又是谁？《女神》中张扬的自我与五四精神不谋而合，人们也往往默认了《女神》和五四的同构，人为缝补了两者之间的罅隙（功利与非功利的最终指向），但这种看法往往受制于政治话语的权威性和忽视了作者创作思维的在场。无限张扬之后的戛然而止无异于将《女神》拦腰斩断，唯有弄清张扬的目的、"我"的归宿，才能清晰"我"的最终身份。

　　《天狗》无疑是最能体现"自我"的一首诗。天狗吞食月亮、太阳以及一切星球，最终吞食全宇宙，"我便是我了"，这是"自我"的肉身塑造过程，自我在形体上获得了独一无二的确证；"我"拥有"全世界底Energy底总量"①，这些使"自我"获得确证的能量并不是财产能储存起来，宇宙中仅存在"我"单一的天狗，"我"成了宇宙的本源。能量积聚的肿胀状态必然走向消解，但后一步并不是无意义的能量损耗，而是要利用能量进行创造。飞奔、狂叫、燃烧，烈火一样、大海一样、电气一样，但这只是单纯的能量消耗过程，是无意义的，不能完成创造的使命；于是"我"开始了自戕，剥自己的皮、食自己的肉、吸自己的血，将神经、脊髓、脑筋从"我"中离散，最终，"我便是我呀！我的我要爆了！"②"自我"在完成了自我创造之后又开始创造自我，最终"我"不存在了，但哪里又都是"我"，因为世间所有都是"我"的创造，这难道不是一种更大意义上的张扬吗？《我是个偶像崇拜者》也可做《天狗》的注脚，这首诗中第一句就是"我是个偶像崇拜者呦！"③与其将这看作自我身份的说明，不如看作对确认自我身份的欲望，下面的一系列"崇拜"都是在努力完成这种身份的确认，完成这种确认之后又陡然转向对立的一面，即破坏偶像，"正是这种'不断的破坏！不断地创造，不断的努力哟！'的创造/破坏的辩证法，使得郭诗中'双重身体'所生出的'双重世界'最终变成一个真实的现代世界，表现自我，张扬个性，完成所谓'人的自觉'"④。也就是说，"我"的无限膨胀是为了无限创造，"我"的不断生成是为了"我"的消散。

---

① 郭沫若：《郭沫若全集·文学编》第一卷，人民文学出版社，1982，第54页。
② 郭沫若：《郭沫若全集·文学编》第一卷，人民文学出版社，1982，第55页。
③ 郭沫若：《郭沫若全集·文学编》第一卷，人民文学出版社，1982，第99页。
④ 〔美〕米家路：《造化的身体：自我塑形与中国现代性——郭沫若〈天狗〉再解读》，赵凡译，《文艺争鸣》2016年第3期。

再看《女神》中的意象，《女神》中的意象与古典诗歌中的意象有所重复，但在用途上却背道而驰。古典诗歌中往往用大意象来表现"小我"，比如借明月以思乡、见沧海而抒怀，郭沫若却用大意象来消灭"小我"，吞食星球宇宙而招致自我的毁灭，太平洋推倒地球自己也在劫难逃，所以有论者说："《女神》意象之大，是由抒情主人公的'小我'化为而成的'大我'。郭沫若刻意淡化世俗的'小我'，淡化个人的社会价值，通过抛弃自我，融入福慧圆融的大象境界之中去，从而成就家国、世界的'大我'。'化'意味着'小我'的消失。没有一个一成不变的'我'，有的是宇宙的大化。"① 所以不论是从泛神论、从文本的内在逻辑，还是从意象来说，它们都共同指向"无我"，即自我的升华，也可理解为牺牲个人的"自我"，而建立一个广泛的"自我"。

郭沫若在《生活的艺术化》中说道："德国哲学家萧本华说，天才即纯粹的客观性，所谓纯粹的客观性，便是把小我忘掉，溶合于大宇宙之中——即是无我。艺术的精神就是这无我，我所说的'生活的艺术化'，就是说我们的生活要时常体验着这种精神！"② "自我"的退位意味着让位于"无我"，也就是更大的"自我"，也就是"我便是我呀！"中的第二个"我"。所以有论者说："郭沫若所有叛逆性的言行在深层次都是为了打破一种旧的融合关系而建立一种新的主体与对象的融合关系。叛逆的最终目的还是在于皈依。"③《女神》"自我"的张扬和膨胀若仅仅依靠"五四"的话语解释就只完成了第一阶段的使命，即积蓄力量完成"自我"的确证，只有让《女神》继续发展下去，"自我"的力量才能得到释放，并依赖这种释放完成创造，随之"自我"也就消失了，"无我"的目的就达到了，也即"宇宙的大化"。

结　语

《女神》梦呓和呼号般的语言显示出一种混杂和狂乱，但理清这芜杂之

---

① 周晓平：《〈女神〉的审美想象与庄子的美感艺术》，《中国现代文学研究丛刊》2020年第9期。
② 郭沫若：《生活的艺术化》，《时事新报（上海）》1925年4月12日。
③ 刘悦坦：《仪式：从一个关键词看郭沫若的文艺创作与精神历程》，《郭沫若文献史料国际学术研讨会暨IGMA学术年会论文集》，2010年8月。

后,《女神》原始古雅的面庞就得以呈现,但也不能忽略郭沫若作为一个现代歌者在时代中弄潮的欲望,原始的创作思维是皮肉筋络,也允许现代科学元素的存在,这些元素成为诗人情绪的泄洪口,原始演变为意符,科学承担了意指的角色,两者共同构成《女神》斑斓的画面。《女神》的创作虽不抱有功利的启蒙目的,但其对话所开创的宏阔空间也囊括了启蒙,"他(郭沫若)所显示出的文化姿态和美学取向,既不同于胡适的以白话文学为旨归,又不同于鲁迅抱着启蒙主义文学不放,而是比同时代任何致力于新文学建构的诗人作家,更能自觉地鲜明地高举起为'全人类'创作文学的旗帜"[1],启蒙自然也成了构成《女神》价值的一个有机质素。《女神》中的"自我"表层虽与"五四"中的个性主义契合,但《女神》中的自我更注重自我形塑之后的创造,即旧秩序破坏之后新秩序的创建问题,虽然诗人没有具体解决怎样创造的问题,但能在时代潮流之外传达出这一点已经难能可贵。

《女神》"对话"的文本态度和"无我"的诗作核心含有某种内在的关联,《女神》的对话性并不与诗作被接受后的启蒙目的相对立,"无我"在某种程度上也含有启蒙的意味,即完成社会意义上的教化(Bildung),正如福柯所说:"当人只是为使用理性而推理时,当人作为具有理性的人(不是作为机器上的零件)而推理时,当人作为有理性的人类中的成员而推理时,那时,理性的使用是自由的和公共的。'启蒙'因此不仅是个人用来保证自己思想和自由的过程。当对理性的普遍使用、自由使用和公共使用相互重迭时,便有'启蒙'。"[2] 还原《女神》创作的具体语境和接受史,以及对郭沫若本人复杂的思想进行梳理,会对全面认识《女神》的生成逻辑过程有所帮助。《女神》中除了《天狗》《凤凰涅槃》《梅花树下的醉歌》等代表性的作品外,其他比较"冷门"的诗作也有进行进一步探讨的价值。

---

[1] 朱德发:《重探郭沫若诗集〈女神〉的人类性审美特征》,《山东师范大学学报》(人文社会科学版)2018年第2期。

[2] 〔法〕福柯:《何为启蒙》,载杜小真编《福柯集》,上海远东出版社,2002,第532页。

此情可待成追忆，只是当时已惘然
——郭沫若诗作《泪浪》版本考辨及修改内容分析*

孟文博**

摘　要：《泪浪》一诗最早出现在《创造季刊》1922年5月第1卷第1期郭沫若发表的《海外归鸿》中，题名《重过旧居》，后来此诗被收入多个诗集，形成了多个版本。最后的版本是1957年人民文学出版社出版的《沫若文集》第一卷中的版本，在这一版本中，诗歌内容从中间部分开始被较大幅度地改动了，而这样的修改体现了郭沫若对安娜深沉感情的隐晦表达。

关键词：郭沫若　《泪浪》　考辨

郭沫若的诗作《泪浪》因曾成为他与徐志摩之间一场著名笔墨官司的导火索而在中国现代文学界有着很高的知名度。迄今为止，学界已有很多文章对这场笔墨官司及此诗进行过研究评论。但是当笔者近期对这首诗歌进行追根溯源式的考证后发现，它其实还涉及一个较为复杂的版本问题，而以往所有的研究文章至多只指出了其原名和最初的出处，却从未对其版本问题进行过详细考证。事实上，厘清这首诗歌的版本变更不仅涉及学术研究的严谨性问题，而且能够发掘出很多久被遮蔽的史料信息，掌握这些信息，有助于我们更准确而深入地了解当时的文坛场景，以及郭沫若复杂的内心世界。

一

以往学者没有注意到这首诗具体的版本变更问题，应主要在于他们所

---

* 本文系山东大学（威海）2022年度重点教改项目"中国现代文学作品版本校释应用于科研实践教学创新研究"的阶段性成果。
** 孟文博，山东大学（威海）文化传播学院副教授。

参考的当前最为权威的郭沫若资料《郭沫若全集》和《郭沫若著译系年》，都没有对此问题进行详细注释。《郭沫若全集·文学编》第五卷"集外"部分收入了此诗，注释非常简单："本篇初见于《海外归鸿·第一信》，发表于一九二二年五月一日上海《创造季刊》第一卷第一期。"①《郭沫若著译系年》的说明稍详细一些："1921年10月5日作；初收1928年6月上海创造社出版部初版《沫若诗集》；又收《沫若文集》第1卷。注：此诗初见于1921年10月6日《海外归鸿》第一信，其写作时间根据信中提到'我昨天才写了一首诗《重过旧居》寄给寿昌。'《重过旧居》即《泪浪》。"②总的来说，这两条资料都没有很好地尽到注释与说明的责任，且语言表述都有着一定的误导性："初见于《海外归鸿》第一信"的并非《泪浪》，而是《重过旧居》；《重过旧居》也并非"即《泪浪》"，两者从题目到内容，都有着很大的差别。

现今对此诗版本最为详细的注释见于2008年人民文学出版社出版的《〈女神〉及佚诗》："本篇作于1921年10月5日，初见于《海外归鸿·第一信》，发表于上海《创造》季刊1922年5月1日第1卷第1期，收入上海创造社出版部1928年6月10日初版《沫若诗集》时改题作《泪浪》。后收入《沫若文集》第1卷《集外》时，作者将全诗从第4小节后删去两小节，文字亦作了修改。"③这个注释首次大体说明了此诗版本变更的时间及方式，但依然还是没有详细注明"作者"究竟是如何对"文字"进行"修改"的。

有鉴于此诗在中国现代文学史上的重要性，以及以往关于此诗版本问题说明的模糊与混乱，笔者将在下文中对此诗的版本衍变进行一次较为完整的考证和辨析。

此诗最初见于上海《创造季刊》1922年5月1日第1卷第1期《海外归鸿·第一信》中，这封信是郭沫若于1921年10月6日写给郁达夫的，在信中郭沫若提到：

我昨天才写了一首诗《重过旧居》寄给寿昌，我也写在此处吧。

---

① 郭沫若：《郭沫若全集·文学编》第五卷，人民文学出版社，1984，第360页。
② 王训昭等编《郭沫若研究资料》，中国社会科学出版社，1986，第372页。
③ 郭沫若：《〈女神〉及佚诗》，人民文学出版社，2008，第265页。

此情可待成追忆，只是当时已惘然

别离了三阅月的旧居，
依然寂立在博多湾上，
中心怦怦地走向门前，
门外休息着两三梓匠。

这是我许多思索的摇篮，
这是我许多诗歌的产床。
我忘不了那净朗的楼头，
我忘不了那楼头的眺望。

我忘不了博多湾里的明波，
我忘不了志贺岛上的夕阳，
我忘不了十里松原的幽闲，
我忘不了网屋汀上的渔网。

我和你别离了百日有奇，
又来在你门前来往；
我禁不着我的泪浪滔滔，
我禁不着我的情涛激涨。

我禁不着走进了你的门中，
我禁不着走上了你的楼上。
哦那儿贴过我往往日的诗歌，
那儿我挂过 Beethoven 的肖像。

那儿我放过 Millet 的《牧羊少女》，
那儿我放过金字塔片两张。
那儿我放过白华，
那儿我放过我和寿昌。

那儿放过我的书案，

那儿铺过我的寝床。
那儿堆过我的书籍,
那儿藏过我的衣箱。

如今呢,只剩下四壁空空。
只剩有往日的魂痕飘荡;
唉,我禁不住泪浪的滔滔,
我禁不住情涛的激涨。

1928年6月,创造社出版部出版了《沫若诗集》,收入了此诗,这就是这首诗的第二个版本,在个版本中,郭沫若把诗的题目改为了《泪浪》,并在最后加上了时间:"(一九二一年一〇月五日)"。具体到内容上,郭沫若也进行了细微调整,把"我禁不着我的泪浪滔滔,/我禁不着我的情涛激涨。//我禁不着走进了你的门中,/我禁不着走上了你的楼上。"四句中的"禁不着"均改为了"禁不住";把最初版本中应为印刷错误的"我往往日的诗歌"改为"我往日的诗歌"。① 郭沫若的这些改动都不算大,但可看出都是他有意为之。尤其是他把诗的题目改为"泪浪",应与他和徐志摩之间的笔墨官司有关。有意思的是,郭沫若在这部《沫若诗集》中不仅把这首诗的名字改为"泪浪",还把这首诗所在部分的名字设为"泪浪之什",可见他对那场笔墨官司还一直耿耿于怀。

1928年上海现代书局还出版了《沫若诗全集》,但这个《沫若诗全集》只是创造社出版部《沫若诗集》的翻版,内容与其完全相同,因此其中的《泪浪》版本,也只能算是第二个版本。

1933年9月,《沫若书信集》由上海泰东书局出版,收入了最初发表于《创造季刊》第1卷第1期的《海外归鸿·第一信》,改名为《与郁达夫书(一九二一)》,② 其中也包括了这首诗。借这次收录的机会,郭沫若又对此诗进行了修改,形成了此诗的第三个版本。把这第三个版本与最初版本进行比较,我们会发现郭沫若的修改较多,在此笔者把这些修改以对比的方式列于下方。

---

① 郭沫若:《沫若诗集》,创造社出版部,1928,第284页。
② 郭沫若:《沫若书信集》,泰东书局,1933,第102页。

《创造季刊》中的内容　　　　　　　《沫若书信集》中修改后的内容
　我和你别离了百日有奇，　　　　　　我和你别离了一百多天，
　又来在你门前来往；　　　　　　　　又来在你的门前来往；
　我禁不着我的泪浪滔滔，　　　　　　禁不着我的泪浪滔滔，
　我禁不着我的情涛激涨。　　　　　　禁不着我的情涛激涨。

　我禁不着走进了你的门中，　　　　　禁不着我走进了门中，
　我禁不着走上了你的楼上。　　　　　禁不着我走上了楼上。
　哦那儿贴过我往往日的诗歌，　　　　哦那儿贴过我往日的诗歌，

　那儿铺过我的寝床。　　　　　　　　那儿安过我的寝床。

　　总的来看，郭沫若的修改使此诗更为通俗和简洁了，但是意义并没有发生改变。近年曾有学者根据《沫若文集》中的版本评论此诗"'我'字人称稍嫌多余，因为白话（早期白话诗故意浅白如话甚至刻意通俗），循环往复，一咏三叹，重在渲染，读去也倒不觉得怎么累赘"[1]，如果这位学者能够看到《沫若书信集》中的这个版本，或许就不会这样评论了。

　　第四个版本，也是郭沫若最后一次修改后的版本，便是出现在人民文学出版社于1957年出版的《沫若文集》第一卷中的版本。郭沫若利用这次机会对此诗进行了最大幅度的一次修改，具体修改的内容笔者同样以对比的方式列于下方。

《创造季刊》中的内容　　　　　　　《沫若文集》中修改后的内容
　我和你别离了百日有奇，　　　　　　我和你别离了百日有奇，
　又来在你门前来往；　　　　　　　　我大胆地走到了你的楼上。
　我禁不着我的泪浪滔滔，　　　　　　哦，那儿贴过我往日的诗歌，
　我禁不着我的情涛激涨。　　　　　　那儿我挂过贝多芬的肖像，
　　　　　　　　　　　　　　　　　　那儿我放过米勒的《牧羊少女》，
　　　　　　　　　　　　　　　　　　那儿我放过金字塔片两张。
　我禁不着走进了你的门中，　　　　　如今呢，只剩下四壁空空，
　我禁不着走上了你的楼上。

---

[1] 张叹凤：《早期创造社郭沫若郁达夫等人的"泪浪"》，《文学评论》2013年第1期。

哦那儿贴过我往往日的诗歌，
那儿我挂过 Beethoven 的肖像。

那儿我放过 Millet 的《牧羊少女》，
那儿我放过金字塔片两张。
那儿我放过白华，
那儿我放过我和寿昌。

那儿放过我的书案，
那儿铺过我的寝床。
那儿堆过我的书籍，
那儿藏过我的衣箱。

如今呢，只剩下四壁空空。
只剩有往日的魂痕飘荡；
唉，我禁不住泪浪的滔滔，
我禁不住情涛的激涨。

只剩有往日的魂痕荡漾。
飞鸟有巢，走兽有穴，游鱼有港，
人子得不到可以安身的地方，
我被驱逐了的妻儿今在何处？
抑制不住呀，我眼中的泪浪！

1921 年 10 月 5 日

可以看到，郭沫若对此诗的最后五节几乎全盘改过，变更了很多意义表达。

通过以上考证和对比，我们便明晰了此诗的版本衍变问题，在此基础之上，我们也就可以对郭沫若创作此诗的背景和意蕴表达等问题进行具体的辨析了。

二

关于此诗的最初版本因何而作，郭沫若在《创造季刊》第 1 卷第 1 期的《海外归鸿·第一信》中有一段较为详细的描述：

> 我的住居离海岸不远。网屋町本是福冈市外的一所渔村。但是一方面却与市街的延长相连接。村之南北两端都是松原。日本人呼为千代松原，武备志中称为十里松原。海在村之西，村上有两条街道，成

> 丁字形，南头一条，东西走，与海岸线成垂直。我自上前年以来，两年之间即住在这条街道的西端，面北的一栋楼房里，楼前后都有窗，可望南北两端的松原，可望西边的海水。我如今已迁徙了，在四月中我回了上海以后。现在的住居在与海岸成平行的一条街道之中部，背海，又无楼，我看不见博多湾中变幻无常的海色，我看不见十里松原永恒不易的青翠，我是何等不满意，对于往日的旧居何等景慕哟！我昨天才写了一首诗《重过旧居》寄给寿昌，我也写在此处吧。

从这段文字来看，郭沫若创作此诗的动因显然是表达对当下居住环境的不满，以及由此所勾起的怀旧之情。

11年后的1932年，郭沫若又在其回忆录《创造十年》中谈到了他创作此诗的背景，那是他"离别了三个月，又回到福冈"时所见到的"物非人是"的情景：

> 离别了三个月，又回到福冈。我留在福冈的妻儿是被家主驱逐出了从前的旧居的，新迁的地方离旧居不远，但我不知道在那儿。我走到旧居近处问以前相识的邻里，又才按照着地址去探寻。原来新迁的住居是在箱崎町的街道上，背着海岸，和海岸相隔还有两三家渔家。后面有一方空地，有新的木板墙围着。我先隔着那木板墙看见大的一个儿子和夫，一个人孤另另地坐在那空地当中挖土。头发很长，好象是自从我走后不曾剪过发的光景。就单只这样一个情景已经就使我的眼泪流出来了。我又转到街头的前门去，前门才是锁着的。我也并没有甚么惊异：因为我想到安那一定是背着第二个儿子出外去买东西去了。我在门口伫立着不一会，安那果然背着孩子买了些小菜回来。她看见了我，自然是喜出望外。因为我走得很仓促，临行时我没有通知她。
>
> 新居是平房，结构和旧居的楼下相同，可说就是旧居削去了楼层的一样。我们本来是没有什么家具的，我的一些书籍又已经运回了上海，看起来真正是家徒四壁，这些不消说又是催人眼泪的资料了。
>
> 我那《泪浪》的一首诗，被已故的"诗哲"（徐志摩）骂我是"假人"，骂我的眼泪"就和女人的眼泪一样不值钱"的那首诗，便是在这一天领着大的一个儿子出去理发时做的。我们绕道走去，在以前的旧居前缠绵了一会。那里还没有人住，有两三位木匠在那儿修理。

我也就走进去，在那楼上眺望了一回，那时候的眼泪真是贱，种种的往事一齐袭来，便逼得我"泪浪滔滔"了。①

对比可见，这段话所表达的意思和 11 年前的那段话基本一致，只是多了一些针对徐志摩指责的解释。

此诗的第二个和第三个版本与最初版本相比，修改并不大，而且也不牵涉意义变动，因此无须再多加以分析。但是关于第四个版本，即 1957 年人民文学出版社《沫若文集》第一卷中的版本，与最初版本相比差别就很大了，那么郭沫若何以在 20 世纪 50 年代对此诗进行这样的修改？他通过这样的修改要表达什么感情？这一点非常值得分析。

郭沫若这次修改最为引人注目的地方是两处涉及历史人物的部分，首先是他把最初版本中的"白华"和"寿昌"两个人名删除了，这两人当然便是宗白华和田汉。我们知道郭沫若与这两人都有着深固久远的友谊，在他修改此诗的 50 年代，宗白华一直任教于北京大学，而田汉则是文化官员，并先后主编多个刊物，那么郭沫若为何要借此机会删除他们的名字呢？和郭沫若在新中国成立后对自己以往著作所做的大量修改一样，他本人并未对这处修改做出任何解释，但是我们大体可以根据当时的政治环境和郭沫若的个人处境做出基本的判断：50 年代的文坛运动往往出乎所有人的意料，郭沫若作为当时最高级别的文化官员，其政治敏感度是相当高的，在此诗的修改中，郭沫若提前把两人的名字从自己以往的诗作中删除，遮蔽当时他对两人的思念之情，多少应该有着未雨绸缪之意。

第二处涉及历史人物的修改便是《沫若文集》版本中的最后一节："飞鸟有巢，走兽有穴，游鱼有港，／人子得不到可以安身的地方，／我被驱逐了的妻儿今在何处？抑制不住呀，我眼中的泪浪！"如果从版本衍变的角度看待这一节，我们会发现这四句诗其实蕴含了非常重要但又长期以来被遮蔽的历史信息。

以往学者们多根据郭沫若在其《创造十年》中的那句话："我留在福冈的妻儿是被家主驱逐出了从前的旧居的"②，以及《沫若文集》版本中的这最后四句，来判定此诗最初的创作由来，从表面看这两者似乎有着非常密切的关联：都在叙述"妻儿"的遭遇，都有"驱逐"一词。这种判断当

---

① 郭沫若：《创造十年》，现代书局，1932，第 140~141 页。
② 郭沫若：《创造十年》，现代书局，1932，第 139 页。

然是在不了解此诗具体版本演变的条件下得出的，缺乏学术的严谨性。现在我们明晰了版本问题，那么是不是可以认为，郭沫若是在50年代修改此诗时，又遥想起当年的情景，借这个机会来表达他那往日的悲愤呢？如果我们对这四句诗再细加分析，会发现郭沫若在此处表达的感情恐怕并非那么简单，事实上，它远比以往学界所认为的要更深沉和复杂。解读郭沫若真实情感表达的关键点就在这句"我被驱逐了的妻儿今在何处？"按照郭沫若在《创造十年》中的回忆，他是回到福冈与"妻儿"团圆之后，"一天领着大的一个儿子出去理发"，途经"旧居"，"种种的往事一齐袭来"，才作的这首诗。而他在给郁达夫的"海外归鸿"中的叙述，也印证着这一点。那么，如果他是遥想起当年的情景，要表达当年的悲愤，为何会问出"我被驱逐了的妻儿今在何处"这句话？他当时明明是和自己的"妻儿"处于团圆的状态啊！如果这样分析一下，我们或许就进入了郭沫若在50年代修改此诗时更为深层的内心世界，那就是他在其中所表达的，并不是对"当年"他"妻儿"被"家主驱逐"的悲愤，而是修改此诗的"当下"，他对安娜及其孩子们的真实情感，而这也许就是郭沫若之所以要这样修改此诗的动因。于是，这便牵扯出一个非常重要但又一直未被发掘的史实，那就是郭沫若在50年代对安娜和其子女最为直接的感情表达。

50年代的郭沫若已经是最高级别的文化官员，而安娜也在经历重大感情打击之后由周恩来安排到大连居住，一场情变带来的风波似乎已算是风平浪静，然而这并不意味着郭沫若内心的心安理得。1959年2月，郭沫若创作了历史剧《蔡文姬》，在此剧作单行本的序言中，郭沫若称："蔡文姬就是我！——是照着我写的。""其中有不少关于我的感情的东西，也有不少关于我的生活的东西。"[①] 郭沫若没有明确提到安娜，在这部剧作问世之后，郭沫若曾"六谈"蔡文姬，也始终没有涉及安娜。而就在郭沫若创作出《蔡文姬》之后，他便再也没有以任何文字形式公开表达过对安娜的感情。因此这样看来，郭沫若利用他修改《泪浪》这首诗之机，表达他当时对安娜的感情，应该就是他在新中国成立之后唯一的一次直接表达。郭沫若在此处表达感情的方式是如此隐蔽，但是唯其隐蔽，才折射出了它的真实。由这样的表达我们可以看出，郭沫若当时对待安娜的感情不仅极为愧疚和"怆痛"，还带有着思念和无奈，而这正可谓"此情可待成追忆，只

---

① 郭沫若：《蔡文姬·序》，文物出版社，1959。

是当时已惘然"了。

　　作品版本的衍变往往能够折射出时代背景和作家心境的转换，不考证了解作品的版本，就有可能造成学术的不严谨，乃至遗漏重要的史料。在此我们了解了郭沫若这篇著名诗作的版本衍变过程，发掘出了他在新中国成立之后唯一一次对安娜直接的感情表达，日后若再有学者撰写郭沫若与安娜复杂而又富有传奇色彩的感情经历，便应参考此史料，使著述更加完整和细腻。

文化审视

关于周秦之变的思考

——《青铜时代》《十批判书》与郭沫若先秦思想研究管窥

陈 君[*]

摘 要：周秦之变是郭沫若长期关注和思考的问题——这是从周代八百年"封建时代"到秦汉以后两千年"统一时代"的巨大转变，春秋战国时期诸子百家的喷薄，正反映了"周秦之际"这个剧烈变动的时代。作为20世纪中国文化的巨人，郭沫若对自己的历史使命有深刻的自觉，他在30年代所从事的卜辞及金文研究，是对殷周之际社会革命的研究；40年代出版的《青铜时代》和《十批判书》，是对周秦之际社会革命的研究；而他自身则经历了清末民国的第三次社会革命，并积极投身于"革命的洪流"之中。虽然郭沫若将西欧中世纪的封建制比附秦代以后两千年的帝制时代，稍显生硬，但并不影响他所揭示的周秦之变的历史意义。郭沫若对周秦之变的探讨，融汇着他对所处时代的思考，这种文化自觉对于我们反思当代知识分子的处境也是很有启发的，从某种意义上说，理解郭沫若就是理解我们自己。

关键词：郭沫若 《青铜时代》《十批判书》 周秦之际 先秦思想

郭沫若早期的学术研究，主要集中在先秦时期，这是中国历史文化传统孕育和奠基的时期，具有非常关键的意义。从殷墟甲骨、商周铜器到"中国古代社会"，再到先秦诸子思想，郭沫若早期学术研究的重心虽多有转移，背后不变的却是有关中国古代社会发展规律的思考。

关于殷商西周时期的研究，郭沫若利用20世纪初年发现的殷墟甲骨文和殷周青铜器，并借鉴西方现代考古学的观念和研究方法，[①]于20年代末

---

[*] 陈君，中国社会科学院文学研究所研究员。
[①] 如1929年郭沫若翻译出版了德国考古学家A. 米海里司的《美术考古学发现史》（原著书名为《美术考古一世纪》）。参见李斌《女神之光：郭沫若传》第五章"爱将金玉励坚贞"，作家出版社，2018，第141页。

出版了《甲骨文字研究》《殷周青铜器铭文研究》《两周金文辞大系》《金文丛考》《金文余释之余》等著作，建立了殷墟卜辞和殷周铜器的科学研究体系。① 在1930年3月出版的《中国古代社会研究》中，郭沫若认为，中国与世界上其他国家和民族一样，也经历了四个社会发展阶段：西周以前的原始公社制社会、西周时代的奴隶制社会、春秋以后的封建制社会、最近百年的资本制社会。②因此，中国社会先后经历过三次社会革命，与三次社会革命相应的是三次文化革命：

第一次　奴隶制的革命　殷周之际　卜辞及金文
第二次　封建制的革命　周秦之际　儒道墨诸家
第三次　资本制的革命　清代末年　科学的输入③

其中，"周秦之际"是郭沫若非常重视的历史转折时期，"周秦之际"的变化也是他此时学术研究的重点，如《中国古代社会研究》第二篇"《诗》《书》时代的社会变革与其思想上之反映"说："周秦之际的学者苦于天下的争夺攘乱，在政治思想上便发生两种倾向：一种是老子的小国寡民的理想，一种是孔子的大一统的理想。《尧典》《皋陶谟》《禹贡》三篇，特别是《禹贡》，可以说整个是这个大一统理想的表现。"④此后，周秦之变成为郭沫若长期关注和思考的问题。

1945年郭沫若出版的《青铜时代》和《十批判书》，论题更为集中，探讨的主要是"周秦之际"思想文化的变迁问题，以其研究的切实与论断的精审享誉学界，七十多年后读来，依然闪耀着学术的光芒。

在《青铜时代》中郭沫若非常重视"周秦之际"，一则曰："中国的

---

① 尤其在甲骨学领域，郭沫若成就卓著，使甲骨学的研究由草创走向深入，被尊称为"四堂"（罗振玉，号雪堂；王国维，号观堂；董作宾，字彦堂；郭沫若，字鼎堂）之一。陈子展先生论早期甲骨学家，有"甲骨四堂，郭董罗王"之目，唐兰先生则评曰"自雪堂导夫先路，观堂继以考史，彦堂区其时代，鼎堂发其辞例，固已极一时之盛"。
② 见郭沫若《中国古代社会研究》导论"中国社会之历史的发展阶段"，《郭沫若全集·历史编》第一卷，人民出版社，1982，第30页。
③ 见郭沫若《中国古代社会研究》导论"中国社会之历史的发展阶段"，《郭沫若全集·历史编》第一卷，人民出版社，1982，第31页。
④ 见郭沫若《中国古代社会研究》第二篇"《诗》《书》时代的社会变革与其思想上之反映"，《郭沫若全集·历史编》第一卷，人民出版社，1982，第94~95页。从秦汉以后的政治实践来看，显然是"大一统"的政治理想取得了胜利。

青铜器时代,它的下界是很明瞭的,便是在周秦之际。由秦以后便转入铁器时代。"①再则曰:"十五年前所得到的一个结论,西周是奴隶社会,经过种种方面的研讨,愈加感觉着是正确的。有了这个结论,周秦之际的一个学术高潮才能得到说明;而那个高潮期中的各家的立场和进展,也才能得到正确的了解。"②《十批判书》中也多次提到这一历史转折时期,如《名辩思潮的批判》一文说:"春秋、战国时代虽然在社会性质上和现代不同,而作为社会史上的一个转折点则是极其相似的。……故而在战国时期有所谓'名家'的产生,这件事本身也就足以证明在周、秦之交,中国的社会史上有过一个划时代的变革。"③又如《吕不韦与秦王政的批判》一文说:"秦始皇与吕不韦,无论在思想上与政见上,都完全立于两绝端。……这并不是两个人的对立的问题,而是两个时代的对立。周、秦之际在中国历史上是一个大转换的时期,这不论历史观的新旧是一致着的,在旧时以为是封建制向郡县制的推移,而在我看来则是奴隶制向封建制的推移。"④可见,关于"周秦之际"变化的思考,是郭沫若时刻萦绕于怀的。

"周秦之变"确实是中国历史发展最重要的环节之一——从封土建邦的周到一统天下的秦,不仅有社会制度的变化,也有思想文化的调整。春秋战国时期诸子百家的喷薄,正反映了"周秦之际"这个剧烈变动的时代,也为两个时代的过渡贡献了诸多智慧。郭沫若关于古代社会的研究,既注重社会结构也注重意识形态,他在《〈十批判书〉"后记"——我怎样写〈青铜时代〉和〈十批判书〉》中自述说:

> 为了研究的彻底,我更把我无处发泄的精力用在了殷虚甲骨文字和殷周青铜器铭文的探讨上面。这种古器物学的研究使我对于古代社会的面貌更加明瞭了之后,我的兴趣便逐渐转移到意识形态的清算上

---

① 郭沫若:《青铜器时代》,载郭沫若《青铜时代》,《郭沫若全集·历史编》第一卷,人民出版社,1982,第598页。
② 郭沫若:《青铜时代·后记》,载郭沫若《青铜时代》,《郭沫若全集·历史编》第一卷,人民出版社,1982,第611页。
③ 郭沫若:《名辩思潮的批判》,载郭沫若《十批判书》,《郭沫若全集·历史编》第二卷,人民出版社,1982,第253页。
④ 郭沫若:《吕不韦与秦王政的批判》,载郭沫若《十批判书》,《郭沫若全集·历史编》第二卷,人民出版社,1982,第458~459页。

来了。①

把《韩非子的批判》写完了的同一天（一月二十日），日记里面又写着："明日起拟写《周代的农事诗》"。这是一个新的方面，我的念头又转换到社会机构的清算上来了。②

在这里（笔者注：指《青铜时代》和《十批判书》两部著作）把古代社会的机构和它的转变，以及转变过程在意识形态上的反映，可算整理出了一个比较完整的轮廓。③

春秋战国时期，是一个思想大突破的时代，诸子并兴、百家争鸣，与其他古典文明一起被称为世界文明的"轴心时代"（Axial Age 或 Axial Era）。④ 在《青铜时代》《十批判书》两部著作中，郭沫若对先秦诸子思想做了全面研究。就具体内容而言，前者偏重实证研究，后者偏重思想阐发，在内容上正好相互补充。先秦诸子在治国思想方面比较成系统的主要是儒家和法家，这里我们主要以儒家和法家为例做一些讨论。

关于儒家与孔子的思想，郭沫若认为孔子重视开发民智，并非愚民主义者。郭沫若在《中国古代社会研究》的第一篇"《周易》时代的社会生活"一则补注中说："孔子是重视开发民智的，他不是愚民主义者。先秦儒家，发展到战国末年，才走上愚民的偏向，《易传》的时代性于此可见。"⑤《青铜时代》称："先秦儒家的几位代表人物，在先秦诸子中究竟是比较民主的些。孔子的主张是奴隶解放的要求在意识上首先的反映。他

---

① 郭沫若：《〈十批判书〉"后记"——我怎样写〈青铜时代〉和〈十批判书〉》，载郭沫若《十批判书》，《郭沫若全集·历史编》第二卷，人民出版社，1982，第465~466页。
② 郭沫若：《〈十批判书〉"后记"——我怎样写〈青铜时代〉和〈十批判书〉》，载郭沫若《十批判书》，《郭沫若全集·历史编》第二卷，人民出版社，1982，第474~475页。
③ 郭沫若：《〈十批判书〉"后记"——我怎样写〈青铜时代〉和〈十批判书〉》，载郭沫若《十批判书》，《郭沫若全集·历史编》第二卷，人民出版社，1982，第487页。
④ "轴心时代"是德国哲学家卡尔·雅斯贝尔斯（1883~1969）在《历史的起源与目标》(The Origin and Goal of History) 中提出的理论。他认为，今天世界上主要宗教背后的哲学都在公元前8世纪到前2世纪的六百年间发展起来。亚洲出现了伟大的思想家老子、孔子和释迦牟尼，欧洲出现了苏格拉底、柏拉图和亚里士多德。
⑤ 郭沫若：《中国古代社会研究》，《郭沫若全集·历史编》第一卷，人民出版社，1982，第31页。

虽然承继了前时代贵族所独占的文化遗产,但他把它推广到庶民阶层来了。他(孔子)认识了教育的力量,他是注重启发民智的。这和道家的'非以明民,将以愚之',法家的燔诗书、愚黔首的主张完全不同。"①并肯定孔子以人为本的思想:"大体上说来,孔、孟之徒是以人民为本位的,墨子之徒是以帝王为本位的,老、庄之徒是以个人为本位的。孟子要距杨、墨,墨子要非儒,庄子要非儒、墨,并不是纯以感情用事的门户之见,他们是有他们的思想立场的。"②

儒家成为统治者的工具,是后来发展的结果,并非孔子的本意,如到了子思的《中庸》,儒家已开始具有一些宗教的色彩。《中庸》云:

> 仲尼祖述尧舜,宪章文武,上律天时,下袭水土。辟如天地之无不持载,无不覆帱,辟如四时之错行,如日月之代明。万物并育而不相害,道并行而不相悖,小德川流,大德敦化,此天地之所以为大也。
>
> 唯天下至圣,为能聪明睿知,足以有临也;宽裕温柔,足以有容也;发强刚毅,足以有执也;齐庄中正,足以有敬也;文理密察,足以有别也。溥博渊泉,而时出之。溥博如天,渊泉如渊。见而民莫不敬,言而民莫不信,行而民莫不说。是以声名洋溢乎中国,施及蛮貊。舟车所至,人力所通,天之所覆,地之所载,日月所照,霜露所队,凡有血气者,莫不尊亲,故曰配天。③

孔子效法圣王尧舜、文武之道,其所为上合天道运行的规律,下合社会自然的法则,其德行如大地无不承载、如上天无不覆盖,如四时错行,如日月代明,百姓爱护,四夷悦服,可与天地并而为三。在子思的笔下,王者应有的品质孔子全都具备了,可以说,除了现实的政治权力以外,孔子的德行、气质、知识、能力完全是一副"素王"的形象,也近乎一位宗教教主的形象。正如郭沫若说:"儒家到了子思已经是有意地要构成为一种宗教的企图……(中引'仲尼祖述尧舜'至'故曰配天'略)……这

---

① 郭沫若:《青铜时代·后记》,载郭沫若《青铜时代》,《郭沫若全集·历史编》第一卷,人民出版社,1982,第613页。
② 郭沫若:《青铜时代·后记》,载郭沫若《青铜时代》,《郭沫若全集·历史编》第一卷,人民出版社,1982,第613页。
③ (宋)朱熹:《四书章句集注》,中华书局,2016,第38~39页。

样堂皇绝顶的一篇大赞辞,十足地把孔子推尊成为了一位通天教主。"①孔门后学对孔子的推尊,为汉代儒家与皇权的结合奠定了心理基础——此后两千年的帝制时代,秦始皇创立了社会制度的框架,而孔夫子奠定了意识形态的基础。②

关于法家的讨论,郭沫若认为法家源于黄老,道家三派之一"慎到、田骈的一派是把道家的理论向法理一方面发展了的"③,又说:"法家在慎到这个阶段是还适应着社会变革的上行期,还在替人民设想,而没有专替新起的统治者设想——韩非便和这相反——是还富有进步性的东西。大体上他也在调和儒、墨,承继了儒家的'垂拱而治'的理念,虽然也在谈礼,但更把它发展而为法了。"④郭沫若反对法家的严刑峻法,《吕不韦和秦王政的批判》斥责秦始皇统治下的文化专制:"书籍被烧残,其实还在其次,春秋末叶以来,蓬蓬勃勃的自由思索的那种精神,事实上因此而遭受了一次致命的打击。"⑤揭示君主专制的压迫和残害:"一切的臣民都该受王者驱使奴役,凡有不愿受驱使奴役的,如象许由、务光、伯夷、叔齐之类的隐士,'上见利不喜,下临难不恐,或与之天下而不取,……或伏死于窟穴,或槁死于草木,或饥饿于山谷,或沉溺于水泉'(《韩非子·说疑》),这些都是该杀的。"⑥在《青铜时代》和《十批判书》中,郭沫若肯定儒家、批判法家,在其并非有意的轩轾,只是叙述他所研究的成果,表达他所理解的历史,如果按照后来"文革"中"儒法斗争"的思路来加以评判,那就太厚诬前人了。

郭沫若研究早期中国文明所取得的巨大成就,与他自觉的理论意识和

---

① 郭沫若:《先秦天道观之进展》,载郭沫若《青铜时代》,《郭沫若全集·历史编》第一卷,人民出版社,1982,第367~368页。
② 阎步克先生说:"中国历史就是秦始皇和孔夫子的历史,前者奠定了中国制度的基石,后者奠定了中国文化的主调。"见阎步克《波峰与波谷——秦汉魏晋南北朝的政治文明(第二版)》"序言",北京大学出版社,2017。
③ 郭沫若:《稷下黄老学派的批判》,载郭沫若《十批判书》,《郭沫若全集·历史编》第二卷,人民出版社,1982,第167页。
④ 郭沫若:《稷下黄老学派的批判》,载郭沫若《十批判书》,《郭沫若全集·历史编》第二卷,人民出版社,1982,第172页。
⑤ 郭沫若:《吕不韦与秦王政的批判》,载郭沫若《十批判书》,《郭沫若全集·历史编》第二卷,人民出版社,1982,第445页。
⑥ 郭沫若:《韩非子的批判》,载郭沫若《十批判书》,《郭沫若全集·历史编》第二卷,人民出版社,1982,第363~364页。

理论思考密不可分，其中尤为关键的是"唯物史观"的确立。1928年2月，郭沫若流亡日本，先后翻译了马克思的《政治经济学批判》、马克思与恩格斯合著的《德意志意识形态》等著作，开始运用马克思主义研究中国古代历史。郭沫若说："我主要是想运用辩证唯物论来研究中国思想的发展，中国社会的发展，自然也就是中国历史的发展。反过来说，我也正是想就中国的思想，中国的社会，中国的历史，来考验辩证唯物论的适应度。"①又说："对于未来社会的待望逼迫着我们不能不生出清算过往社会的要求。"②郭沫若的《中国古代社会研究》《青铜时代》《十批判书》等著作，正是在"唯物史观"指导下结出的硕果。需要说明的是，郭沫若以"唯物史观"观照古代中国，将西欧中世纪的"封建制"移用来称呼秦代以后两千年的帝制时代，这与传统理解的周代"封建"不同。③而"封土建邦"的西周社会，郭沫若从"唯物史观"出发将其称为"奴隶社会"——"周秦之变"就是从奴隶社会演变为封建社会，至于东周时代的春秋与战国两个时期，郭沫若和其他马克思主义史学家分别视为奴隶社会的瓦解时期和封建社会的形成时期。

除了时代给予的理论滋养，学术环境对郭沫若的影响也是不可忽视的，郭沫若对"殷周之际"的重视，很可能是受到了王国维的影响。王国维认为："中国政治与文化之变革，莫剧于殷周之际。"又云此一变革是"旧制度废而新制度兴，旧文化废而新文化兴"。④郭沫若对王国维十分推崇，称"在中国的文化史上实际做了一番整理工夫的要算是以清代遗臣自任的罗振玉，特别是在前两年跳水死了的王国维"⑤，并赞誉王国维"遗留给我们的是他知识的产品，那好像一座崔巍的楼阁，在几千年来的旧学的

---

① 郭沫若：《跨着东海》，《郭沫若全集·文学编》第十三卷，人民文学出版社，1992，第331页。
② 郭沫若：《中国古代社会研究·自序》，《郭沫若全集·历史编》第一卷，人民出版社，1982，第10页。
③ 这一点郭沫若自己也有所说明："后来在秦统一了天下以后，在名目上虽然是废封建而为郡县，其实中国的封建制度一直到最近百年都是很岿然的存在着的。……到了现在，假使要说中国的封建社会在秦时就崩溃了，那简直是不可救药的错误。"见郭沫若《中国古代社会研究》导论"中国社会之历史的发展阶段"，《郭沫若全集·历史编》第一卷，人民出版社，1982，第28页。
④ 王国维：《殷周制度论》，《观堂集林》卷一二，中华书局，1959。
⑤ 郭沫若：《中国古代社会研究·自序》，《郭沫若全集·历史编》第一卷，人民出版社，1982，第7页。

城垒上，灿然放出了一段异样的光辉"①。因此，郭沫若受王国维的启发关注殷周之际也是情理之中的事。后来的学者也认为郭沫若继承了王国维的成绩，如顾颉刚就认为，王国维死后，"在甲骨文字研究上，能承继他的是郭沫若先生"②。

郭沫若的先秦思想研究也富有鲜明的个性色彩，他既是史学家也是文学家，既是学者也是诗人，在学术研究中常常以文学家的想象填补历史的空白，以诗人的敏锐去透视历史的幽微。如将《周易》思想的传承与周秦之际的政治联系起来："国灭以后把秦人怨恨得最深刻的要算是楚人。……（秦人）万世一系的期望所包含着的思想是万事万物都恒定不变。……楚人自然是要反对的。……《易经》是注重变化的，这和当时的统治思想正相对抗。那种叛逆的思想自然是不能够自由发表的，而楚人却借了卜筮书的《易》来表示。"③姑且不论这种观点能不能成立，这种思考方式本身就很有启发意义，历史学家齐思和认为："郭氏本为天才文人，其治文字学与史学，亦颇表现文学家之色彩。故其所论，创获固多，偏宕处亦不少，盖其天才超迈，想像力如天马行空，绝非真理与逻辑之所能控制也。"④鲜明揭示了郭沫若所呈现的独特的个人风格。

今天看来，郭沫若将西欧中世纪封建制比附中国秦代以后的帝制时代，稍显生硬，但并不影响他所揭示的周秦之变的历史意义。这是从周代八百年"封建时代"到秦汉以后两千年"统一时代"的巨大转变，⑤实行法家政治的秦朝很快在农民起义中土崩瓦解，经过汉初的政治反思和文景时期崇尚黄老的政治调整，汉朝最终走向内法外儒（或称"霸王道杂之"）⑥的政治道路。总的来看，周秦之际意识形态由"道术为天下裂"

---

① 郭沫若：《中国古代社会研究·自序》，《郭沫若全集·历史编》第一卷，人民出版社，1982，第8页。
② 顾颉刚：《当代中国史学》，上海古籍出版社，2006，第103页。
③ 郭沫若：《〈周易〉之制作时代》，载郭沫若《青铜时代》，《郭沫若全集·历史编》第一卷，人民出版社，1982，第403页。
④ 齐思和：《评〈十批判书〉》，《郭沫若研究文献汇要》（第9卷），上海书店出版社，2012，第216页。转引自李斌《女神之光：郭沫若传》第八章"誓把忠贞取次传"，作家出版社，2018，第285页。
⑤ 现代史学家吕思勉先生将近代以前中国社会的演进大致分为三个历史阶段：部落时代、封建时代、郡县时代。吕思勉：《中国制度史》第九章《国体》，上海教育出版社，1985，第410页。
⑥ 《汉书》卷九《元帝纪》，中华书局，1962，第277页。

走向"道术为天子合"① 的历史进程，到西汉武、宣时代才宣告终结。

郭沫若所处的时代，正是中国浴火重生、凤凰涅槃的时代。作为20世纪中国文化的巨人，郭沫若对自己的历史使命有深刻的自觉，他在30年代所从事的卜辞及金文研究，是对第一次社会革命的研究；40年代出版的《青铜时代》和《十批判书》，是对第二次社会革命的研究；而他自身则经历了第三次社会革命，并积极投身于"革命的洪流"之中。周秦之际与晚清民国都是大变动的时代，郭沫若对周秦之变的探讨，也融汇着他对所处时代的思考，这种文化自觉，对于今天面对"百年未有之大变局"的我们，相信亦不无启示。从某种意义上说，理解郭沫若也就是理解我们自己——这或许就是我们今天依然关注和研究郭沫若的原因之一。

---

① 参见雷戈《道术为天子合：后战国思想史论》一书的相关论述，河北大学出版社，2008。

古文字研究

从古文字学角度谈谈郭沫若的中国古代社会分期研究

王志平*

摘 要：郭沫若是我国著名的古文字学家，他在运用马克思主义思想研究中国古代社会分期时，大量利用古文字材料，进行了重新分析和讨论，从而得出了令人耳目一新的历史见解。郭沫若的古文字研究，不是孤立考释，就字释字，而是服务于他的中国古代社会分期研究的。随着材料的积累和认识的进步，他不断地进行自我批判，体现了否定自我、追求真理的勇气。随着古文字研究的进步，郭沫若的古文字考释今天看来也有某些可以商榷之处。但是其以马克思主义理论为指导，密切联系中国古代社会研究的做法仍然值得充分肯定和提倡。

关键词：郭沫若 中国古代社会分期 古文字学

一 郭沫若中国古代社会研究的内在逻辑

20世纪二三十年代，中国历史理论领域围绕着中国社会性质及其分期等问题开展了一场社会史大论战，以郭沫若为代表的马克思主义史学家积极投入有关论争，为马克思主义的中国化做出了卓越贡献。学术界公认，郭沫若的《中国古代社会研究》启发了吕振羽、范文澜、翦伯赞、侯外庐等一大批马克思主义史学家用唯物史观研究中国历史。[1]

中华人民共和国成立以后，中国历史学界在马克思主义指导下，对古史分期等问题展开了热烈讨论，成为历史研究的"五朵金花"之一。在此期间，郭沫若投身其中，为中国古代社会分期研究等问题的持续和深入发

---

* 王志平，中国社会科学院语言研究所研究员。
[1] 林甘泉、黄烈主编《郭沫若与中国史学》，中国社会科学出版社，1992，第36~45页。

挥了自己引领风气和潮流的应有作用。

郭沫若是我国著名的文学家、历史学家和考古学家，也是著名的古文字学家。他在研究中运用马克思主义思想研究中国古代社会分期时，综合了考古学、文献学、文字学、音韵学等相关知识。他曾说："秦汉以前的材料，差不多被我彻底剿翻了。考古学上的、文献学上的、文字学、音韵学、因明学，就我所能涉猎的范围内，我都作了尽我可能的准备和耕耘。"（《十批判书·后记》）

郭沫若之所以起而研究中国古代社会分期，是有着强烈的历史使命感的，他有感于外国学者没有谈到中国古代社会："中国的鼓睛暴眼的文字实在是比穿山甲、比猬毛还要难于接近的逆鳞。外国学者的不谈，那是他们的矜慎；谈者只是依据旧有的史料、旧有的解释，所以结果便可能与实际全不相符。"（《中国古代社会研究·自序》）他同时批评国故学家不重视唯物史观："谈'国故'的夫子们哟！你们除饱读戴东原、王念孙、章学诚之外，也应该知道还有马克思、恩格斯的著书，没有唯物辩证论的观念，连'国故'都不好让你们轻谈。然而现在却是需要我们'谈谈国故'的时候。"（《中国古代社会研究·自序》）因此，郭沫若把自己的《中国古代社会研究》视为恩格斯《家庭、私有制和国家的起源》的续编。

郭沫若的中国古代社会研究之所以走上了古文字学道路，是有自己内在的逻辑的。郭湛波《近五十年中国思想史》中曾说："由罗振玉、王国维研究甲骨文字，到郭沫若研究甲骨文字恰成一个辩证的发展，这是一个矛盾。因为罗、王是宗法封建社会思想的人物，当然要尊孔、读经；而走到考证学的道路上，由文字考证到了非文字的考证。郭沫若是代表社会思想的人物，要解决中国社会的问题，不得不清算中国已往的中国社会史；要明了中国社会史的全部，不得不先明了中国社会的起源——古代，要明了中国古代社会的真象，不得不研究甲骨文字，走到了罗振玉、王国维的路上。"[①] 罗振玉、王国维是由内学到外学，而郭沫若是由外学到内学，二者取径不同，但是殊途同归，最终都走上了甲骨文研究的道路，罗振玉（雪堂）、王国维（观堂）、郭沫若（鼎堂）与董作宾（彦堂）一起并列"甲骨四堂"。

---

① 郭湛波：《近五十年中国思想史》，人文书店，1936，第237~238页；郭湛波：《近五十年中国思想史》，岳麓书社，2013，第172页。

从古文字学角度谈谈郭沫若的中国古代社会分期研究

在方法论上,郭沫若很早就认识到考古资料的重要性,《周代彝铭中的社会史观》一文尤其强调出土古文字资料对于中国古代社会研究的重要性:"真实地要阐明中国的古代社会还需要大规模地做地下的挖掘,就是要仰仗'锄头考古学'的力量,才能得到最后的究竟。这事在目前当然是俟河清之无日。然在目前有一件不可缺少的事情便是历代已出土的殷、周彝器的研究。""然而这些古物正是目前研究中国古代史的绝好资料,特别是那铭文,那所纪录的是当时社会的史实。这儿没有经过后人的窜改,也还没有甚么牵强附会的疏注的麻烦。我们可以短刀直入地便看定一个社会的真实相,而且还可借以判明以前的旧史料一多半都是虚伪。我们让这些青铜器来说出它们所创生的时代。"[1]

当然,郭沫若早年的中国古代社会研究也是有自己深刻的经验教训的。后来他在研究过程中逐步认识到自己治学的偏颇:"更把我无处发泄的精力用在了殷虚甲骨文字和殷、周青铜器铭文的探讨上面。"(《十批判书·后记》)"对我所研究的资料开始怀疑起来了","我的初期的研究方法,毫无讳言,是犯了公式主义的毛病。我是差不多死死地把唯物史观的公式,往古代的资料上套。而我所根据的资料,又是那么有问题的东西。我这样所得出的结论,不仅不能够赢得自信,而且……还影响到方法"。[2]

因此,他后来的《十批判书》第一篇就是《古代研究的自我批判》:"我首先要谴责自己。我在1930年发表了《中国古代社会研究》那一本书,虽然博了很多的读者,实在是太草率、太性急了。其中有好些未成熟的或甚至错误的判断,一直到现在还留下相当深刻的影响。"在《古代研究的自我批判》一文中,他谈了四个资料方面的问题——"甲,关于文献的处理""乙,关于卜辞的处理""丙,关于殷周青铜器的处理""丁,古器中所见的殷周关系",其中后三个都与古文字有关。同样,《中国古代社会研究》1947年版收录了《附录·追论及补遗》,计有《一·殷虚之发掘》《二·由〈矢彝考释〉论到其他》《三·附庸土田之另一解》《四·〈矢令彝考释〉》《五·明保之又一证》《六·古金中有称男之二例》《七·古代用牲之最高记录》《八·殷虚中无铁的发现》《九·夏禹的问题》《十·"旧玉亿有百万"》。大部分都是补充讨论考古和古文字的,

---

[1] 郭沫若:《中国古代社会研究》,《郭沫若全集·历史编》第一卷,人民出版社,1982,第250~251页。

[2] 郭沫若:《海涛》,新文艺出版社,1954,第118页。

其自我批判的相当篇幅都是对错用甲骨文、金文等古文字材料的深入检讨。

郭沫若的古文字研究，从来不是孤立考释，就字释字，而是服务于他的中国古代社会研究，尤其是中国古代社会分期研究的。他先是在《卜辞中的古代社会·序说》中说："我们现在也一样地来研究甲骨，一样地来研究卜辞，但我们的目标却稍稍有点区别。我们是要从古物中去观察古代的真实的情形，以破除后人的虚伪的粉饰——阶级的粉饰。本篇之述作，其主意即在于此。得见甲骨文以后，古代社会之真情实况灿然如在目前。"① 继而在《甲骨文字研究》原序中又说："余之研究卜辞，志在探讨中国社会之起源，本非拘拘于文字史地之学；然识字乃一切探讨之一步，故于此亦不能不有所注意。且文字乃社会文化之一征，与社会生产状况与组织关系略有所得，欲进而追求其文化之大凡，尤舍此而莫由。"②

因此，他研究甲骨文"是想通过一些已识未识的甲骨文字的阐述，来了解殷代的生产方式、生产关系和意识形态"（《甲骨文字研究·重印弁言》），"志在探讨中国社会之起源"（《甲骨文字研究·序》）；研究金文"主要目的是在研究古代社会"（《殷周青铜器铭文研究·重印弁言》）。为此，他特意警醒自己不要"玩物丧志"："旧东西也是有它的麻醉性的，愈深入便愈易沉沦。在当年就曾有朋友为我耽心甚至对我失望，以为我会'玩物丧志'。我自己也觉着有这样的危险，觉得愈搞愈琐碎，陷入了枝节性的问题，而脱离了预定的目标。""在今天说来，这样的危险是消灭了，整个社会在淋漫着积极进取的创造精神，语云'蓬生麻中，不扶自直'，人们可以有所恃而深入虎穴，亦有所恃而必得虎子。"（《金文丛考·重印弁言》）

在《中国古代社会研究》中，郭沫若最早系统地利用甲骨文和金文等原始资料，开始了对中国古代社会性质和分期的艰难探索。其中尤以《卜辞中的古代社会》、《周代彝铭中的社会史观》（原题为《周金文中的社会史观》）为代表，有关研究大量利用古文字材料，进行了重新分析和讨论，从而得出了令人耳目一新的历史见解，深入揭示了商代甲骨卜辞、周代青铜器铭文中所反映的社会状况。就连董作宾都称赞郭沫若的《中国古代社会研究》"把《诗》《书》《易》里面的纸上史料，把甲骨卜辞、吉金

---

① 郭沫若：《中国古代社会研究》，《郭沫若全集·历史编》第一卷，人民出版社，1982，第195~196页。

② 郭沫若：《甲骨文字研究·序》，大东书局，1931。

文里面的地下材料，熔于一炉。制造出来一个唯物史观的中国古代文化体系"①。

二 《中国古代社会研究》与"鼎堂十种"

《中国古代社会研究》中的不同文章写作于不同时期，因而体例略显不一。有的分为多级标题，例如《卜辞中的古代社会》分为《序说·卜辞出土之历史》《第一章·社会基础的生产状况》《第二章·上层建筑的社会组织》。第一章又细分为《第一节·渔猎》《第二节·牧畜》《第三节·农业》《第四节·工艺》《第五节·贸易》《第六节·结论》。第二章又细分为《楔子》《第一节·氏族社会的痕迹》《第二节·氏族社会的崩溃》《本章的结语》。第二章《第一节·氏族社会的痕迹》又下分《一·彭那鲁亚制》《二·母权中心》《三·氏族会议及联带行动》。《第二节·氏族社会的崩溃》又下分《一·私有财产的发生》《二·阶级制度的萌芽》。

《周代彝铭中的社会史观》则只有一级标题，分别为《一·序说》《二·周代是青铜器时代》《三·周代彝铭中的奴隶制度》《四·周代彝铭中无井田制的痕迹》《五·周代彝铭中无五服五等之制》《六·彝铭中殷周的时代性》《七·余论》。

《卜辞中的古代社会》原拟分为三章，第三章论当时之精神文化。郭沫若指出：

> 此命题内所有事当为文字、艺术、宗教、历数等，但文字一项商氏《类编》之作即此整个之工作。大抵当时文字尚未脱原始畛域。（一）象形文字在百分之八十以上。（二）每字之结构无定制。（三）字多合书，如人名、地名、月份、数字等。（四）亦有析书之例，如宾字犁字等。由此可得之结论则殷代文字尚在创造之途中，此与生活状态及社会情形，恰相适合。
>
> 艺术十分幼稚，亦因卜辞过于单简，无多可论。其见于卜辞者有舞、有伐，皆用诸祭祀；乐器则有鼓、有磬、有龠、有小笙之和、有大箫之言（相见《甲骨文字研究·释和言篇》），亦均用于祭祀。

---

① 董作宾：《中国古代文化的认识》，大陆杂志社，1960，第3页。

宗教则颇有可观，因卜辞本身及宗教之资料。凡言原始宗教或宗教之起源者不可不读卜辞。大抵宗教实起源于生殖崇拜，其事于骨文中大有启示，如祖先崇拜之祖妣字，实即牡牝器之象征。（骨文祖字作且，妣字作匕。）一切神祇均称"示"，示字作"丁"或"丌"，实即生殖器之倒悬。如上帝之帝本象花蒂之形，其意亦重在生殖。凡此等详细论证可于《甲骨文字研究》中《释祖妣篇》以求之。惟于此有略当申论者，则殷人眼中之宇宙视为一种神秘不可思议之宇宙，俨若万事万物均为神祇，观其每事必卜，而每卜必仰之于龟甲兽骨，即可得其仿佛。然卜辞中之社会有阶级产生，故卜辞中之神祇亦已有"上帝"出现。卜辞言帝之事虽有而罕见，帝之性质无可多言，惟据《山海经》则帝即帝俊，即殷人之祖先帝喾，则上帝自为人格神无疑。且上帝崇拜必即祖先崇拜之延长，亦必即生殖崇拜之扩大。

历数则于《甲骨文字研究》《释五十》《释支干》二篇言之甚详。惟有一可注意之事，则卜辞中极普遍之十二辰文字与古代巴比伦之十二宫之星象颇相暗合。此事过于进展，与当时之社会不相应，足证其为外来。得此于数千年成为悬案之十二辰始获得其究竟之说明，中西文化于上古既有交流之事于文献上已获得其左证。①

因此，《甲骨文字研究》实际上是与《卜辞中的古代社会》相表里，可以视为《卜辞中的古代社会》的姊妹篇。对此，胡厚宣总结极精：

《甲骨文字研究》是和《中国古代社会研究》互为表里，相辅相成的。如《释耤》《释勿勿》言农耕生产，《释朋》言贸易货币，这是研究商代社会的经济基础。《释祖妣》言婚姻发展及母权时代的孑遗，《释臣宰》言奴隶制度及阶级统治的变迁，这是研究商代社会的上层建筑。《释和言》言音乐技术及其祭祀，《释五十》《释岁》《释支干》言天文历数，这是研究商代社会的精神生活。②

同样道理，我们也可以把《殷周青铜器铭文研究》《金文丛考》等视为《周代彝铭中的社会史观》的姊妹篇。已有学者把郭沫若《甲骨文字研

---

① 郭沫若：《中国古代社会研究》，《郭沫若全集·历史编》第一卷，人民出版社，1982，第247~248页。
② 胡厚宣：《郭沫若同志在甲骨学上的巨大贡献》，《考古学报》1978年第4期。

究》《殷周青铜器铭文研究》《两周金文辞大系图录》《两周金文辞大系考释》《古代铭刻汇考》《古代铭刻汇考续编》《金文丛考》《金文余释之余》《卜辞通纂》《殷契粹编》等论著称为"鼎堂古文字学十书",把"古文字学十书"看作《中国古代社会研究》的续编,认为二者的主导思想是一脉相承的。① 其说甚是。郭沫若自己也说:"从周代金文的研究中,除文辞与文字的考释之外,在史实上我是得到了一些重要的认识的。其首要者,如西周及春秋时代颇有关于奴隶制的资料,为旧有文献所缺佚,足以定历史阶段。"② 因此,我们在讨论研究郭沫若的中国古代社会分期研究时,不能仅仅局限于其历史著作而忽略其考古论述。

三 郭沫若的奴隶制研究

郭沫若在研究中国古代社会分期时,首先遇到的就是奴隶制问题,可以说这个问题贯穿了郭沫若历史研究的一生。诚如斯维所说:"郭老的《中国古代社会研究》着重讨论的是中国奴隶社会的问题,因为这个问题是争论的关键,如果这问题解决了,其余封建社会、资本主义社会的历史也就比较容易解决了。"③ 而古文字资料恰恰为讨论奴隶制提供了丰富的研究素材。

郭沫若在《〈诗〉〈书〉时代的社会变革与其思想上之反映》一文指出:"马克思在他的《政治经济学批判》的《序言》上说:'亚细亚的、古典的、封建的和近世资产阶级的生产方法,大体上可以作为经济的社会形成之发展的阶段。'他这儿所说的'亚细亚的',是指古代的原始公社社会,'古典的'是指希腊、罗马的奴隶制,'封建的'是指欧洲中世纪经济上的行帮制,政治表现上的封建诸侯,'近世资产阶级的'那不用说就是现在的资本制度了。""这样的进化的阶段在中国的历史上也是很正确的存在着的。大抵在西周以前就是所谓'亚细亚的'原始公社社会,西周是与希腊、罗马的奴隶制时代相当,东周以后,特别是秦以后,才真正地入了

---

① 曾宪通:《郭沫若的中国古代社会研究——从日本"沫若文库"谈起》,《学术研究》1992年第5期。
② 郭沫若:《金文丛考·重印弁言》,《郭沫若全集·考古编》第五卷,科学出版社,2002,第9页。
③ 斯维:《郭沫若同志在古文字学和古史研究上的卓越贡献》,《思想战线》1978年第4期。

封建时代。"① 把中国古代社会发展过程分为原始公社制社会、奴隶制社会、封建社会。郭沫若《中国古代社会研究》认为殷代后期是氏族社会的末期,后来他所写的《甲骨文字研究》和《卜辞通纂考释》两书都是围绕着这种观点写作的。②

随着材料的积累和认识的进步,他不断地进行自我批判,体现了否定自我、追求真理的勇气。1944 年,郭沫若在《古代研究的自我批判》中又改变了自己对中国古代社会分期的看法,认为殷代农业已很发达,且大规模使用奴隶劳动,因而不是原始社会而是奴隶制社会,奴隶制和封建制的交替不是在东西周之交而是在秦汉之交。此后,他又陆续写了《奴隶制时代》《申述一下关于殷代殉人的问题》等文章,进一步论证了殷代属奴隶社会。

20 世纪 50 年代初期,商代墓葬中发现了大规模人殉的现象,郭沫若《读了〈殷周殉人之史实〉》认为"这些毫无人身自由,甚至连保全首领的自由都没有的殉葬者,除掉可能有少数近亲者之外,必然是一大群奴隶,有何可疑呢?奴隶社会里面,工农兵是没有十分分工的,耕田时是农,服役时是工,有事时被坚执锐时便是兵。所以这些带武器的殉葬者也可能都是生产奴隶。……脱离生产者都还是这样毫无自由的奴隶,从事生产者应该更贱,难道还不会是奴隶吗?因此,这一段史实,正说明殷代是奴隶社会,又有何可疑呢?"③《十批判书·改版书后》更指出这"自然是奴隶制的铁证"。

他晚年定论:"殷代是典型的奴隶社会,已经没有问题了。殷代祭祀还大量地以人为牺牲,有时竟用到一千人以上。殷王或者高等贵族的坟墓,也有不少的生殉和杀殉,一墓的殉葬者往往多至四百人。这样的现象,不是奴隶社会是不能想象的。"(《中国古代史的分期问题》)

当然,对于商代的殉葬现象如何看待,学术界还有争议。生殉和杀殉的人牲究竟是奴隶还是俘虏,也有待于重新认识。一些体质人类学家认为:"(人骨的)实际情况更可能是存在蒙古人种主干下的类似现代北亚、

---

① 郭沫若:《中国古代社会研究》,《郭沫若全集·历史编》第一卷,人民出版社,1982,第 154 页。
② 尹达:《关于殷商社会性质争论中的几个重要问题》,《中国文化》1940 年第 2 卷第 1 期。
③ 郭沫若:《奴隶制时代》,《郭沫若全集·历史编》第三卷,人民出版社,1984,第 80~81 页。

东亚和南亚种系成分,其中,接近东亚的仍然较多。体型上这种多种系成分,可以解释为殷人同四邻的方国部落征伐时,虏获了不同方向来的异族俘虏。"① 唐际根在对殷墟王陵祭祀坑遗骸做了重新研究后,利用甲骨卜辞"羌祭"及"杀牲法"的记载,以及锶同位素等科技考古手段,进而认为这些人牲主要是来自羌族的俘虏。② 更有学者对于中国历史上是否存在奴隶制都表示怀疑。③

对中国奴隶社会阶段这个理论问题,固然还有待于进一步深入研究。但这并非本文重点。即使从古文字角度来说,郭沫若的某些考释也不无争议。例如郭沫若认为:"殷、周两代从事农耕者谓之民,谓之众,谓之庶人,其地位比臣仆童妾等家内奴隶还要低。"④ 而裘锡圭则认为,卜辞中狭义的"众"就是平民,他们虽跟贵族阶级有疏远的血缘关系,但实际上已成为被统治阶级,广义的"众"在一般情况下也应包括平民,上古的"民"同样有广义狭义之别。⑤ 对于有关问题,我们后面还会详细讨论。

又如关于殷代的农业状况,郭沫若的认识也在不断进步。1930 年郭沫若《卜辞中之古代社会》曾强调殷代产业状况已经超过了渔猎时期,而进展到牧畜的最盛时期,农业已经出现,但尚未十分发达,商代的产业是由畜牧进展到农业的时期。后来他整理甲骨文字,发现甲骨文里记载畜牧的卜辞太少,而关于农业的卜辞却非常多;在《卜辞通纂考释·食货》中,他重新解释了这个问题:"言刍牧之事者,以上举六片较为明晰,而为数实甚罕。然此不能为殷代牧畜未盛之证。"他在《卜辞通纂考释·食货》一章的结语中说:"大抵殷人产业以农艺牧畜为主。"从这里可以看到郭沫若的意见似乎也稍微有些动摇,最低限度上他并不忽视高度发展的农业经济。⑥ 随着研究的进一步深入,1944 年他在《古代研究的自我批判》中则说就卜辞所见,殷代"农业却已经成为了主要的生产了"。1952 年在《奴

---

① 韩康信、潘其风:《殷代人种问题考察》,《历史研究》1980 年第 2 期。
② 唐际根、牛海茹:《殷墟王陵区人祭坑与卜辞所见"羌祭"及"杀牲法"研究》,载香港浸会大学《人文中国学报》编辑部编《人文中国学报》第十九期,上海古籍出版社,2013,第 411~432 页;唐际根、汤毓赟:《再论殷墟人祭坑与甲骨文中羌祭卜辞的相关性》,《中原文物》2014 年第 3 期。
③ 陈民镇:《奴隶社会之辩——重审中国奴隶社会阶段论争》,《历史研究》2017 年第 1 期。
④ 郭沫若:《十批判书》,《郭沫若全集·历史编》第二卷,人民出版社,1982,第 38 页。
⑤ 裘锡圭:《关于商代的宗族组织与贵族和平民两个阶级的初步研究》,《裘锡圭学术文集·古代历史、思想、民俗卷》,复旦大学出版社,2012,第 141~146 页。
⑥ 尹达:《关于殷商社会性质论争中的几个重要问题》,《中国文化》1940 年第 2 卷第 1 期。

隶制时代》中又说，根据卜辞的记载，殷代"农业的生产却已经确实地成为主流了"。

再如关于殷代的生产力水平，郭沫若的看法也先后不一。《中国社会之历史的发展阶段》认为："中国的古物属于有史时期的只出到商代，是石器、骨器、铜器、青铜器，在商代的末年可以说还是金石并用的时期。""在商代都还只是金石并用时代，那么在商代以前的社会只是石器时代未开化的原始社会，那是可以断言的。"① 《卜辞中的古代社会》认为："盖和甲骨同时出土的古器物，只是石器、骨器、铜器，而决无铁器的存在，这正证明殷代当年还是金石并用时代，离石器时代并不甚远。"② 对于商代青铜时代的生产力发展未免估计过低。随着研究的日渐深入，郭沫若自己也逐渐纠正了这些错误看法。

四　郭沫若中国古代社会研究中的古文字问题

郭沫若对于古文字字形本身所蕴含的文化信息是有着自己的认识的："卜辞及其文字则一切后代文化之原始细胞也。触目及此，云翳具除。如宗教之起源于生殖崇拜，刑政之滥于奴隶使用，艺术之本质在服务于社会，星历之现象，最亲昵于先民，胥若明如观火矣。凡此种切均相因相应，有本有源，绝无天创草昧之神功，亦无首出庶物之圣叶。"（《甲骨文字研究·序》）郭沫若曾经说，"民乃象形文字，此实三千年来传世之古画，文献之可征当无有更优于是者"：③

> 今观民之古文，则民盲殆是一事。然其字均作左目，而以之为奴隶之总称，且周文有民字而殷文无之（《商书·盘庚》及《微子》诸篇虽有民字，然非古器物，不能据为典要），疑民之制实始于周人，周初以敌囚为民时，乃盲其左目以为奴征。臣民字均用目形为之。臣目竖而民目横，臣目明而民目盲。此乃对于俘虏之差别待遇。
>
> 要之，臣民均古之奴隶。……盖民乃敌虏之顽强不服命者，即是

---

① 郭沫若：《中国古代社会研究》，《郭沫若全集·历史编》第一卷，人民出版社，1982，第18~19页。
② 郭沫若：《中国古代社会研究》，《郭沫若全集·历史编》第一卷，人民出版社，1982，第189页。
③ 郭沫若：《释臣宰》，《郭沫若全集·考古编》第一卷，科学出版社，1982，第72页。

忠于故族而不甘受异族统治者之遗顽，而臣或宰为其中之携贰者。古人即用其携贰者宰治其同族，故虽是罪隶而贵贱有分。相沿既久，则凡治人者称臣宰，被治者称为庶民，所谓大臣家宰侵假而称为统治者之最高称号。一部阶级统治史，于一二字即已透漏其端倪，此言文字学者所不可不知者也。①

郭沫若的古文字研究，比较注意甲骨文、金文等字形初文，往往根据古文字初文，就对字义做出了不同于传统解释的新的字形分析。例如《释祖妣》《释臣宰》等，聚焦于早期字形，对于祖妣、臣宰等从古代社会制度的角度做了重新分析，令人耳目一新。又如郭沫若《卜辞中的古代社会》以"射""御""狩""毕""网""穽"等古文字字形来探讨殷代的畜牧业："由射字可以看出弓矢的使用。""在御字中可以看出马的使用，而且御字第四形还有服象的痕迹。狩字古本作兽，可以看出猎犬的使用。"② 完全从文字及其组成成分论证殷代的生产状况。他对甲骨文"众"字和金文"鬲"字的分析，就是这方面的典型代表。他指出：

> 卜辞众字作"日下三人形"如 𠈌 或 𠈌，象多数的人在太阳底下从事工作。再从发音上来说，童（僮）、种、众、农、奴、辱等字是声相转而义相袭的。③

> 鬲与人鬲就是古书上的民仪与黎民，黎、仪、鬲（歷）是同音字。鬲是后来的鼎锅，推想用鬲字来称呼这种"自驭至于庶人"的原因，大概就是取其黑色。在日下劳作的人被太阳晒黑了，也就如鼎锅被火烟燂黑了的一样。④

但其得在此，其失也在此。由于历史的局限，郭沫若的论断也不无可以修正之处。随着古文字研究的进步，郭沫若的古文字考释今天看来也有某些可以商榷。即使抛开字形分析正误不论，古文字研究也不能不顾辞例

---

① 郭沫若：《释臣宰》，《郭沫若全集·考古编》第一卷，科学出版社，1982，第65~76页。
② 郭沫若：《中国古代社会研究》，《郭沫若全集·历史编》第一卷，人民出版社，1982，第250~251页。
③ 郭沫若：《奴隶制时代》，《郭沫若全集·历史编》第三卷，人民出版社，1984，第22页。
④ 郭沫若：《奴隶制时代》，《郭沫若全集·历史编》第三卷，人民出版社，1984，第24页。

和语境，仅就字形本义立论，更不能断言"一部阶级统治史，于一二字即已透漏其端倪"。

古文字的造字本义，究竟应当如何解释，众说不一。很多象形字、会意字，究竟表的是什么意，有时并不十分清楚。这时如何分析字形，就是一个见仁见智的事情。古文字的考释并不等于"看图识字"，除了文字学的功底之外，还应该具备语言学的眼光，兼顾文字的使用环境，不能就字论字。毕竟字义不同于词义，如果一个古文字的造字本义从来没有使用过，那么对其字形造字初文的分析，就难免会有主观之嫌。例如释"臣"为"人首俯时则目竖，所以象屈服之形"，"民"字为"左目形而有刃物以刺之"，就很难在文献中得到印证。自然对于"臣""民"初文的解释，也只能作为一家之说，难以成为定论。汪宁生即认为臣字为瞋（睁）字初文，本义为瞋目望视，借用来作为监督劳动的奴隶头子的专称，后又泛指一般的奴隶及为君主效劳和办事的人。① 于省吾则认为，"臣"字起源于以被俘虏的纵目人为家内奴隶。② 同样，把祖妣与生殖崇拜联系起来，得失参半。关于"祖"的考释令人大开眼界，颇受启发。至今考古学界还把出土的男性阳具明器称为"祖"，即是对郭沫若考证的高度肯定。当然，把"土"仍然视为"牡器"之象形，则亦有未安。至于"妣"字，郭沫若认为"匕乃匕柶字之引伸"，其说甚是。但是又说"盖以牝器似匕，故以匕为妣若牝也"，其说则非。现在认为一般是饭匕的"匕"的象形，和女性生殖器无关，"匕"古文字用为"妣"只是一种假借，"牝"从"匕"声则是一种古音上的阴阳对转关系。也就是说，"匕"这个字和"妣""牝"等词并没有孳乳渊源等关系。

诚如杨树达所说："彝铭之学，用在考史，不惟文字，然字有不识，义有不究，而矜言考史，有如筑层台于大漠，几何其不败也？"③ 以郭沫若关于殷代牛耕问题的研究为例，1934年郭沫若《释勿》认为："勿实犁（犁）之初文，犁耕也，此字从刀，其点乃象起土之形。"1952年《奴隶制时代》仍然说"殷人已经发明了牛耕。卜辞有很多犁字，作 或 。勿即象犁头，一些小点象犁头启土，嵌在牛上自然就是后来的犁字，这可证明殷代是在用牛从事耕种了"。但是，这是对于文字的误释。对此，姚孝

---

① 汪宁生：《释臣》，《考古》1979年第3期。
② 于省吾：《释臣》，《甲骨文字释林》，中华书局，1979，第311~316页。
③ 杨树达：《积微居金文说·自序》，《积微居金文说》（增订版），科学出版社，1957。

遂批评说:

> 更为习见的是,仅仅从个别文字的概念,甚至个别文字形体本身,牵强附会地加以推演,驰骋想像,与后世晚出的概念、事物甚至制度划上等号,混为一谈。例如:有人仅仅根据甲骨文已有了"公""侯""伯""子""男"这些字,就说商代已有了五等爵制度,这只能是在玩弄概念游戏。又例如:说商代已出现了牛耕,根据是甲骨文有"犁"字,即象牛耕之形。事实上所谓甲骨文的"犁"字,不过是"勿""牛"二字的合文,是指牛的毛色,与犁耕风马牛不相及。又例如:说商代的"众"的社会身份是奴隶,其根据有三。一是甲骨文的"众"字象"日下三人行";二是"众"参加集体劳动;三是西周金文《曶鼎》的"众"的身份是奴隶。任何人都会提出疑问:为什么"日下三人行"和参加集体劳动就必然是奴隶?任何人也不可能对此作出一肯定的回答。至于《曶鼎》的"众",现已充分证明其身份不是奴隶。这三条理由没有一条是可以成立的。①

郭沫若的古文字研究,有时颇多诗人气质的非凡想象。诚如法国汉学家马伯乐所批评:"他常常逞自己的玄想,有许多太大胆的不能接受的假设,实是些无意义的跑野马;而且即使那个假设可采用,也足阻碍读者了解他的论证。"②

以《释支干》为例,该篇详考十干、十二支的产生及构形本义,以巴比伦古十二宫与十二辰、巴比伦星名与十二岁相比较,对中国古代天文历法及其相关问题发表了一系列独特的见解。至于谓干支之十二辰文字源于古代巴比伦之十二宫,既难以从考古学上追溯相似文化之传播,更难以从语言学上解释不同语音之变异,实属异想天开之构思。楔形文字专家吴宇虹指出:

> 从公元前1800年起,所有的苏美尔词符都被读成阿卡德语(如日文中的汉字被读成日语而不是汉语),他使用的苏美尔星名符号(一些符号读音有多个)可能已经被当地人读成阿卡德语星名。因此,

---

① 姚孝遂:《甲骨学的开拓与应用》,《殷都学刊》1990年第4期。
② H. Maspero著,陆侃如译《评郭沫若近著两种》,《文学年报》1936年第2期。

他用的苏美尔星名对应中国的摄提格等12个岁名的方法很不可靠。实际上，他在文中给出的中文12岁名和楔文（多为苏美尔语）十二星名对照读音以及《尔雅》中12月名对应苏美尔12个月名的对照读音十分勉强或相差甚远，这些读音很难成为他所谓的这些中文岁名和月名术语来自两河流域文明的证据。①

但是《释支干》认为二十八宿源出中国，制定年代在战国初年，至汉武帝通西域时输出西方，则值得肯定。在曾侯乙墓漆箱文字中已经有完整的二十八宿之记载，是迄今所见世界上最早的二十八宿天文图，② 这是中国二十八宿并非源于古代巴比伦天文学的明证。对此，饶宗颐指出：

> 与随县曾侯乙墓的编钟一同出土的漆箱盖，其上中间写一特别大的斗字，并绘青龙和白虎于其左右，二十八宿之名罗列于四周，把二十八宿的年代大大提前。证明《史记·天官书》所记汉代星图亦是同样依四灵在四个方向来作分配，是同一脉相承的系统，没有如巴比伦那样按十二月来安排星座的具体而整齐。可见中国与亚述的天文学实际还有很大的距离。但是一般谈起中国天文，每每有中国出于巴比伦的误解，甚至还欲把一切关于天象的名目包括岁阳月名等采用同音比附方法一一说成出于巴比伦的星座，那是很有问题的。只有法国的马伯乐他最反对这种说法，认为两国的天文学根本没有什么关系，我觉得非常合理。③

天文学家陈久金也指出：

> 某些研究二十八宿起源的西方学者，包括英国李约瑟《中国科学技术史·天文卷》在内，在相当长的时间里，都主张古代各国流行的二十八宿起源于巴比伦。④ 因为人们普遍认同巴比伦是西方天文学的发源地。他们曾断言除黄道十二宫外，巴比伦人的另一个三十一个标

---

① 吴宇虹：《巴比伦天文学的黄道十二宫和中华天文学的十二辰之各自起源》，《世界历史》2009年第3期。
② 谭维四：《曾侯乙墓》，文物出版社，2001，第158页。
③ 饶宗颐：《古史上天文与乐律关涉问题——论曾侯乙钟律与巴比伦天文学》，载汤一介主编《中国文化与中国哲学1988》，生活·读书·新知三联书店，1990，第227页。
④ 李约瑟：《中国科学技术史·天学》，科学出版社，1975，第190~195页。

准星体系就是二十八宿。如果说三十一这个数为二十八宿加三垣,那么三垣也是中国所特有的星官体系,不过,将三十一个星座附会为二十八宿,无论如何是困难的,人们也从未在楔形文字的泥版书中发现过二十八宿星表。再说这三十一个标准星体系的出现,不能早于塞琉西王国时期(前64~前312年),显然不能与中国相比。①

最近公布的清华简《五纪》又完整记载了另外一套二十八宿的名称,与其他文献多有不同:建星、牵牛、婺女、虚、危、营室、壁、奎、娄女、胃、昴、浊、参、伐、狼、弧、味、张、七星、翼、轸、大角、天根、本角、驷、心、尾、箕。整理者认为:"这反映了即使在战国时期的楚地,二十八宿的流传也是具有多样性的。《五纪》的发现对研究二十八宿的形成和早期流传有重要意义,为先秦天文学史的研究提供了重要的文献材料。"② 这个发现对于二十八宿的境外起源说无疑是新的打击。

尽管有这些缺陷,郭沫若以马克思主义理论为指导,密切联系中国古代社会研究的做法仍然值得充分肯定和提倡。其大处着眼,小处入手,宏观、微观密切结合的研究方法,无不体现了辩证唯物主义和历史唯物主义的实践精髓。

---

① 陈久金:《斗转星移映神州——中国二十八宿》,海天出版社,2012,第59页。
② 石小力:《清华简〈五纪〉中的二十八宿初探》,《文物》2021年第9期。

史料辨正

郭沫若购买有岛武郎《三部曲》的潜在动机

岩佐昌暲[*]

摘　要：1920年郭沫若曾购买一本有岛武郎的戏剧作品集，其中收录了有岛武郎的《三部曲》，即《大洪水前》《参孙和达莉拉（Samson and Deliah）》《圣餐》三个剧本。本文考察了郭沫若购买有岛武郎《三部曲》的潜在动机，认为郭沫若购买有岛武郎的戏剧作品集，并且很快读完后归纳其概要和自己的感想寄给在东京的田汉，是出于一种针对田汉的抗衡意识。这种抗衡意识与1920年他们所处的文化环境有关。郭沫若当时所处的文化环境，构成了促使他走向组建创造社之路的一个非常重要的因素。

关键词：郭沫若　有岛武郎　《三部曲》　潜在动机

1920年3月5日，郭沫若买了一本白桦派知名作家有岛武郎的戏剧作品集，其中收录了有岛武郎的《三部曲》，即《大洪水前》、《参孙和达莉拉（Samson and Deliah）》以及《圣餐》三个剧本。

剧本买下后郭沫若马上开读。他最喜欢的作品是《参孙和达莉拉（Samson and Delilah）》。事后，他还把全剧概要和重要部分译成汉语寄给了田汉，并附上了自己的读后感想。

在这之前，通过宗白华的介绍，郭沫若与田汉一直保持着书信往来。郭、田、宗三人将1920年1月到3月末之间往来的20封书信汇集成书，各自还特意作序，最终以《三叶集》为书名，于1920年5月由上海亚东图书馆正式出版。在这本《三叶集》里，田汉致信郭沫若3封，郭沫若一一作了回复。

其中田汉写给郭沫若的第三封信里有这样一段文字记述，说"我昨天买了一部有岛武郎氏底《三部曲》"。

---

[*] 岩佐昌暲，九州大学名誉教授。

本文的主题是，郭沫若购买有岛武郎《三部曲》的潜在动机和寄给田汉的读后感是怎样写成的。围绕这样一个细节问题，以下仅表述我的一家之见。①

先谈谈结论性的想法。以下都是我的猜测。

郭沫若购买有岛武郎的戏剧作品集，并且很快读完后归纳其概要和自己的感想寄给在东京的田汉，是出于一种针对田汉的抗衡意识。

郭沫若读田汉 2 月 29 日的来信之后，应该因其内容受到了某种程度的震撼或冲击。之前从田汉那儿接到的 2 封信，都是田汉以尊敬年长者的姿态写的。郭沫若在他的信中不仅坦率地发表自己关于诗歌的见解，还毫无拘束地披露自创诗歌或者译文译诗给田汉看，字里行间显露出一种有意向田汉显示自己诗才和外语能力的姿态。他这样的态度可以说是作为文学的前辈的态度。对此，田汉以听教导的学生的态度与郭沫若接触。

然而，2 月 29 日那封来信是一篇论述田汉研读西洋现代戏剧剧本和戏剧理论以及来日本后实际观看在剧场舞台上上演的日本现代话剧的观剧体验，这篇长文展示了田汉造诣高深的戏剧观。换言之，此刻在郭沫若面前，毫无疑问田汉是以一位既掌握了丰富的西洋戏剧知识又颇具日本历史戏剧修养的青年研究者姿态出现的。

从田汉的信中，我们看得出来，也感觉得出来，东京在当时可谓欧美文化流入亚洲的窗口，生活在亚洲文化中心的东京，田汉有一种对文化知识的充裕感。他在信中有意无意地列举一串串有关戏剧的术语（人名、书名、舞台用语等），自己读过的杂志名字，看过的戏剧，等等，在这些信息的背后，有一种优越感若隐若现。

例如，易卜生、松井须磨子、岛村抱月、Suderumann（苏德曼）、契

---

① 在郭沫若研究领域里，这样的细节问题是否能够成为值得研究的问题？坦率地说，对此我没有自信。只是，在读这封信时，我产生了一种微妙的不协调的感觉。郭沫若前一年秋天，新学期开始的时候，就是他"开始向《学灯》投稿的时候，无心地买了一本有岛的《叛逆者》"。以此事为开端郭沫若认识了书里介绍的惠特曼和他的诗集《草叶集》，并由此为惠特曼所倾倒，在他的影响下创作了《凤凰涅槃》《晨安》《地球，我母亲！》《匪徒颂》等诗歌作品。这个故事由于在《创造十年》《我的诗作的经过》等中被作者反复叙述而在研究界被视为一种定论，然而有关有岛武郎的《三部曲》与郭沫若自己文学创作的关系，郭沫若似乎从未言及（也许是我孤陋寡闻……）。所以我对郭沫若当时购买有岛武郎的《三部曲》这个行为产生了一种违和感。购书行为的前因后果关系不明，所以我觉得突然，或曰感觉到了不大协调。于是，渴望弄清郭沫若购书行动的理由，就成了促使我考察这个问题的动机。

诃夫、梅特林克等文学家的名字,《玩偶之家》《海达高布尔》《沉钟》《故乡》《荣誉》《青鸟》《玛丽亚·玛格达刺娜》等世界著名的戏剧文学作品,还有像 Realistic、Neo-Romantic、Modern Drama、文艺协会、有乐座等有关戏剧的专业术语,在这一套颇为庞大的叙事系统中田汉还穿插了他自己在东京的实际观剧体验,我们完全不难想象,缺乏现代戏剧知识的医学系留学生郭沫若读了这些文字后会油然而生一种自叹弗如的深沉自卑感。

在针对前两封田汉来信的回信里,郭沫若只字未提堪与田汉相对抗的同时代的文化体验。他对戏剧的了解,仅局限于歌德、席勒那样的古典文学中专供阅读的剧本。至于日本的话剧,不用说在舞台上演的,就连剧本也没读过。为了对付来自田汉的知识威压,并能与他进行对等的知识文化交流,郭沫若急切需要弥补自己在人文素养上的不足,具体地说,就是必须马上补充有关同时代现代戏剧方面的知识。

郭沫若在书店看见并购买有岛武郎《三部曲》的时间是 1920 年 3 月 5 日,这本书初版问世是在前一年的 12 月。也就是说郭沫若在该书出版后很快就买下了这本书。3 月 6 日的信上郭沫若写道,"我昨天买了一部有岛武郎氏底《三部曲》"。然后边归纳内容要点边写了此书的读后感,一并寄给了田汉。

他写道:"描写是灵肉底激战,诚伪底角力、Ideal 与 Reality 底冲突。他把 Samson 作为灵底世界底表象,Deliah 作为肉底世界底表象""Samson—超人—底'力'底源泉便是'诚'。"

透过这样的文字,我们可以看出郭沫若那种深层心理中隐而不露的抗衡心理或曰竞争心理。面对能够轻车熟路地从多种视角对西方现代戏剧进行分析的田汉,郭沫若这样做,无非是为了显示自己不仅拥有并不亚于田汉的感性和理解能力,并且还能与之进行对等的知性文化交流与互动。

总而言之,在这之前对当代日本文学并不关心的郭沫若,在书店看见有岛武郎的戏剧新作并买下它,我们是不是可以断定这背后的驱动就是他对生活在大都会东京的新朋友田汉的文化体验和才华的抗衡心理呢?按照这样的思路,我想他当时买的是不是有岛武郎的《三部曲》等,已经无关紧要。对他来说,重要的有两点。第一,必须是日本当代文坛上著名剧作家的作品。第二,作家的名字他知道。而郭沫若购买有岛武郎的《三部曲》，我认为正好满足了以上两个条件。此外，买这部书的日子也并无特别，只不过值得一提的是买书前几天他收到过田汉的来信。①

最后，我想讲一下郭沫若对田汉产生抗衡意识时他们所处的1920年的文化环境。

对郭沫若来说，倘若他立志于医学，福冈的留学生活环境并不比其他地方差。因为建校不久的九州帝国大学医学系人才荟萃，与东京不少医科大学相比，教授阵容毫不逊色。而且，该校的学术水平也被评价为当时日本医学界的顶峰。

然而，这一时期的郭沫若却一心想弃医从文。这样的文化环境对他来说可谓很不理想。首先，他无法回避要面对福冈这个地方小城市与日本文化中心的大都会东京之间存在的无法弥补的文化差距。其次，他还必须面对而且无法改变自己一个人的"官费"支撑一家四口贫困生活的现实。当时的福冈跟东京一样也有电影院和剧场，但郭沫若一家却没有享受这些同时代文化产品的经济能力。

此外，田汉此时流露出来的思想变化也值得关注。对田汉来说，亚洲的文化中心东京已不再能够充分满足他学习现代戏剧的热情和求知欲。他在这封书信的末尾写道：

> 我现在已经不想在日本久留了，一有机会便想向 London，或 New York 方面去，到 London 更所愿，因为有同邑的……诸先生在那儿，而且和大陆接近，可随时接触 Paris、Berlin、Rome 诸都的艺术界啊。

在此，他以一种对欧洲无限憧憬的语言来结束这封信。信中所流露的情绪，正是对在学习吸收西洋现代戏剧问题上止于追求形似的日本大正时期戏剧文化产生绝望的表现。

但是，对郭沫若来说，情况则不同。郭沫若通过田汉书信所看到的，

---

① 《三部曲》是新潮社从1917年开始出版发行的《有岛武郎著作集》全16卷中的第10卷。新潮社社长佐藤义亮在他的回忆录（《新潮社四十年》，1936）里写过"这套全集好评如潮，问世后全部售罄，马上要重版加印"。想必当时在书店堆积如山。郭沫若前一年购买的《叛逆者》即这套作品集中的第4卷，出版于1918年。第6卷以后出版商变更，改由一个叫丛文社的出版社出版，不过，到了最后的第16卷，再次由原来的新潮社出版。

是在东京貌似得到了实现的"现代（Modernity。被理想化了的西洋社会构造以及在这基础上建立起来的思想及精神等）"。他在福冈只能借助于阅读西洋书籍和幻想来体验这种"现代"。我认为郭沫若当时所处的这种文化环境，构成了促使他走向组建创造社之路的一个非常重要的因素。

翻译：武继平（福冈女子大学教授）

学术与政治之间：顾颉刚日记中的郭沫若

解 扬[*]

摘　要：本文以《顾颉刚日记》所见顾颉刚对郭沫若的看法为据，摸索顾颉刚在新中国成立前后认可郭沫若为学从政事业的过程。顾颉刚早年即对郭沫若新著《鼎堂甲骨文考释》代表的学术新动向有所留意，日后更羡慕其有时间和精力能够投入研究。新中国成立后，顾颉刚逐渐在郭沫若领导的新中国史学建设中，找到了与自己的学术宗尚并不相悖的线索，加上当时国家领导人的关心，为他能在既有的事业上继续前行，同时最终认可并接受以郭沫若为代表的马克思主义史学的正统性提供了空间。

关键词：学术　政治　《顾颉刚日记》　郭沫若

郭沫若（1892~1978）与顾颉刚（1893~1980）为同时代的史学大家，在1948年皆入选中央研究院首批院士，1949年后也同受政府重视。但两人在学术道路上的区别也十分明显，郭沫若用马克思主义唯物史观阐释古代社会，在文学艺术创作之外，发展出一条影响新中国历史唯物主义学术体系建设的道路；顾颉刚则致力于阐说古史，在史学与民俗研究之间尽显才情。两人在学术路径上产生的差别逐渐影响到他们的社会角色及各自在史学团体中的地位。仔细分析两位先生的学术观点与政治主张，不仅有助于了解新中国成立前后史学界的样貌，理解时人对新旧政权与历史观念的看法，还可以摒除以今度古、先入为主的失当之见。

此课题牵涉内容甚多，线索复杂，必须洞悉当时的政治背景、深入人事关系，才能做出稳妥的评价。本文取其一隅，仅以《顾颉刚日记》所见顾颉刚对郭沫若的看法为据，摸索其在新中国成立后认可郭老为学从政事业的过程。

---

[*] 解扬，中国社会科学院古代史研究所研究员，中国历史研究院"朱鸿林工作室"特聘研究员。

一　顾颉刚眼中郭沫若的学术形象

顾颉刚与郭沫若早年都是民国史学界的大忙人，除了常年忙于受邀及自撰文字发表外，还广泛参与各类社会活动，与民国政治不无关系。但无论如何繁忙，读书撰文仍然是两人的主要职志。职是之故，他们对学术界新近的动向也表现出足够的敏感。

顾颉刚第一次在日记中提到的郭沫若著作，是1929年在容庚处见到的《鼎堂甲骨文考释》一书。[①] 顾颉刚读到此书后，在当天的日记中称赞郭沫若学术"极多创见"，甚至由其学进而论其人，称："此君自是聪明人。彼与茅盾二人皆以不能作政治活动而于学术文艺有成就者。"[②] 这也是顾颉刚日记中所见他对郭沫若的首次评价。

从郭沫若一方来看，彼时正值人生转折的重要阶段。他自1928年2月赴日本避难，至1937年全面抗战爆发回国，1929年并不在国内。虽然顾氏的观感无误，但他在以前的日记中，却没有读过郭著的记录，为何反而在郭氏去国之初，才在读其著作后给予特殊评价呢？顾颉刚在早年的日记中很少评论时事，所谓客观的史事因由，后世人无从得知，但从时事之语境加上日记之文本，我们仍然可以做些疏解。

从顾颉刚评价郭沫若"不能作政治活动"来看，他对郭赴日避难应该有所耳闻；若如此，则他对郭在国内的活动应该也不会陌生。郭沫若在赴日避难以前，在国内有多重身份，参与的政治活动与社会活动极多。仅从1926年北伐军攻克武昌前后来看，郭沫若最重要的职务是当年10月9日亲受蒋介石委任，为总政治部副主任，少将军衔，兼任总政治部编史委员会委员长，参加国民革命军总司令部战时政治工作会议，处理覆盖全国的政治部工作等。按照《广州民国日报》当年12月21日公布的《总政治部扩大组织》一文所说，该部主任的职责是"承总司令之命令，中央党部之指导，处理全国海陆军队及社会之政治训练事宜"，副主任的职责为"辅

[①] 顾颉刚：《顾颉刚日记》第二卷，一九二九年十二月廿二日，联经出版事业公司，2007，第354页。

[②] 顾颉刚：《顾颉刚日记》第二卷，一九二九年十二月廿二日，第354页。

助主任处理一切事宜"。① 这虽然是文职，但此前郭沫若还曾随总政治部人员徒步经韶关、入湖南，从衡阳赶赴武昌，亲身忙于战事。②

在如此繁忙的战时阶段，身负重任的郭沫若仍有不少文学作品问世。1926 年下半年，郭沫若发表了小说《红瓜》，为增订本《少年维特之烦恼》撰写了后序，还参与了筹备中山大学的系列会议，翻译的剧作《争斗》由上海商务印书馆初版发行，为《西洋美术史提要》撰写序言及"书后"。正因为身兼学、政两途，郭沫若被孙炳文赠以"戎马书生"之誉。③

郭沫若此前的写作主要以政论、翻译和公文为主，在文学艺术领域，在甲骨学、古文字学领域尚未显出磅礴的气势。正因如此，对郭的新著《鼎堂甲骨文考释》，顾颉刚注意到了新的学术动向。之后，顾颉刚的日记中就常有阅读郭沫若新著的记录，如 1930 年 2 月 22 日有"看郭沫若先生甲骨文考释"④；7 月 5 号，在点《春秋繁露义证》之《三代改制质文篇》的当日，读郭氏名著"《释祖妣篇》，未毕"⑤；10 月 19 日，记"看郭沫若《古代中国社会研究》"⑥。

对于郭沫若新作迭出的状态，感情细腻的顾颉刚有过这样一段自况之词，颇值得玩味。他在日记中感慨道：

> 昨与子植谈，予谓郭沫若之著作何其多，彼云，无杂事，可专心。此言殊刺予心，予安得有此无杂事之生活耶？年日以长，黄金时间将逝矣，奈何！⑦

子植是史学家刘节的字。刘节此说，当是指郭沫若身在日本，能在避难之境潜心学术的为学状态。顾颉刚以刘节之言殊刺彼心，恐怕是谓其早有此自觉，只不过不愿承认而已；今蒙友人揭穿说破，故而感慨为学的黄金时间逐渐逝去而著作无多。这番慨词，一方面显现了顾对自己疏于为学、疲于交际的愤懑，另一方面显然就是对郭沫若能静心为学的欣羡。这

---

① 林甘泉、蔡震主编《郭沫若年谱长编（1892—1978 年）》第一卷，中国社会科学出版社，2017，第 375~376 页。
② 林甘泉、蔡震主编《郭沫若年谱长编（1892—1978 年）》第一卷，第 371~373 页。
③ 林甘泉、蔡震主编《郭沫若年谱长编（1892—1978 年）》第一卷，第 363~368 页。
④ 顾颉刚：《顾颉刚日记》第二卷，一九三〇年二月廿二日，第 377 页。
⑤ 顾颉刚：《顾颉刚日记》第二卷，一九三〇年七月五日，第 416 页。
⑥ 顾颉刚：《顾颉刚日记》第二卷，一九三〇年十月十九日，第 450 页。
⑦ 顾颉刚：《顾颉刚日记》第二卷，一九三二年十一月十四日，第 710 页。

是郭氏学术在顾氏眼中的基色。

顾氏的社会活动多，占用的时间也多，既不能推辞，由此而生的矛盾之情自然在所难免。此种心情，在日记中表露极多。① 1932年11月10日晚，在自学校回家的路上，顾颉刚有感于薄寒淡月，兴起悲心，回顾自己求爱、为学和避人事三端，竟生出一番无解的烦恼。其中，他尤其感念学术一端，称"学，予极有野心者也，终遭牵掣，不能如愿以偿"，且谓"此信念毫无事实的根据，只仿佛有上帝的默示而已"。② 这番感慨的因由是近来应酬多，甚至梦中都有所验应。在四天后的日记中，顾颉刚记下了："此四日中，时间完全费在酬应上。如此生活，学问又有何望？"以致在梦中立下誓言："吾将入山读书五年。此种梦想，我当矢志实现之。"③

然而，一旦面临繁忙的学术应酬，顾颉刚又苦于难以脱身。1933年著名汉学家伯希和来京，顾颉刚在12月29日接到法国公使馆来电话，邀次日赴宴。顾颉刚苦恼道："他一来，又不知要费我多少功夫在交际上。别人要名要利，我则只要时间。一个半天，写了几封信，接了几个电话，也就完了！"④ 果然，这几日顾先生的行程安排里，到访的伯希和成了主角。次日，顾颉刚便与洪煨莲夫妇同乘汽车到法国公使馆赴欢迎伯希和之宴，晚间又到清华，参加叶公超请伯希和的晚宴。⑤ 顾先生一边赴宴，一边对逝去的时间心有不甘。当时距1932年感慨郭沫若著作多而自己不及之的往事，其实并不太远，为之烦闷的旧日情形也丝毫没有改变，心中的矛盾恐怕无从消解。由此，顾颉刚对郭沫若学术著作的欣羡之情，随着疲于应付学界往来的情形日益加剧而愈发难平。

顾颉刚羡慕郭沫若的著作多，而且值得读，但日记中并未表现出视之为竞争对手的线索，他从未贬低过郭的学术成就。相反，我们从顾氏日记中的蛛丝马迹，还能发现他有引郭为同调的迹象。在1944年的日记里，顾颉刚保留了一份《新华日报·新华副刊》的简报，作者是舒芜，标题是

---

① 甚至在晚年，顾颉刚仍然有此感慨。他在《我怎样从事民众教育工作》中说："我在《古史辨·自序》里曾说，我既不愿做政治工作，也不愿做社会活动，我只望终老在研究室里。这个志愿，在这二十余年中没有变过，然而却做了社会活动，也接近了政治工作。"《顾颉刚自传》，北京大学出版社，2012，第69页。
② 顾颉刚：《顾颉刚日记》第二卷，一九三二年十一月十日，第708页。
③ 顾颉刚：《顾颉刚日记》第二卷，一九三二年十一月十四日，第710页。
④ 顾颉刚：《顾颉刚日记》第二卷，一九三二年十二月廿九日，第725页。
⑤ 顾颉刚：《顾颉刚日记》第二卷，一九三二年十二月三十日，第725页。

《饮水思源尊"考据"》。这是一篇从阎若璩开始批考据之学的杂文,在论及戴震、孙怡让之后,提到了当时学术界有两股以考证名世的风尚:"一方面,地上史料的考据,从崔适(应为"述")考到顾颉刚,考出帝王们说得天花乱坠的'上古圣王''三代盛世',全是一场骗局";"另一方面,地下史料的考据,从王国维到郭沫若,考出古代社会的真相,考出历史进化的情形,而且终于就考出历史唯物论来。这,恐怕就又还不止'支离破碎'而已了吧!"① 舒芜这篇虽是杂文,但笔锋不健,行文反而颇为晦涩。文章的主旨显然是批评考据学,视之为学术的后退,甚至斥为"爬行的经验论"。但所举的例子中,顾颉刚被视为崔述之后据地上史料考史之人,郭沫若则成了王国维之后研究古代社会的领军人物。无论是列名崔述之后,还是与郭沫若等同视之,顾颉刚都不至反感,并且顾氏自视便是崔述考辨古史的忠实追随者。② 而且,顾也确是将郭视为社会史研究的专家。在参与迎接伯希和的活动期间,顾颉刚在1932年12月31日的日记里保留了一份名单,其中在"社会史"一项下即有陶希圣、吴文藻、郭沫若、嵇文甫四位。③ 可见舒芜此说中对顾、郭学术形象、学界地位的判定,均能入顾法眼,并不以为误,是以顾氏并未在日记中置以否定之词。在顾看来,舒芜之说意在否定自己与郭沫若所做的学术考订事业,但今古相匹,列名即享大名。联系上文所论顾对郭学术著作的欣羡之意,他对郭沫若的学术已十分认可。

二 大中国图书局与中国新史学研究会

出版通俗读物是顾颉刚在个人学术之外,一直尽心投入的事业,这与他开设民众文艺课程,训练学生写通俗文字一脉相承。他执着于此,甚至不惜与同僚龃龉。在北平时,各大学里的师友很多与他过不去,蒋梦麟甚至惋惜地说:"顾颉刚是上等人,为什么做这下等事呢?"④ 但顾颉刚坚持在出版事业中耕耘,终其一生而未改变。

---

① 顾颉刚:《顾颉刚日记》第五卷,一九四四年十月卅一日,第358~361页。
② 对于崔述与顾颉刚考史的关系,参看路新生《崔述与顾颉刚》,《历史研究》1993年第4期。
③ 顾颉刚:《顾颉刚日记》第二卷,一九三二年十二月卅一日,第726页。
④ 顾颉刚:《我怎样从事民众教育工作》,《顾颉刚自传》,第77页。

顾颉刚早年投身出版业，既有弥补收入的用意，也有反对资本家剥削学者编书的目的。1922年夏天，因祖母去世，顾颉刚为办理丧葬等事，一时不能回北大，只能申请留职停薪。当时刚刚颁布新学制，商务印书馆急需编辑中小学教科书，召顾颉刚到馆承担国文、历史两种工作，他因此到了上海。[1] 在1923年1月5日的日记中，顾颉刚记道："周越然编英文教科，以抽版税故，每年可入八千元。此事予总想效法，以予欲赚钱，舍此无他道也。"[2] 故在次日，顾即同意郑振铎的想法，"自己出书，不受商务牵掣"，因约沈雁冰、叶圣陶等十人，"每月公积十元，五个月内预备出版品"。[3] 这一事业一直延续，顾颉刚甚至因受朱家骅支持而与反朱的陈立夫、陈果夫产生矛盾。当时办通俗读物编刊社，顾颉刚还被怀疑为共产党人，处境危险。朱家骅在南京，先从中央党部里弄到两万元汇寄北平，作为顾颉刚办出版社的出版费。但阻力与危险并存，陈立夫、陈果夫兄弟攻朱家骅最力，趁机唆使北平市党部向中央党部告状，指顾为共产党人，予以查办。因没有证据，也只是说："顾颉刚倘使不是共产党，为什么要接近民众？"顾以孙中山总理遗嘱中"必须唤起民众"为辞回应。[4] 因这件事情而起，"卢沟桥事变"后，顾颉刚所说："日本人开出黑名单，交给宋哲元缉拿，第一名是主持旧学联的张申府，第二名便是我。"[5]

梳理了顾颉刚在国民党时期的政治背景下所形成的思想，便不难理解1951年顾颉刚在上海与陈铎、金振宇等人共同发起成立大中国图书局股份有限公司的意图，究其根本，仍然是继续他将文史知识通俗化的一贯努力。只是在新中国成立后，此举还包含了顾氏一些新的思想动向。

新中国成立前后，郭沫若、范文澜、邓初民、陈垣、侯外庐、翦伯赞、向达等三十余位马克思主义史学家领衔筹建中国新史学研究会。在筹备环节，郭沫若出任筹备会常委会主席，顾颉刚并未列名其中。顾颉刚在1948年7月8日《新史学会筹备委员会在平成立》的简报后，回顾旧事，在日记里特别提到了罗常培。他对此人义愤填膺，说："予前办通俗读物，攻予谓共产党最力者，罗常培也。今北平入共党之手，首先钻进去者，亦

---

[1] 顾颉刚：《我怎样进了商界》，《顾颉刚自传》，第124页。
[2] 顾颉刚：《顾颉刚日记》第一卷，一九二三年一月五日，第311页。
[3] 顾颉刚：《顾颉刚日记》第一卷，一九二三年一月六日，第311页。
[4] 顾颉刚：《我怎样从事民众教育工作》，《顾颉刚自传》，第78页。
[5] 顾颉刚：《我怎样从事民众教育工作》，《顾颉刚自传》，第78页。

罗常培也。予前主持边疆语文会，攻击我不解边疆语文者，罗常培也。今入其所不习之史学团体者，亦罗常培也。天下乃有此无耻之徒，予甘心落伍矣！"① 这里提到的旧事，是指罗常培当年在顾颉刚办通俗读物有成绩之后的不平之词。顾记录道："看我们业务发展，（罗常培）在北大里义愤填膺地说：'通俗读物编刊社里的人都是共产党！'他和蒋梦麟一吹一唱，要把本社逼倒。"② 这里提到的本社，即是通俗读物编刊社。

　　正因为有这一层与罗常培的关系，③ 顾氏没有列名其中，被认为是被故意删落。④ 其实，顾颉刚不被纳入，自然是有意无疑，但其中之"意"究竟为何，如果将郭沫若领衔组织的中国新史学研究会与顾氏主持的书局一同纳入考虑，恐怕会有另一番思路。首先需要明确的是顾颉刚做学问的一贯宗旨与方法。他坚持文献积累，特重从普及知识入手培养人才。顾在谈及与傅斯年交恶的故事时，已提到过自己与傅的差别。⑤ 正因如此，以阐扬马克思主义为主旨的新史学团体，从学术宗尚上，便与顾对学问的根本看法不同。但这并不意味着新中国史学界对顾颉刚的排斥。顾在日记中记录了毛泽东关心过自己的学问，尤其是深望其进行改造，对旧日研究的经学，"主席云：搁一搁亦不妨"⑥。这对顾而言，无疑是定心丸和指明灯。在顾氏所感知的当时背景之下，再看1948年由他牵头组建的大中国图书局与郭沫若领衔筹备的中国新史学研究会之间，会有一些相通之处。

　　郭沫若在1951年9月28日中国史学会⑦成立大会上，做了题为《中国历史学上的新纪元》的讲话，核心是自1949年7月1日开始筹备以来，"经过两年多来的努力，中国史学界在历史研究的方法、作风、目的和对象各方面都有了很大的转变"，其中"第一，就历史研究的范围来讲。大多数的历史研究者已经逐渐从旧的史观转向了新的史观；这就是说，从唯

---

① 顾颉刚：《顾颉刚日记》第六卷，1948年七月卅一号所附剪报，第496页。
② 顾颉刚：《我怎样从事民众教育工作》，《顾颉刚自传》，第77~78页。
③ 按照余英时未予言明的因缘，似乎罗常培还在傅斯年面前诋毁顾颉刚，以至于顾、傅交恶。见余英时《未尽的才情——从〈日记〉看顾颉刚的内心世界》，载《顾颉刚日记》第一卷之首，第13页。
④ 余英时：《未尽的才情——从〈日记〉看顾颉刚的内心世界》，载《顾颉刚日记》第一卷之首，第53~54页。
⑤ 顾颉刚：《顾颉刚日记》第二卷，一九二八年四月卅日补《记本月二十九日晚事》（一九七三年七月记），第159~160页。
⑥ 顾颉刚：《顾颉刚日记》第八卷，一九五八年六月廿日，第447页。
⑦ 原筹备组建的"中国新史学研究会"在1951年的成立大会上正式定名为"中国史学会"。

心史观转向用马列主义的方法来处理实际问题,由唯心史观转向唯物史观,这就是头一个值得我们欣慰的一件事"。① 这一值得欣慰的史观转向,肯定不是重视文献整理与积累的顾颉刚所擅长的。仅凭这一条,顾颉刚不能入会,便在情理之中。但是郭沫若提到的第二条,与顾颉刚关心的问题距离并不远。郭说:"历史研究者的作风改变了。从前,历史学者研究历史完全是从个人的兴趣出发的。现在,这个从个人兴趣出发的历史研究转向到从事集体研究了。"虽然顾颉刚的研究旨趣并未顺应这一转变而改变,但他提携青年,关心后辈,进而热衷于史学的大众化,与这一转向实有一致之处。当然,郭沫若谈到的范围更广,他在讲话中还提到了包括从贵古贱今转到注重近代史,从大民族主义转到关心少数民族历史、注重亚洲史等转向。②

不必逐项核对顾颉刚的研究与郭沫若所说的是否一致,从顾热心投入的古史、边疆与民族调查等研究来看,即可知他的研究重点与中国史学会的研究内容并不抵牾,只是在运用马列主义研究历史的宗旨上,与学会尚有性质上的差别。而且,顾颉刚成立的大中国图书局,以"地图挂图及制造教育用品为业务"③,在编纂图书的宗旨上,既体现了顾颉刚普及历史知识的主张,也与中国史学会成立大会上指明的"从名山事业转变到群众事业"的方向吻合。从时间上看,大中国图书局虽然有旧日图书出版的传统在,但在事业上则体现了与中国史学会运行相一致的方向。因此可以判断,顾不入中国史学会是必然的结果;讥骂罗常培,也是前述旧事的因缘,但他并不是借曲笔否定郭及同侪的事业以表达对未被纳入的不满。

余 论

1965年9月3日,顾颉刚在日记中称赞郭沫若主编的《中国史稿》为中国古史研究指明了方向。他说:"《中国史稿》为在历史研究所领导下,集合百余人之力所编,而郭院长总其事,中国古代史从此有一系统,我辈作文得有准绳,惟其中引用史料略有错误,须加补正耳。"④《中国史稿》

---

① 顾颉刚:《顾颉刚日记》第七卷,一九五一年末剪报,第159页。
② 顾颉刚:《顾颉刚日记》第七卷,一九五一年末剪报,第159~161页。
③ 顾颉刚:《顾颉刚日记》第七卷,一九五一年末剪报,第154页。
④ 顾颉刚:《顾颉刚日记》第十卷,一九六五年九月三日,第328页。

是郭沫若主编的大部头史学著作，顾氏只对史料引用上的细节提出批评，对其编纂的大方向则予以肯定。要知道，顾颉刚并不是言不由衷之人，尤其是在日记里，正因为如此，他早年才会与多年老友傅斯年反目，故此他这番对郭著《中国史稿》的肯定，可以视为他对郭的学术与政治的整体评价，即细节或有可商，但整体上提到了擎旗定向的作用。

从本文的分析来看，顾颉刚与郭沫若虽然是同时代的著名学者，但顾对郭学术与社会地位的认定有一个发展的过程，这主要体现在两个方面。在个人学术上，肯定郭的学术贡献是顾认可郭的首要前提，并且是在顾颉刚顾影自怜的情形下，对比郭沫若新作迭出，担忧自己的黄金时间已过，所以然之。在社会方面，尤其是新中国成立后，顾逐渐在郭所领导的新中国史学建设中，找到了与自己的学术宗尚并不相悖的线索，加上当时国家领导人的关心，他在既有的事业上继续前行的同时，与新中国史学建设的方向也并非背道而驰，直至最终认可并接受以郭沫若为代表的马克思主义史学的正统性地位。

郭沫若与考古学家冯国瑞交游考*

李 斌**

摘　要：冯国瑞是甘肃籍的考古学家，他因考察并向学界介绍麦积山石窟闻名学界。1953年，冯国瑞进京面见郭沫若，并请郭沫若为他带来的拓片题字。冯国瑞回甘肃后在政协任专职委员，但他希望从事学术工作，于是给郭沫若写了长信请求帮助。本文对该信进行了整理和解读。这封信虽然没有起到应有的效果，但郭沫若在冯国瑞去世前派人取走了他的著作。郭沫若和冯国瑞的交往体现了郭沫若对学者的关心和照顾，并从一个侧面体现了当时部分学者的工作与生活情况。

关键词：郭沫若　冯国瑞　信札

甘肃天水瑞应寺山门上悬挂的"麦积山石窟"匾额为郭沫若所书，二跨山门上高悬的"瑞应寺"大匾则为冯国瑞所书。两位名人的匾额相映成趣，似有默契。他们两位都是著名的史学家，对于他们的交游，目前研究还不够，笔者以最近钩稽的几则材料尤其是一封冯国瑞致郭沫若的书信为基础，对此略作探讨。

冯国瑞（1901~1963），甘肃天水人，字仲翔，别号麦积山樵，晚年自号石莲谷人。他长期在甘肃工作和生活，被称为"陇上著名学者，甘肃石窟艺术研究的奠基人"[①]。他在麦积山石窟、炳灵寺石窟的研究、整理等方面做出了开拓性贡献，并在历史研究、训诂学、诗词、书法、绘画等方面卓有成就。

---

* 本文系国家社科基金一般项目"郭沫若文学著作版本收集整理与汇校"（批准号：22BZW132）的阶段性成果。
** 李斌，中国社会科学院郭沫若纪念馆研究员。
① 《后记》，载天水市政协文史资料委员会、麦积山石窟研究所编《天水文史资料（第15辑）——冯国瑞纪念集》，兰州大学出版社，2010，第331页。

冯国瑞1924年考入东南大学攻读国学,"得海内外著名学者罗振玉、商承祚、胡小石等的指导,凡金石、龟甲、考据、诗词皆有师承。"① 1926年,冯国瑞考入清华研究院,1927年从清华研究院毕业。梁启超在给甘肃省长薛笃弼的推荐书中说:"冯君国瑞,西州髦俊,游学两京,已经五稔,今夏在清华研究院以最优等成绩毕业。其学于穷经、解诂为最长,治史亦有特识。文笔尔雅,下笔千言。傍及楷法,浸淫汉魏,俊拔寡俦。此才在今日,求之中原,亦不可多觏。百年以来,甘凉学者,武威张氏二酉堂之外,殆未或能先也。"②可谓赏识有加。1929年,冯国瑞被聘为兰州中山大学教师,后来曾担任过马麟、邵力子的私人秘书。

1939年,冯国瑞和郭沫若同时在重庆,两人是否有过交往,现已不可考。但他对郭沫若的学术研究多有关注,在冯国瑞编、1944年由陇南丛书编印社出版的《天水出土秦器汇考》中,冯国瑞不仅收录了郭沫若的《秦公簋韵读》,而且将自己对秦钟年代的考订建立在郭沫若研究的基础上。"郭氏石鼓文研究眉批有云,按秦公钟花纹与齐灵公时叔夷钟全同,知其年代必相近,与齐灵同年代者在秦为景公,则十有二公者,实自襄公起算也。"③

1941年,冯国瑞赴西北师范学院国文系任教,这期间他对麦积山石窟进行了专业考察,获得了大量珍贵的第一手资料。冯国瑞的这次考察活动,"是麦积山石窟开窟一千五百多年来第一次由一批具有专业知识的知识分子对石窟文物进行的具有开创意义的科学考察,对麦积山石窟以后以至未来的研究工作具有极为重要的意义,为1951年和1953年西北文化局和中央文化部的两次大规模勘察奠定了坚实的基础"。在这次考察的基础上,冯国瑞写成了《麦积山石窟志》,这本著作"第一次对石窟文物进行了科学统计和断代研究","是国内第一部对麦积山石窟的历史沿革、发展进程、史实史迹、造像风格、壁画艺术、建筑形制、石刻摩崖等内容进行科学考证、翔实介绍、分类论证的专著"。④

1949年后,冯国瑞由兰州大学中文系教授、主任任上调任甘肃省图书

---

① 《序》,载天水市政协文史资料委员会、麦积山石窟研究所编《天水文史资料(第15辑)——冯国瑞纪念集》,兰州大学出版社,2010,第1页。
② 刘雁翔、杨皓:《梁启超致冯国瑞手札及学者题跋》,《民国档案》2012年第3期。
③ 冯国瑞:《秦公簋器铭考释》,《秦西垂文化论集》,文物出版社,2005,第460页。
④ 胡承祖:《麦积山石窟艺术研究的拓荒者》,载天水市政协文史资料委员会、麦积山石窟研究所编《天水文史资料(第15辑)——冯国瑞纪念集》,兰州大学出版社,2010,第128、130、129页。

馆特藏部主任，1952年任甘肃省文物管理委员会主任，并参加了文化部炳灵寺石窟调查团的工作。冯国瑞的这些工作十分出色，得到了学术界的广泛关注，马衡在1952年4月11日的日记中载："报载冯国瑞在永靖发现炳灵寺石窟二百余，并引《水经注·河水篇》唐述谷文及《法苑珠林》（五二）记载证为西晋初年所造，是可注意也。冯国瑞疑即青海发现汉赵宽碑者，赵宽碑已毁于火，又发现此窟，可谓巧矣。"①

1953年，冯国瑞被任命为甘肃省政府文化教育委员会委员。同年，文化部组织麦积山石窟考察团，特邀冯国瑞参加。冯国瑞与常任侠、王朝闻承担考察团的研究工作。考察团在甘肃的工作完成以后，冯国瑞随团到北京整理了两个月的资料。

在京期间，冯国瑞遍访京城学者。马衡9月20日的日记载："史树青携冯国瑞来访，冯国瑞以新从西北访得《麦积山沙门法生造像记》见示。"②马衡为冯国瑞携带的这份碑拓题写了两百字左右的跋。10月31日，冯国瑞访问夏鼐。夏鼐当日的日记载："中午冯国瑞君来，与黄文弼一同约之去东安市场午餐。"③

10月，冯国瑞带着《麦积山沙门法生造像记》碑拓题见到了郭沫若，郭沫若为此写道："麦积山石窟之发现，为中国美术史增添了宝贵资料。窟为'良将'所造成，惜未著其姓名耳。一九五三年十月题魏石像记后记。由仲翔见于麦积山。"④并答应调他到中国科学院工作。这是有确凿史料的郭沫若和冯国瑞的第一次见面。

从北京返回兰州之后，冯国瑞被调入政协甘肃省委员会任专职委员。他个人对这一工作有不同意见，但服从了组织的安排。

1956年1月，郭沫若在中国人民政治协商会议第二届全国委员会第二次全体会议上的报告中谈到知识分子使命时，指出了有些知识分子工作安排不合理的现象及解决办法：

> 几年来，由于一时的工作的需要，有一些高级知识分子脱离了自己的专业，担任了行政工作。但是由于用非所学，在行政与业务两方

---

① 清华大学国学研究院主编《马衡文存》，江苏人民出版社，2020，第467页。
② 清华大学国学研究院主编《马衡文存》，江苏人民出版社，2020，第509页。
③ 《夏鼐日记》（第5卷），华东师范大学出版社，2011，第49页。
④ 胡承祖：《麦积山馆藏文物精品》，载天水市政协文史资料委员会编《天水石窟文化》，甘肃文化出版社，2014，第117页。

面都没有充分有效地发挥出自己的力量。有的人更因兼职过多，社会活动过多，影响了工作。会议多，临时任务多，也使好些专家不能集中精力和时间从事专业活动。有些人的工作岗位分配得不很适当。有些人工作调动频繁。有些人有岗位而无工作。更有少数的人一直没有工作岗位。

象这些在使用知识分子上的不合理现象，毫无疑问，对于国家建设事业是一项损失。党和政府已经决定：迅速地改变这些不合理的现象，以便充分动员知识分子发挥自己的专长。特别对于知识分子们不能掌握自己时间的呼吁，党和政府已经作出了这样的决定：要使高级知识分子们今后至少要有六分之五的工作日，即是每周40小时，从事专业活动。①

郭沫若在政协会议上指出了部分知识分子没有发挥自己的学术专长，这是需要改变的不合理的现象。在一个月后的考古工作会议上，郭沫若具体谈到了国家队考古人才的需要。

1956年2月21日，中国科学院和文化部联合召开的全国考古工作会议在北京开幕。郭沫若出席了开幕式，在题为《交流经验，提高考古工作的水平》的报告中指出，这次会议的任务是"适应国家建设的新形势，从考古工作方面来进行全面规划，加强领导，以最紧张的努力，争取在十二年内使我们的考古工作接近世界的先进水平"。郭沫若谈到新中国成立后六年来我国考古工作的成就和面临的问题，涉及考古工作人才的缺乏和水平的亟待提高："我们所发现的遗迹遗物是有惊人的数量的，然而我们的整理研究工作却做的很少，甚至有好些发掘工作，我们连初步的工作报告都还没有提供出来。机会太多，遗物、遗迹太多，问题太多，而人手却太少，再加上我们大多数同志的业务水平也还并不能说是太高，要应付解放以来突然增加的大量的工作，是有困难的。"为了解决这个问题，"很明显地我们就必须扩大我们的工作队伍，提高我们的业务水平，促进我们的政治觉悟，发挥我们的潜在力量"。②

这次全国考古工作会议宣读了26篇考古发掘专题报告，在学术上开展自由争论，并讨论了考古工作的规划、方针和任务。在2月27日的闭幕式

---

① 郭沫若：《在社会主义革命高潮中知识分子的使命》，《人民日报》1956年2月1日。
② 郭沫若：《交流经验，提高考古工作的水平》，《人民日报》1956年2月28日。

上，中国科学院考古研究所副所长夏鼐和文化部文物局局长王冶秋分别作了考古学术和考古工作安排方面的总结报告。闭幕式当天，郭沫若致信尹达："考古会议还开得不错。下一次的会议，大家的意思把它延到明年四月，我觉得比较好些。"①

受这些讲话的启发，1956年3月19日，冯国瑞给郭沫若写了一封信。此信手稿2017年4月在孔夫子旧书网拍卖，我们对内容进行了释读整理，并在2021年出版的《郭沫若书信中的当代中国》中做了初步考释。兹将全信录入如下：

> 沫若先生：
>
> 五三年在京晋谒后回到兰州，因个人子女上学等问题，对您所面许调配上古史研究所工作未能积极争取，想到在京工作转有不少困难，因此搁置起来。社会主义各项事业的突飞猛进，尤其象我这样未老不老的旧知识分子特别的激动。读到您和周总理的许多文件，启发性日在动荡，打算总要把自己的一些微小的智能力量贡献出来才会甘心。
>
> 略谈近况如下。解放后我由兰大中国文学系主任调西北大学图书馆，随着在西北文化部作了几件考古勘察工作，烟云寺、天梯山、麦积山三个石窟。五三年因写麦积山石窟的总结材料在北京住了两个月，由邓宝珊省长的介绍才见到了您及董老，唯一的愿望在您的领导下静候适当的调配。回兰州后不久即调在政协甘肃省委员会作专职委员已经两年了。事实上与半生专力文教工作完全脱节，该会主要委员大多数是青海少数民族起义武职人员，日常随之学习开会，获益很多，而抛弃多年所研究的文教工作，自感可惜。今年在京所开的考古工作会议，您的讲话在报上发表后才读到，更感到特别兴奋。大会决议在五七年要开考古学术会议，只感羡慕而已。无形中自己站在门外了，感到无所适从的苦闷，愿向您提出以下的请求。
>
> 1. 科学院西北分院在兰州建立，袁翰青主其事，如有考古研究部门愿参加专职或兼任工作，得用其所学（生活居住上给些照顾）。
>
> 2. 北京科学院上古史或考古研究所，能列一兼任职，从事研究工

---

① 《郭沫若书信编》（下），中国社会科学出版社，1992，第190页。

作，多年所积存材料，曾与夏所长黄文弼都谈过的。

3. 兰州大学我有系主任的旧名义，如能归队在校从事研究，词曲、考古、音韵等工作，予以照顾，使生活比较安稳更好。

以上三点要求，请您设法在可能范围内予以帮助。

再略谈一下各种社会关系。1. 郑振铎部长，因考古工作得到他的了解。2. 夏鼐所长、黄文弼先生是多年考古的朋友。3. 向达先生近年帮助我研究西夏文，常有往还。4. 梁思成是任公先生的关系，对我勘察石窟的古建方面鼓励很大。5. 叶恭绰先生对文物中写经刻经旧遗物的搜求研究联系很多，近来有些小发现特感兴趣。6. 邵力子先生关系较深，多得到他的启发教育。7. 黎锦西先生是抗战时期西北师院同事。8. 清华研究院在京的如赵万里、刘盼遂、王以中，在南开的谢国桢，山大的陆侃如，都经常有联系。

对现在协商会工作并不是不愿干，在学习上，思想改造上，农村视察上，同志团结上，都得到了益处，起了作用。因感旧知识分子的问题，在甘肃，我在极小的研究工作上，算是一个，给您呈述一番是必要的。一下做不到，我想缓缓的总能达到些愿望。以后继续函述一切，当不厌烦，在西北的文物考古等方面不断向您贡献意见。我今年才五十六，精力尚健，子女较多，家庭成分是小地主，出租八亩地，已由天水入社。在兰州租住三间房子，协商待遇较低，生活困难。

此致
敬礼

冯国瑞
五六年三月十九日

郭沫若收到这封信后，随即批示给中国科学院协助他工作的尹达：

尹达同志：

冯国瑞，我觉得是有工作能力的人。信中所提①②两点似可考虑。采取津贴的形式，请他把积存的材料整理出来，似乎也可以。

郭沫若 三、卅一、

有了决定望回他一信。

从这封信来看，冯国瑞显然对自己的工作不大满意。1956年2月的全国考古工作会议开得比较成功,《人民日报》多次做了报道,这对冯国瑞是一个刺激。故而冯国瑞致信郭沫若,希望从事专业工作。冯国瑞主要提到的是生活方面的要求,他生活贫困,希望有些补贴。郭沫若同意给他补贴。冯国瑞虽然没有提到自己手头积存的资料,但郭沫若对他有关麦积山石窟等方面的研究显然是了解的,所以希望他能够在补贴下将这些材料整理出来。

不幸的是,在这次通信一年之后的1957年,冯国瑞就以"文物大盗"的罪名被划为右派,监督劳动改造。在三年自然灾害期间,冯国瑞除偶尔被调去参加了几次专业工作外,每天参加体力劳动,生计较为困难,身体逐渐垮下去了。1960年,冯国瑞嘱咐儿孙将家中文物全部捐给麦积山文管所。1961年9月,冯国瑞被摘掉右派帽子。据说冯国瑞被摘掉右派帽子是因为郭沫若的建议①,此说待考。同年,麦积山石窟被列为全国重点文物保护单位,冯国瑞多年的呼吁得到实现。

1962年秋,冯国瑞病情加重,"急将所藏13种珍贵文物捐赠中国科学院考古研究所,得表扬信及奖金3000元"②。不久,郭沫若派人来取走冯国瑞的手稿。关于此事,冯国瑞在1962年11月16日的家书中说:"郭沫若院长派人来兰,专来商谈,已将稿本等五十余种带京,有由专研所出版之望,考古研究所夏所长亦来函。此为我一件最快活之事。此五十几种为一生心血,不料竟有今日。郭、夏先生为一生奇遇也。"③ 这些稿本,11月上旬即带到北京了。11月8日,夏鼐日记载:"上午郑乃武同志由兰州返所,汇报情况,并携来冯国瑞教授的书信集、捐献的敦煌写经等。与黄文弼先生等一同审阅一过,其中有《〈谷梁传〉残卷》《西州都督府开元十三年牒契》《唐三藏圣教序》等,颇为可珍。"④

带回中国科学院的稿本去向,据考古所王世民回忆:"大约在1963年的某个时候,当时我正在考古研究所学术秘书室工作,具体职责是协助夏鼐所长处理考古所的日常学术行政事务。一天,夏鼐所长交给我一大包资

---

① 马永惕:《天水著名学者冯国瑞》,载夏晓虹、吴令华编《清华同学与学术薪传》,三联书店,2009,第291页。
② 张举鹏:《冯国瑞年表》,载天水市政协文史资料委员会、麦积山石窟研究所编《天水文史资料(第15辑)——冯国瑞纪念集》,兰州大学出版社,2010,第228页。
③ 胡圭如:《冯国瑞著作、文论目录》,载天水市政协文史资料委员会、麦积山石窟研究所编《天水文史资料(第15辑)——冯国瑞纪念集》,兰州大学出版社,2010,第180页。
④ 《夏鼐日记》(第6卷),华东师范大学出版社,2011,第291页。

料，说是郭沫若院长那里转来的甘肃冯国瑞先生的手稿，要我转给文化部文物局去处理。时隔三十年，手稿的数量和内容都已模糊，只记得其中有原藏西宁的汉代三老赵宽碑拓片和考证。由于夏所长特地告诉我，这块汉碑在解放初期的火灾中被烧毁，原拓相当珍贵，我过去不知道这么回事，所以印象比较深刻。接过这包资料之后，我当即与文物局文物处的谢辰生同志联系，并亲自将材料送到朝内大街原文化部大楼第二层东头的文物局文物处办公室。"[1]

不到半年之后，冯国瑞在兰州逝世。对于冯国瑞的逝世，中国科学院的学者十分关心。《夏鼐日记》1963年8月1日条载："陈梦家同志来谈《武威汉简》编后记问题，并云冯国瑞同志已去世。"[2]

冯国瑞的50多种著作和讲义中，到2010年为止，仅刊行了《麦积山石窟志》与《炳灵寺石窟勘察记》等8种。笔者查阅近年来的出版情况，除再版旧著外，他的其他稿本还没有被整理出版。

---

[1] 王世民：《关于冯国瑞先生手稿的回忆》，载天水市政协文史资料委员会、麦积山石窟研究所编《天水文史资料（第15辑）——冯国瑞纪念集》，兰州大学出版社，2010，第25~26页。

[2] 《夏鼐日记》（第6卷），华东师范大学出版社，2011，第355页。

"雄才拓落　蒙策裁成"
——郭沫若长兄郭开文史事考*

王　静**

摘　要：郭沫若的长兄郭开文对郭沫若产生了极大的影响，后者曾评价长兄为"雄才拓落"，称自己"粗得裁成蒙策"。通过考察与整理散见于郭沫若自传和其他史料中的记载，本文对郭开文生平的重要节点进行了辨析，试图描绘出相对完整的郭开文生平图景。郭开文身处中国近现代转型的剧变时代，有着新与旧的时代烙印，他有立身扬显的大志，却秉持着学而优则仕的旧原则，被动地走上依附军阀的道路。而作为大哥，郭开文给予了弟弟无私的帮助，在他的教导、抉择和资助下，郭沫若能够成才并留学日本，从此改变了一生的轨迹。

关键词：郭沫若　郭开文　史事　考索

郭沫若曾道，"除父母和沈先生之外，大哥是影响我最深的一个人"[①]，"我到后来多少有点成就，完全是我长兄赐予我的"[②]，"我之有今日全是出于我的长兄的栽培"[③]，此言非虚。郭沫若受到了长兄郭开文的极大影响，尤其是在后者的决定和资助下，郭沫若踏上留学日本的道路，这成为改变其人生的重大转折，他的文学之路、思想转换无不发端于此。然而从郭沫若走出国门到1936年郭开文病逝，二十余年间兄弟二人却再未相见。

---

*　本文系国家社科基金一般项目"郭沫若文学著作版本收集整理与汇校"（批准号：22BZW132）的阶段性成果。
**　王静，中国社会科学院郭沫若纪念馆副研究馆员。
①　郭沫若：《我的童年》，《郭沫若全集·文学编》第十一卷，人民文学出版社，1992，第51页。
②　郭沫若：《我的学生时代》，《郭沫若全集·文学编》第十二卷，人民文学出版社，1992，第14页。
③　郭沫若：《豕蹄·后记》，不二书店，1936，第127页。

1939年10月郭沫若因父丧回乡，在家小住期间，大嫂请他为郭开文的遗物诗文册做题识。郭沫若捧读之后不由泣涕，作诗一首云：

> 连床风雨忆幽燕，踵涉重瀛廿有年。
> 粗得栽成蒙策后，愧无点滴报生前。
> 雄才拓落劳宾戏，至性情文轶述阡。
> 手把遗篇思往事，一回雒诵一潸然。
>
> 长兄橙坞先生乙巳负笈日本时，有留别嫂氏诗五绝，嫂氏装制成册，嘱为题识。捧读再四，思今感昔，不知涕之何从，率成一律，惜不得起伯氏于九泉为之斧政耳。
>
> 廿八年夏历十月廿二日先兄逝世后第四次冥诞之晨。
> 八弟沫若。①

此诗首句回忆二十多年前赴北京投奔郭开文，追随大哥的足迹远渡东瀛求学。次句称自己的些许成绩是大哥鞭策的结果，但在其生前却未能报答恩情。第三句对郭开文的一生做了评价，喟叹他怀有雄才但际遇不顺，未能留下至性情文。据手迹图片，此处郭沫若自注道"先兄有祭母文，情辞悱恻，在欧阳之上"。

诚如郭沫若所言，郭开文留下的文字极少。如今可以见到的文章，除母亲去世后由郭开文执笔的《先妣事略》《祭母文》之外，还有《自治演进论》（1908）、《官盐专卖与就场征税得失论》（1910）两篇，可惜都只能找到连载的第一部分。通过考察整理散见于郭沫若自传和其他史料中的记载，我们能够拼出一幅相对完整的郭开文生平图景，他的一生虽非波澜壮阔，但从中也可窥见那些未曾走到激变时代剧幕之前的普通知识分子的人生。

一 生平一瞥

郭开文（1878～1936）年长郭沫若14岁，他13岁进学，榜名"开文"。最初取"五色成文"之意号为"成五"，后来经过两次"扬弃"：1905年左右因富国强兵的世情改为"崇武"，"近年大约是因为年龄的关

---

① 据郭平英女士提供郭沫若手迹图片，又见王锦厚、伍加伦编著《郭沫若旧体诗词赏析》，巴蜀书社，1988，第55页。"思往事"一作"思近事"，手迹此处字迹模糊。

系罢，不知几时崇武又变而为橙坞了"①。彼时字号的区分有时已模糊，1917年左右日人编撰《清末民初中国官绅人名录》中记载郭开文字"崇文"②。郭开文的字经历了"成五""崇武""崇文""橙坞"几种演变，后人多以"橙坞先生"称之。

郭开文去世后，《济川公报》于1936年8月2日刊载了他的人生经历：

首任本报总编辑郭开文先生事略

本报首任总编辑郭君橙坞逝世消息，曾经本报披露，兹又询得郭君经历，特为刊载，以飨读者。

郭君讳开文，字橙坞，乐山铜河沙湾人，父朝沛，母氏杜，弟三。君少慧，读书无觝滞，下笔数千言立就，有神童誉。清光绪末，以增生考入东文学校，毕业最优，官费送日本留学，入日本东京帝国大学法科政治经济科。毕业归国，应部试，得法政科举人。宣统二年，以七品小京官，派民政部管缮司服务。翌年正月回川，任官办法政学堂、高等学堂、专门商业学堂、附属中学上升街法学校、东华门法政学校各校教员。六月，任提学使司检定中教委员。辛亥革命军起，任四川军政府法制局参赞，旋升任局长。同年十二月，任交通部部长。民国元年，任交（通）部政司司长，四月任西征军总参赞，旋任川边财政司司长。翌年，任北京宪法研究会委。三年，任司法部主事。民国十年，任四川总司令部秘书。十三年，任川康边务督办署秘书。翌年任兼四川善后督办署秘书。十六年就二十一军部顾问聘。翌年，以顾问入援鄂总指挥幕，总文书事，随军进次宜昌。十九年任二十一军经理监察委员会总编纂，旋改委为秘书。本报成立以前，职兼任本报总编辑。翌年因父病，谢报社事去，专任军监会原职。廿四年受四川善后督办署顾问聘，冬由原籍入省，适督署秘书长杜少裳卒，故交零落，不免怆怀。本年三月送杜柩归乐山，遂以疾卒，得年五十有九。子宗仁，能世其业。君性纯笃，事老父，终其身色养不衰，友于兄弟，其季弟沫若，以文学著名当世，即君裁成力也。交友笃恭寡言，任事惟义之从，无纤毫文饰气，世亦以此多之。未竟厥施，溢焉

---

① 郭沫若：《初出夔门》，《郭沫若全集·文学编》第十一卷，第346页。
② 〔日〕田原南天编《清末民初中国官绅人名录》，文海出版社有限公司，1973，第476页。

长没，宁独报界之损失，亦人才得失之林也。善后督办刘湘，闻之深为悼惜，特嵩函致唁，并厚赙其丧云。①

除了《济川公报》上的"事略"，关于郭开文的生平事迹，郭沫若在自传中有所记述，此外还见于王锦厚、伍加伦的《郭沫若和他的大哥》、郭开鑫与刘居宽的《手足情深——郭开文与郭沫若弟兄》等文章，此外《乐山报业志》《沙湾区志》曾对郭开文作过单独介绍。② 这些文章在细节上有所出入，谨对其中的一些节点进行辨析，并以其他史料作一补充。

1. 生卒时间

郭开文生于清光绪四年（1878），关于他的生日，郭开鑫称是"十月二十四日"。而前文所引郭沫若题长兄诗文册的落款"夏历十月廿二日先兄逝世后第四次冥诞"实已说明其生日为十月二十二日，公历 11 月 16 日。③

1936 年郭开文去世后，四川报纸《成都快报》《新新新闻》均于 7 月 9 日刊载了讣告：

> 郭沫若之兄郭橙坞病故，督署将从优抚恤
>
> （新编社）善后督办公署秘书郭橙坞，原籍嘉定，系国内新文学家郭沫若之胞兄，前因病告假返籍息养，久未告痊，兹悉郭氏已于昨日遽归道山，督署同事等闻耗极为悼惜。郭氏绩学宏才，性行纯洁，孝友可风，邻里咸钦，拟即请上峰从优抚恤云。④

据此讣告，郭开文病逝时间则为 7 月 8 日，周晓晴《郭沫若的长兄逝世以后》⑤、《乐山报业志》皆引此说。这显然与郭沫若记载的时间相悖，他在 1936 年 9 月 5 日所作的《豕蹄·后记》中说："长兄橙坞，不幸在今

---

① 《济川公报》1936 年 8 月 2 日，第 8 版。
② 王锦厚、伍加伦：《郭沫若和他的大哥》，《广西民族学院学报》（社会科学版）1980 年第 4 期；郭开鑫、刘居宽：《手足情深——郭开文与郭沫若弟兄》，《沙湾文史》1986 年第 2 期。此外又见魏华云《郭沫若与他的长兄郭开文》，《沙湾文史》1996 年第 9 期；乐山日报社编《乐山报业志》，天地出版社，1997，第 252~253 页；《沙湾区志》编纂委员会编《沙湾区志》，四川人民出版社，2001，第 602~603 页。
③ 夏历与公历转换，据 https://www.zdic.net/ts/fulu/wnl/；https://sinocal.sinica.edu.tw/。
④ 《新新新闻》1936 年 7 月 9 日，第 10 版，又见《成都快报》1936 年 7 月 9 日，第 7 版。
⑤ 周晓晴：《郭沫若的长兄逝世以后》，《郭沫若学刊》1990 年第 2 期。

年六月二十五日已经病故"①，又在《家祭文》中道："自吾母见背，长兄文以哀毁逾恒，已病殁于民国二十五年夏历五月七日"②，正是公历6月25日。此外经查，《济川公报》曾于7月6日发讣告：

<blockquote>
本报前总编辑郭橙坞病故原籍

（本报特讯）四川善后都署秘书、前本报总编辑郭橙坞先生，于前月回乐山原籍省亲，不幸因病竟于二十五日逝世，各方闻耗，均极惋惜云。③
</blockquote>

综上而可确定，郭开文生于1878年11月16日（夏历十月廿二日），卒于1936年6月25日（夏历五月七日）。

2. 人生经历

郭开文少时聪慧，光绪二十一年（1895）十七岁时"游泮"④。游泮即参加科举考试，其结果是得为"增生"，增生乃生员的一种，也便是俗称之秀才。郭开文继续着自古以来的科举之路，然而天资较高的他却"几次秋闱都没有及第"。"秋闱"即乡试，在癸卯年（1903）最后一次乡试未中后，郭开文考入新式学堂成都东文学堂。⑤乡试三年举办一次，推算他此前应是参加了两次。

1905年夏历正月，毕业最优的郭开文以四川省费被送往日本留学，郭沫若称其"肄业日本东京帝国大学法科凡四年"⑥，《济川公报》记为"入日本东京帝国大学法科政治经济科"，而郭开鑫则称其在早稻田大学法学系学习。郭开文在东京帝国大学学习的经历有多种史料印证，郭开鑫的说法是错误的。郭沫若又说"他由东文毕业后在日本住了五六年"⑦，此处时间有误，郭开文于1909年下半年回国，在日居留4年多。

郭沫若称，郭开文回国后先在上海盛宣怀的商埠督办衙门里做过工作，宣统二年在北京考上了法科举人，得到了七品小京官的头衔，分发在

---

① 郭沫若：《豕蹄·后记》，不二书店，1936，第127页。
② 郭沫若：《家祭文》，《德音录》专辑，《沙湾文史》1987年第3期。
③ 《济川公报》1936年7月6日，第7版。
④ 郭沫若：《先考膏如府君行述》，《德音录》专辑，《沙湾文史》1987年第3期。
⑤ 郭沫若：《我的童年》，《郭沫若全集·文学编》第十一卷，第46、42页。
⑥ 郭沫若：《先考膏如府君行述》，《德音录》专辑，《沙湾文史》1987年第3期。
⑦ 郭沫若：《初出夔门》，《郭沫若全集·文学编》第十一卷，第346页。

法部衙门里行走①，又说"盛清逊国的前一年他在北京考中了一个法科举人，在司法部做过一向小京官"②，两处均指郭开文于1910年考中法科举人。《济川公报》作"应部试，得法政科举人。宣统二年，以七品小京官，派民政部管缮司服务"。王锦厚、伍加伦文称："1910年，乙亥恩科至癸卯科在北京廷试，考上法科举人，得了七品小京官的头衔，分发在司法衙门行走。"郭开鑫称："在保和殿考试合格，钦赐法科举人。钦命去全国各省视察司法情况，回京后任七品小京官。"《乐山报业志》则说"在京都应部试，试卷十分优异。其时，已废科举，但光绪及其朝臣重其才华，被破例封为'法政科举人'"。

以上说法中，"应部试""法政科举人""任七品小京官"是合乎事实的，其余均有不全面与不准确之处。清末对于留学生归国的考试录用最早由学务处组织，1905年底学部成立后，改由学部组织留学生考试，1906年举行了第一次游学毕业生考试，给予考生"进士""举人"等出身。1908年起，对于通过游学毕业生考试者，再于保和殿举行廷试，按照考试等次分别授予官职，③整个过程是先部试、再廷试。郭开文参加的是宣统元年（1909）的第四次游学毕业生考试（部试），1909年10月21日学部《奏考试游学毕业生监临事竣折》中记载了他的考试分数为66分④，同年被授予法政科举人出身，而非郭沫若等所说的宣统二年。宣统二年（1910）他又参加了第三届游学毕业生廷试，被授予小京官之职，《政治官报》载谕旨曰："举人……郭开文……均著以小京官按照所学科目分部补用。"⑤此二年为己酉年、庚戌年，而非"乙亥恩科至癸卯科"，郭开文的两次成绩并非最优，亦非皇帝大臣"重其才华"而"破例"封其为举人。

除《济川公报》外，包括郭沫若在内的几处来源，均称郭开文被派在司法部衙门。查内阁印铸局所编《宣统三年冬季职官录》，"法部衙门"条下并无郭开文之名，而在民政部的"额外司员之七品小京官"处列有"郭开文，四川乐山县人，举人"⑥。民政部下有"营缮司"而非《济川公报》

---

① 郭沫若：《反正前后》，《郭沫若全集·文学编》第十一卷，第233页。
② 郭沫若：《初出夔门》，《郭沫若全集·文学编》第十一卷，第346页。
③ 杨学为等主编《中国考试制度史资料选编》，黄山书社，1992，第532~544页。
④ 《奏考试游学毕业生监临事竣折》，《学部官报》1909年第104期。
⑤ 《政治官报》1910年6月10日第938号。
⑥ （清）内阁印铸局编《宣统三年冬季职官录》，载沈云龙主编《近代中国史料丛刊》第二十九辑，文海出版社，1968，第234页。

所谓"管缮司",该司负责建筑道路、古迹等事项。《宣统三年冬季职官录》虽未将郭开文置于营缮司的常设人员中,但推测他作为额外司员,应是被派在这个部门服务。此外笔者查到一则史料,1930年郭开文曾为贵州欧阳光耀之母李氏的墓志铭篆盖,自称为"前清法政科举人民政部七品小京官郭开文"[1],也可作为其身份的印证。

1911年1月,郭开文回到成都任教于多所学校。郭沫若称其在"官班法政和绅班法政的两个学堂里担任过教授"[2]。四川法政学堂于1906年成立,分为官班与绅班,前者为有功名者或官宦子弟设立,后者收入的是一般士绅及其子弟。《济川公报》所列"官办法政学堂",应是包含了这两班的。此外还有四川高等学堂分设中学甲班,郭开文在那里每周教授2小时法制经济。[3] 6月郭开文任职于提学使司,这是从1906年开始设立的省一级别的教育行政官署。

辛亥革命后,郭开文任四川军政府交通部长,1912年随尹昌衡西征,担任西征军总参赞,于10月担任财政司司长。[4] 因西征出力,还曾受到北洋政府的嘉奖:"西征政事参赞前财政司长郭开文……以上十八员均请给予一等金色奖章。"其中郭开文名列第一人。[5]

1913年夏郭开文前往北京,明面上的说法是"任北京宪法研究会委",实际是做尹昌衡的驻京代表。尹昌衡被袁世凯软禁后,郭开文失去了依靠。从1914年底至1921年,他一直供职于北京司法部。《济川公报》称其1914年任"主事",实际上,该年12月郭开文刚刚担任司法部办事员,至1915年5月升任主事。[6]

据司法部令,1921年6月23日郭开文被免去该部主事职务[7],说明他此时应当已另谋他职,即投奔刘湘。7月刘湘就任川军总司令,郭开文成为总司令部秘书。《济川公报》称他于1924年任川康边务督办署秘书,然

---

[1] 贵州省博物馆编《贵州省墓志选集》,贵州省博物馆,1986,第227页。
[2] 郭沫若:《初出夔门》,《郭沫若全集·文学编》第十一卷,第346页。
[3] 郭沫若:《反正前后》,《郭沫若全集·文学编》第十一卷,第234页。
[4] 四川省地方志编纂委员会编《四川省志·财政志》,四川人民出版社,1996,第475页。
[5] 《四川西征出力文职人员拟给各等奖章清单》,《政府公报》1913年12月21日第587号。
[6] 《司法部饬第1075号》(1914年12月15日),《政府公报》1914年12月19日第943号;《司法部饬第685号》(1915年5月28日),《政府公报》1915年6月4日第1104号。
[7] 《司法部令第633号》(1921年6月23日),《政府公报》1921年6月28日第1920号。

刘湘被任命为川康边务督办是在1925年2月，旋兼署督办四川军务善后事宜①，因此郭开文任该职位当在1925年。此后15年间郭开文一直追随刘湘左右，他去世后刘湘"闻之深为悼惜，特峕函致唁"。

郭氏兄弟处于新旧交替、世事激变的时代，遭遇中国三千年未有之大变局。后人评价郭开文从小聪慧，郭沫若也认为兄长具有"雄才"，在一个重视教育的家庭中成长起来的郭开文，智识和成绩均属上佳。作为家庭的长子、家族同辈中的大哥，郭开文是家族乃至乡中新兴事物的提倡者，是走向新时代的最初领路者；但他又是受到旧传统影响颇深的知识分子，新旧两个时代共同加诸其身的烙印极为深刻，这成为他一生拓落的因由。

二 时代烙印

在中国近现代转型的百年历史进程中，清王朝这个旧时代的庞然大物在鸦片战争至甲午战争的50多年间，并未对外界冲击做出有效回应，即使国门被强开，辱国条约签了一个又一个，它的改变依旧是缓慢的。甲午战争如同惊雷一样打破了历史天空中的阴霾，清末十余年间时局变化之急骤，人心思变之急切，实乃史之未载。旧与新、保守与变革的冲突体现在政治、社会与文化领域的各个方面，传统的断裂和传承、新知的吸收和应用，共同谱写了这个时代的精神交响曲。郭开文的少年与青年恰好跨越这剧变的时代，清廷各种新政举措影响了他的求学经历，新与旧的时代特质在他身上均有所体现。

1. 新与旧

郭开文、郭沫若等子弟皆在家塾中接受了传统的旧学教育。族中长辈郭敬武曾就学于经学大师王闿运主持的成都尊经学院，郭开文是他的学生，于是将朴学的风气带入了家塾，亲自教授郭沫若等《说文部首》《群经音韵谱》。②

郭开文是中国千年科举考试最后的参与者之一，若非世事巨变，他必然因循着从院试到乡试，再到会试、廷试的求取功名之路。十七岁得增生后，郭开文三次参加乡试不中，这或许是他未曾料及的。郭开文

---

① 周开庆编著《民国刘甫澄先生湘年谱》，台湾商务印书馆，1981，第34页。
② 郭沫若：《我的学生时代》，《郭沫若全集·文学编》第十二卷，第8页。

"少有大志"：

> 不孝文少有大志，而行不践言，忆外祖父宝田公，外祖母史恭人，及三姨四姨，虽死于黔苗之乱，然于光绪中叶，得请入本县忠烈节孝祠，亦足以慰忠魂而期不朽。不孝文时在韶龄，曾陪侍吾母观礼。吾母怆怀身世，以惜不得同死黄平，有"遍插茱萸少一人"之感。不孝文慰吾母曰："母毋然，母不死而有子，他日誓立身扬显，使吾母生者或可与死者争光。"①

时年十三四岁的郭开文，让母亲能够与被供入忠烈祠的亲人一样享有荣光的方式是"立身扬显"，这是一种传统的学而优则仕的宏愿。

庚子事变后，在危机的逼迫下，清廷被迫出台了种种急速的改革措施，文化教育方面如废除八股文、设立新式学堂、鼓励官私留学等，四川亦做出响应，成立了预备留学学校。1903年底，再次科举不中的郭开文成为新政的受益者之一，考入成都东文学堂学习日语，准备留学。新的出路骤然出现在眼前，因此郭开文向新世界的"转变"是急速的。郭沫若形容道："在最后一科失败之后，他突然成为了启蒙运动的急先锋。"他成为郭氏家族革新的引领者，将在省城接触的新思想传入家中，购买的各类新刊读物"象洪水一样由成都流到我们家塾里来"。他还提倡女子放足、读书，在乡中倡议建立蒙学堂。

对于国家之危难郭开文也满怀热血，与当时多数天真的青年一样，他认为"富国强兵"便是救国良方。在即将离家之际，郭开文曾与郭沫若谈及"富国强兵"，鼓励后者为了这个目标学习实业。这时在郭氏父子之间发生了一件体现新旧时代冲突的日常小事，当郭开文对郭沫若说"大脚是文明，小脚是野蛮"时，被父亲怒骂为"混账东西"，认为他将"把祖先八代都骂成了蛮子"，郭开文竟因此哭了起来。②

这一哭当然不是因为惧怕父亲，而恐怕是对于旧时代之顽固和亲人不理解的一种宣泄。郭开文之于父亲是新时代人，然而之于郭沫若却又是旧时代者，郭沫若后来指出，大哥所谓"富国强兵"恐怕是人云亦云，其东渡后学习的也并非实业或军事，而是法政。

---

① 郭开文：《祭母文》，《德音录》专辑，《沙湾文史》1987年第3期。
② 郭沫若：《我的童年》，《郭沫若全集·文学编》第十一卷，第42、47、49~51页。

2. 游学东瀛

奖励游学是清末改革的重大举措之一，1903年清廷颁布了《奖励游学毕业生章程》，特别针对留日学生归国后奖励功名出身与授官录用做出了规定。在政策的促使下，日本这个几年前击败中国的强敌，因距离最近、"同文同种"而成了留学生的首选之地。据统计，官私费的留日学生，从1901年的200余人，到1903年的千余人，至1905年竟激增为8000余人。此后两年也均有七八千人，后因清廷加以限制人数才回落，1912年降至1400人左右。[1]

郭开文正是这股留日大潮中的一员，于人数达到顶峰的1905年东渡。郭开文在日本就读于何处？前文曾述及，郭沫若称其"肄业日本东京帝国大学法科凡四年"，《济川公报》记为"东京帝国大学法科政治经济科"。刘建云在《关于郭开文日本留学的初步考证》中却有不同看法。她提出三个观点：第一，郭开文于1905年进入日本法政大学速成科学习；第二，1906年至1909年，郭开文在东京帝国大学法科大学修习"选科"之政治学凡三年；第三，郭开文留学期间并未取得任何学校的文凭。[2]

该文第一个结论，是因其没有看到郭沫若的确切说法，而据他人误言"日本帝国法政大学"，推测郭开文于1905年5月进入法政大学速成科第3期（班）。1905年底日本政府颁布《清国留学生取缔规则》，造成留学生抗议退学风潮，导致第3班毕业率仅有13%，该文又据此推测郭开文也因此退学未能毕业。但这些推测均未有确凿的证据。查日本法政大学编《清国留学生法政速成科纪事》，第三班66名卒业学生中没有郭开文[3]，难道真因其退学而未留名？实际上，另有能够证明郭开文1905年即进入东京帝国大学的史料。《留学教育》所载《各省官费自费毕业生姓名表》（证书号数东字第1~1147号）中有"郭开文，毕业学校帝国大学，光绪三十一年八月入学，四川官费"。[4]东京帝国大学最初名为"帝国大学"，1897年京都帝国大学成立后为区分而更名，1905年日本已成立的"帝国大学"只

---

[1] 李喜所主编，刘集林等著《中国留学通史·晚清卷》，广东教育出版社，2010，第235页。

[2] 刘建云：《关于郭开文日本留学的初步考证》，《郭沫若学刊》2010年第4期。

[3] 日本法政大学大学史资料委员会编《清国留学生法政速成科纪事》，广西师范大学出版社，2015，第153~155页。

[4] 刘真主编，王焕琛编著《留学教育：中国留学教育史料》第1册，编译馆，1980，第465页。

这两所，且并无证据表明郭开文曾在京都上学，由此可知其于 1905 年 9 月进入东京帝国大学。

刘建云考察了《东京帝国大学一览·法科大学学生及生徒》名单，发现 1906 年 9 月至 1909 年 7 月三年间，郭开文在东京帝大法科大学"选科"进修。选科分为法学和政治学，郭开文所学为政治学。这确是非常重要的史料。但该文称"1905~1906 年，因资料短缺，情况不明"，这缺失的一年资料被作者忽视了，"情况不明"并不能得出 1905 年郭开文没有入学的结论。

该文推测错误的根源在于，作者最先根据 1903 年《奖励游学毕业生章程》中对归国留学生"视其文凭程度可以授予举人、进士等头衔并奖励官职"的规定，猜测郭开文之所以是"考取"而非"直接被授予"举人出身，可能因为他没能拿到文凭。而后先入为主地从"郭开文没有文凭"的结论，去反推其留日的经历，认为其读了两个学校都没能毕业。

事实上，在《奖励游学毕业生章程》之后，清廷陆续出台了若干新规。1904 年《考验出洋毕业学生章程》规定游学毕业生需经过考试后拟定等第、请旨录用。学部成立后，又有《考验游学毕业生章程》（1906）和《游学毕业生廷试录用章程》（1907），1909 年 7 月底又修订出台新的《考试毕业游学生章程》，其中有着严格的规定："东西洋游学生，必在大学堂及各项高等专门学堂毕业者，方准与考"，考生报名时必须将毕业文凭和监督处证明书等呈交学部核验。[①] 郭开文是在此次新规后参加了第四次游学毕业生考试，则其必定已取得了毕业文凭。据晚一年参加考试的朱子勉回忆，应试者必须上交由留学监督查验、加具证明的毕业文凭，[②] 亦可作为一旁证。

在留学期间，郭开文与同学张春涛合译了两部日人所著学术书籍。其一为林松次郎《法制经济要论》，《中国经济学图书目录：1900—1949 年》中记载为"东京博信堂 1906 年 11 月出版，315 页"[③]。刘毅梳理的"清末法律译著书目"中收录了此书的两个版本，除博信堂版外，第二种为"上

---

① 《奏酌拟考试毕业游学生章程折》，《学部官报》1909 年第 95 期。
② 朱子勉：《参加清末留学生考试的回忆》，载黄树森主编《广州九章》，花城出版社，2009，第 111 页。
③ 谈敏主编《中国经济学图书目录：1900—1949 年》，中国财政经济出版社，1995，第 255 页。

村龙之助1906年版"。① 经查，上村即为博信堂之出版者，二者应为同一版，可惜此书仅余存目。

其二为清水澄编纂的《汉译法律经济辞典》，于1907年10月5日由东京奎文馆书局出版。同年有上海群益书社版，此版本有1909年订正再版、1914年第4版（未知第3版年份）。2014年上海人民出版社根据群益书社第4版点校出版了简体横排本。关于辞典的编纂缘起，奎文馆书局的出版者在书后称，大清友邦有了"日新月异、弃短从长"的变化，"学问既趋于专门，而术语必溯其原则"，然而对词语的理解常常有误。他们有感于此，便"爰效切磋之谊，乃成笺注之篇"，邀请法律大家清水澄编撰辞典，又请三位"留学东京帝国大学法科大学有年者"担任译者，以求让读者遇到问题时迎刃而解。清水澄是日本学习院教授、行政裁判所评定官，身兼多所大学讲师，他在绪言中说：

> 本书汉译成于日本东京帝国大学留学生张君春涛、郭君开文之手，更托精于日语日文之陈君介通观全部、细加校订。谨志于此，以谢其劳。
> 日本明治四十年九月清国光绪三十三年八月 著者识。②

由此可知，辞典编成后由张春涛、郭开文共同翻译，由陈介校订。辞典收录了2000多个政治、经济和法律方面的词条，每一条均有释义，厚达500多页。据统计，清末编译的日本法律辞书有十余种，从最初的完全直译到后来从适用于中国的角度进行选译，而《汉译法律经济辞典》则是"不见其日文原本"③。据前引出版者的话可知，本书是专门针对中国人的需求而特别编撰翻译的。

《汉译法律经济辞典》在国内由群益书社出版发行，注定了它的影响是较大的——由群益书社出版的《新青年》杂志是该社的广告阵地。《新青年》（《青年杂志》）1915年第1卷第1号刊登了群益书社出版的几十

---

① 刘毅：《清末法学翻译概述——西法东渐的开端》，《河北法学》2011年第29卷第9期。
② 〔日〕清水澄：《汉译法律经济辞典》，郭开文、张春涛译，东京奎文馆书局，1907。国家图书馆藏缩微胶片，无版权页，据书名页"东京奎文馆发行"应为1907年初版，群益书社版的书名页与之不同。
③ 章小丽：《清末中国人编译的日本法律辞书》，载王勇主编《中日关系的历史轨迹》，上海辞书出版社，2010，第382～383页。

种书籍，其中便有《汉译法律经济辞典》。广告中标明了著者和译者"张春涛、郭开文"，介绍称："是书为日本清水博士所著，博士乃日本法学大家，从事于我国法政教育已十余年。此书之作，意在取便我国学者，故解释特为明细，所收名词极其详备，我国现行法政词典无与伦比。汉译之时，博士躬与校役，自撰序文，尤足征此书之成，绝无草率。"① 据汪耀华统计的"《新青年》广告刊载记录"，1915年至1918年间，《新青年》刊登《汉译法律经济辞典》广告的期数有10期。② 《新青年》对中国现代思想界的影响毋庸赘言，可以想见该辞典的读者群体是异常广泛的，郭开文译书之贡献亦是巨大的。

1908年，由董修武担任会长的四川地方自治研究会成立，这是一个主张地方尤其是四川自治的学会，以四川人为会员，其宗旨是"研究地方自治之方法以期实行"。该会下设调查、编辑两部，前者负责调查国内外地方自治沿革、等级、区划、机关等，后者负责撰著地方行政之学理、研究地方自治、编辑会刊《自治丛录》等。两部各有主任四名，郭开文任编辑部主任。③ 同年3月29日第一期《自治丛录》发行，刊载了郭开文《自治演进论》、龙灵《地方自治之精神》、印焕门《地方自治与宪政实行之关系》三篇论文。加入四川地方自治研究会并负责编辑会刊，是郭开文留日生涯的又一收获，体现了他出色的文字功底和编辑能力。

3. "再次科举"

尽管清廷出台了奖励游学和归国安置的措施，留学大潮产生的一大批归国留学生中，大多数人依旧无法真正地"就业"。能够参加并通过部试和廷试而获得功名和职位者凤毛麟角，而郭开文便是这些"精英"中的一员。

在郭沫若眼中，这无异于一种"再次科举"，是应予以抨击的行为。他曾在历数清末封建势力倒行逆施的罪状时，提到"变相的科举制的复活"，并自注为"宣统二年曾恢复过一次留学生的科考"④。郭沫若只知道大哥是在宣统二年考试中举的，而不知"留学生的科考"早就已经"恢

---

① 《青年杂志》1915年第1卷第1号。
② 汪耀华：《〈新青年〉广告研究》，上海书店出版社，2016，第338~370页。分别为1915年第1卷第1、3、4、6号；1917年第2卷第5号，第3卷第3、5号；1918年第4卷第1~3号，此后再未登载。
③ 《四川地方自治研究会章程》，《自治丛录》1908年第1期。
④ 郭沫若：《反正前后》，《郭沫若全集·文学编》第十一卷，第227~228页。

复"了。

经过几次改革，清末归国留学生的考试录用已经程式化，分为甄录、部试、验看、授予出身、廷试、引见授官等步骤。1909 年，学部将 383 名考生严行甄录，录取了准许参加考试者 285 人，于 10 月 12 日、14 日、16 日进行考试。最终分数以毕业文凭分数与考卷分数两项平均计算，80 分以上者为最优等，70 分以上者为优等，60 分以上者为中等。考试结果为最优等 13 名、优等 52 名、中等 190 名，不足 60 分者除名。郭开文得分 66 分，位列中等。① 通过考试的 255 人中，有 14 人丁忧或生病。11 月 2～3 日，其余 241 人由学部带领到内阁验看，其后被授予进士、举人等出身："郭开文，年三十一岁，四川增生，游学日本毕业。……习法政科，本届考试列中等，均拟请旨赏给法政科举人。"②

1910 年 5 月 23 日，游学毕业生廷试在保和殿举行。③ 成绩分为三等，与先前的部试成绩综合考量授予官职，例如部试最优且廷试一等授予翰林院编修或翰林院检讨，部试最优而廷试二等为翰林院庶吉士。其后本应由引见大臣带领朝见皇帝，但宣统皇帝年幼，由摄政王于 6 月 8 日、9 日代为接见。之后由学部请旨授予相应官职，其中"郭开文，年三十二岁，四川人，法政科举人……廷试二等，前经学部考验列为中等，均拟请旨以小京官按照所学科目分部补用"④，后被派在民政部营缮司。

亲历者朱子勉认为，当时参加游学生考试的人可分为三类。一是存心做官的，以学政法者为最多。二是想得到一定地位以便于谋事，以学实科者为最多。三是少数已参加中国同盟会者，为避免当局注意而故意参加考试。⑤ 郭开文参加这次游学生"科举"的初衷，可能与第一类者相符，他学习法政四年，通过考试获得功名与中央官职，正满足了自己"扬显"的志向。不过半年之后，他便放弃小京官职位回归故乡谋职，这或许是郭开文身上"既旧又新"特征之体现，这种特征可以归为一种改良主义思想。

---

① 《奏考试游学毕业生监临事竣折》，《学部官报》1909 年第 104 期。
② 刘真主编，王焕琛编著《留学教育：中国留学教育史料》第 2 册，编译馆，1980，第 837、844 页。
③ 《奏请简廷试执事各官折》，《学部官报》1910 年第 125 期。
④ 《奏带领项骧等引见折》《奏廷试游学毕业生照章请给奖励折》，《学部官报》1910 年第 127 期。
⑤ 朱子勉：《参加清末留学生考试的回忆》，载黄树森主编《广州九章》，第 114 页。

4. 改良主义

在郭开文应考前后,清政府已然摇摇欲坠,虽然在形势所迫之下于1906年宣布预备立宪,但并不能满足人们对"立宪救国"的急切期待。在慈禧与光绪帝去世、幼帝登基后,清廷对政局的控制能力极大降低,立宪运动出现加速和激进的倾向。在这样的时代背景下,作为读书人的郭开文,其政治观念是如何的呢?我们或许可以从他的两篇文章中一探究竟。

1908年3月,郭开文在《自治丛录》上发表了《自治演进论》,第1期刊载的"序说"就有洋洋洒洒近万字。文章辨析了专制的不同形态,比较各国立宪代议的历史,进而论证了切行地方自治的必要性。

郭开文指出,中国变革的根本目的在于推翻专制,立宪派所主张"谋立宪必先开国会,开国会而后责任政府缘之发生,而数千年颛制之余毒将于是而去"也是这一目的。专制并非只有君主独裁专制,多数人政治的议院也可能产生专制,只是在当代没有比国会代议制更好的制度了:"议院颛制,而事事以国民公意行之,则较之一人颛制或少数合议体之颛制,固犹利多而害少也。"他承认开国会议院是必要的,但认为"时机未到",如果不经由"正路",只根据少数人的意气而速开国会,只能构造空中楼阁。

郭开文认为,从地方自治体自然演化出国会政治才是正路。他对比了各国历史:日本未经自治演化而先开国会,使得日本国会力量不能制衡政府,反被政府多次解散。在法国,大革命后"少数者之权利遂为多数党所蹂躏",原因是人民未经自治而无法律观念和政治常识。他认为中国面积广大而人民团结心薄弱,如果效仿日本,很可能"四分五裂而陷于衰颓之末运",也不愿发生法国那样剧烈的流血革命,在他眼中只有英国可以成为"导师"。

英国的优势在于"自然演进",其历史上具有地方自治的丰富经验,使得国民都具备政治常识,从而演进形成国会议院等制度,能够"左右政府而不为政府所左右"。郭开文反对越过地方自治的阶段而速开国会,他的结论是:

> 故私心所希冀,窃欲群天下之人而组织地方自治,然后合各自政体而组织议院政治,无党无偏,不慙不悚,顺自然之进化而弗取胁迫之行为,他日有真正之国会而后立宪,克享真正之幸福,吾中国其庶

有矛乎?①

1910年3月，郭开文在《财政观》创刊号上发表了《官盐专卖与就场征税得失论》，署名"法政科举人、日本东京帝国大学法学得业士"。该文分为"绪论"和"盐业之性质""各国法制之沿革""中国历代盐法之变迁""中国现今盐政之状况""两派之论争""吾人之平议"六章，该期杂志所载截至"各国法制之沿革"。

清末盐政弊端丛生，清政府于宣统元年十一月令载泽任督办盐政大臣，产盐省份督抚兼任会办盐政大臣，以谋求盐政统一。郭开文针对此事发表议论，认为应废除官盐，撤除官引，而后"利乃兴"。郭开文从"盐业"的定义与历史论起，分析了盐业的"个人主义说"、"国家主义说"和"折中主义说"。"折中主义说"认为矿业应归国家所有，国家把持主权而允许人民采掘，收取许可费或税金，由此而发展出"就场征税"的政策。郭开文认同此说，认为"就场征税之议合于学说，当于人心，内适国情之程度，外符世界之趋势"②。

由这两篇文章可以看出，郭开文的确具有雄厚之文采，具备相当深入的思维与分析能力，行文能够直指问题的关键。晚清的社会主流思潮要求急进的变革，在这一点上，立宪派和革命派是一致的，而缓和渐进的改良主义没有市场。因此即使是立宪派内部，也出现了激进的倾向。萧功秦提出，这种激进倾向的来源是对"制度决定论"的盲信："人们无视一种源于西方的政治制度（立宪制度）所得以发挥其效能的各种前提条件的情况下，把引入这种制度作为解决中国问题的工具与方法。"③ 激进的立宪派没有想到，速开国会即便成功，也不能解决时代的弊政。郭开文看出了这个问题，因此提出由地方自治逐渐"演进"出自治政体、政治习俗，进而组织国会、再行立宪的主张。这个主张不符合主流思潮，但却是符合学理逻辑的。郭开文对于盐政的观点亦是相对客观的，既不保守也不激进，具有实用主义的特点。他的政治与政策观总体上属于一种折中的渐进改良主义。

---

① 郭开文：《自治演进论》，《自治丛录》1908年第1期。
② 郭开文：《官盐专卖与就场征税得失论》，《财政观》1910年第1期。
③ 萧功秦：《危机中的变革：清末现代化进程中的激进与保守》，上海三联书店，1999，第123~124页。

然而改良主义的问题在于，它无视或逃避了彼时中国最大的现实——由列强侵轧、保守势力顽固导致的存亡危机，这样的现实不容许长期缓慢的改良。于是一方面，1909年至1910年，全国先后掀起三次大规模"速开国会"的请愿运动，另一方面，革命党人积极活动准备革命。在这种情况下，改良主义便成了既新且旧、不新不旧的庸俗政治观。或许受到时事的影响，郭开文身上"革新"的一面占据了上风，让他选择了离开清廷，弃官回乡。

三　宦海浮沉

1. 人生巅峰

以四川保路运动为导火索，1911年10月10日武昌起义爆发。革命风潮回卷四川后，四川总督赵尔丰与立宪派妥协，11月27日宣布四川独立，大汉四川军政府成立，立宪派首领蒲殿俊任都督。仅十日之后的12月8日，成都爆发兵变，蒲殿俊下台。执掌军队的尹昌衡平息叛乱，与革命派联合改组成立了新的军政府。郭沫若回忆道：

> 我们的大哥，他和尹昌衡一样，不是立宪派，不是革命党人，但也不是实力派。他的资格是东文学堂出身，是留学过东洋回来的，这第二批的新政府东洋帮最占优势，特别是东文帮。各部的部长、副部长差不多又被他们包办了。大哥在东文帮里面算是水面上的人物，所以部长的椅子也就有了他的一份。[①]

据郭沫若所言，郭开文是因为留学日本，特别是留日之前东文学堂的经历成为"东文帮"的重要成员，而在改组军政府中分了一杯羹，属于尹昌衡等人的"伴食大臣"。如果郭开文的确因此得官，那么此间最重要的关系者可能是革命派的董修武，他也出身东文学堂，早于郭开文一年至日本留学，在日本加入中国同盟会任四川支部长，是新军政府的核心人物之一，担任财政部长。郭开文留日期间加入了董修武任会长的四川地方自治研究会，二人似乎关系匪浅。

不过据亲历者杨开甲所言，在改组前的大汉四川军政府成立前夕：

---

① 郭沫若：《反正前后》，《郭沫若全集·文学编》第十一卷，第270页。

时重要绅耆张澜、邵从恩、罗纶等往谒赵尔丰议商新政府人选问题，结果派蒲殿俊任都督，……所有人选均经赵尔丰及党人等互相签字认可。……其他文武官员计：罗纶为绥靖主任，尹昌衡为军事主任，……郭开文为交通司长……①

杨开甲是同盟会会员，军政府改组后担任外交部副部长，其言具有相当的可信度。由此可知郭开文是赵尔丰与立宪派商定后的交通司（部）长人选，军政府改组后又因东文帮的身份保留了职位。这一过程正可说明，郭开文是保守势力与革命势力都想拉拢的中间人士。

1912年2月成渝两地军政府合并，3月11日成立中华民国四川都督府，尹昌衡任都督，董修武任总政务处总理兼财政部长，郭开文仍任交通部长。可以说，这是郭开文一生职位的"巅峰"。当时康心如等人筹办《公论日报》，据其回忆称："出版不久，当局派我到南京开财政会议，报馆正以外埠无访员，不能发专电是一缺点。有此机会就派我为'京沪特派访员'，去找军政府交通部长郭开文发了第一号新闻电报执照。"②

1912年3月，英国唆使藏军发动武装叛乱，尹昌衡主动请缨平叛，7月率军西进平定川西，设川边镇抚府于康定。他临行前推荐胡景伊为护理都督，未料后者向袁世凯效忠，窃取了四川政权。李劼人回忆，1913年自己与郭沫若等同学在武侯祠喝茶，约定以尹昌衡西征为题作讽刺诗，郭沫若最先作好。③诗曰："藏卫喧腾独立声，斯人决计徂西征。豪华定远居投笔，俊逸终军直请缨。羽檄飞驰千万急，蛮腰纤细十分轻。寨中欢乐知何似，留滞安阳楚将营。"④"斯人"指尹昌衡，"蛮腰""欢乐"皆讽刺他纵情声色。最后一句借楚怀王将军宋义饮酒作乐、按兵于安阳的史事讽刺尹昌衡停止西征，驻兵于康定。可见尹在当时青年学生心中的名声是很差的。

郭开文亦随军西征，1913年夏被尹昌衡派往北京。郭沫若年底到北京

---

① 杨少荃（杨开甲）：《四川革命小史（续）》，《四川月报》1935年第6卷第6期。杨开甲，字少荃。
② 康心如：《我与报》，载康国雄口述，何蜀整理《孤舟独树：民国金融家康心如之子康国雄自述》附录二，陕西人民出版社，2012，第278页。
③ 黎本初：《李劼人先生的一首轶诗》，《李劼人研究：2007》，巴蜀书社，2008，第164页。
④ 郭沫若：《感时八首》其六，载郭平英、秦川编注《敝帚集与游学家书》，中国社会科学出版社，2012，第119页。

投奔大哥时,才知道他一到北京,向总统府报道后便去日本和朝鲜漫游,总统府曾召见过两次,郭开文都不在。① 可以推测,郭开文或许是因上司尹昌衡之故不愿与袁世凯会面,才故意避走游历。

2. 小公务员

1913年底尹昌衡失势后,郭开文亦陷入困境。次年2月郭沫若在家书中称"大哥曾与男两函,亦言家中、省中均无函至,颇有归省意。近因约法会议发生,已拍电回川,颇思就此,惟不识能否有效,因此羁留",又说尹昌衡事发后"幸大哥近来与彼颇似断绝,不过辅非其人,前功尽弃,譬如捏一雪罗汉,惨淡经营,维持护恤,煞费苦心,不料一见阳光,顿成一锅白水也"②。

1914年1月,袁世凯公布了《约法会议组织条例》,规定要选举"议员"成立"约法会议",进而制定《中华民国约法》,约法会议议员每省14人。郭开文"颇思就此",可能是想参选四川省议员,或至少在其中谋职,因此在北京盘桓未走。然而他的计划最终落空,年底进入了司法部担任办事员,后任主事。

郭开文所在的部门是民事司,其间一度在总务厅第五科兼职,也曾担任司法会议书记。③ 1915年11月,因"积资在四年以上,并曾为委任职",按照袁世凯颁布的《文官官秩令》,郭开文被授为"上士"。④ 根据《中央行政官官等法》,司法部主事在行政体系中为第六等,属于委任官的第一种,郭开文确曾为委任职。但他于1914年12月才进入司法部,资历只有一年。推测或因彼时袁世凯即将复辟,各方面都要继承前清遗制,官员"积资"也直接从前清算起,郭开文于1910年被清廷授予"小京官",至此已满4年。

此后6年间,郭开文一直担任主事一职。1915年底,他因"具有本部奖章,条例第一条第一款之劳绩",被授予"二等银质奖章"。⑤ 然而事实

---

① 郭沫若:《初出夔门》,《郭沫若全集·文学编》第十一卷,第339页。
② 《1914年2月13日郭沫若致父母函》,载郭平英、秦川编注《敝帚集与游学家书》,第181页。
③ 《司法部饬》(1914年12月18日),《司法公报》1915年第28期;《司法部令第69号》(1917年3月9日),《政府公报》1917年3月15日第422号;《司法部令第98号》(1916年10月25日),《政府公报》1916年10月28日第293号。
④ 《司法部暨京师各级法院委任职叙官开单》,《政府公报》1915年11月9日第1259号。
⑤ 《司法部饬第1734号》(1915年12月11日),《政府公报》1915年12月30日第1309号。

却是，郭开文告诉郭沫若自己"在法部已阅一年，循例应进一级，因经济不足，故得银质二等獬豸章焉，可为将来由委升荐基础云"①。

1917年7月张勋复辟致使京中混乱，郭开文并未及时告知家中自己的状况，还是郭沫若安慰担忧的父母道："大哥前星期尚有函来，绝无意外之事，望二老切勿担心。"② 此前郭沫若就曾说"大哥性过拓大，丈夫气概，自所宜然。男处来书亦罕，但审其近状，确系居京无恙，可断言也。男亦时有函促其多修家禀，以慰慈念"。当时郭开文妻子想进京，但郭开文不提此事，郭沫若猜测是因大哥"顷来不大得意，未便言尔"。③ 他多次劝郭开文归省，但后者皆未听从，"想亦别有缘故，官事在身，说起走来，想也不甚容易也"④。

年逾不惑的郭开文在司法部迟迟不能晋升，仕途的不顺让他无颜归省，甚至家书也不常写，最后还是另谋出路，成为四川军阀刘湘的幕僚。

3. 军阀幕僚

民国初年四川政局常年处于动荡之中，逐渐形成大小军阀防区割据，各自拥有独立王国的状态。军阀们从未停止战争，都梦想着"统一全川"，近20年间发动大小战争400余次。在这个过程中，刘湘的势力逐渐壮大，最终在1933年击败自己的叔叔刘文辉，成为四川霸主。⑤ 1921年7月，刘湘被推举就任为"川军总司令"，郭开文成为司令部秘书，此前二者并无交集，那么郭开文是经何人举荐而投靠刘湘的呢？

刘湘曾经的上司周骏是郭开文四川军政府时的同事，时任军务次长，不过他在1916年护国战争中因战败而离开，不可能举荐郭开文。乐山人王陵基少年时曾为郭开文的学生，也是其弟郭开佐留学的同学。1908年任四

---

① 《1916年1月9日郭沫若致父母函》，载郭平英、秦川编注《敝帚集与游学家书》，第226页。
② 《1917年7月16日郭沫若致父母函》，载郭平英、秦川编注《敝帚集与游学家书》，第247页。
③ 《1916年9月16日郭沫若致父母函》，载郭平英、秦川编注《敝帚集与游学家书》，第232页。
④ 《1919年3月31日郭沫若致父母函》，载郭平英、秦川编注《敝帚集与游学家书》，第256页。
⑤ 1937年10月，郭沫若撰文抨击刘湘不出兵抗日。后刘湘率军出征，1938年1月在汉口积劳成疾而去世，郭沫若出席了他的葬礼，他有些后悔之前急躁的非难，曾作挽联一首："治蜀是韦皋以后一人，功高德懋，细谨不蠲，倍觉良工心独苦。/征倭出夔门而东千里，志决身歼，大星忽坠，长使英雄泪满襟。"郭沫若：《由四行想到四川》，《郭沫若全集·文学编》第十八卷，人民文学出版社，1992，第193页。

川省陆军速成学堂副官，结识时为学生的刘湘，后一度成为刘湘上级。1918年他投奔刘湘麾下，后者任川军总司令时王为保安处长。① 但王陵基仅在少年时与郭开文有师生关系，并无二人更加亲近的证据。

其实有一人最有可能，他就是刘湘的秘书长杜少裳。杜少裳是郭开文的故交，他去世后郭开文很是伤怀，亲自送其灵柩回故乡乐山，可见二人关系匪浅。杜少裳名明烽，字少裳，有些史料记为少棠、绍裳。他曾留学于日本，是郭沫若在乐山县高等小学第二学期的老师。郭沫若因参加学生抗议被学校开除时，杜少裳到家中安慰，后来还为郭沫若联系成都的中学。原来杜是郭沫若母亲家族的一位族孙，"和我们大哥相好"②。杜少裳后投奔刘湘成其高级幕僚，后者就任川军总司令之前，已任其秘书长的杜少裳建议他以重庆为事业基地，不可去成都受人控制。③ 从早年就与之交好的郭开文，极有可能是受到杜少裳的推荐，成为刘湘的秘书。

在跟随刘湘的十余年中，郭开文并未担任重要职位，值得一提的有《济川公报》的总编辑。1929年11月，刘湘组织成立了"武德学友会"，二十一军所有军官都是会员，是其军队的核心组织。该会成立后，准备出资筹办一份机关报纸，郭开文被聘为总编辑。经过一段时间的筹备，该报于1931年1月11日创刊，得名于"救济川难与国难"之意。据称任职期间，"郭总编辑是一个硬汉子，什么事他都敢仗义直言"，但一年后因母亲病危辞去报社职务。④

郭氏兄弟的母亲杜氏于1932年3月病故，郭开文在家为母守孝，撰写了《先妣事略》《祭母文》，还编辑了《郭母杜老夫人纪哀录》。7月31日，远在日本的郭沫若托人将自己的《金文丛考》寄给长兄时的地址是"四川省乐山县沙湾贞寿之门郭开文"。次年3月，再寄《卜辞通纂》时的地址改为"四川重庆朝天门顺城街第七号尹家洋房"⑤，说明郭开文当时已回到重庆。郭开文在给郭沫若信中解释说，本来想守孝三年不复问世，"徒以国难时艰当局不容引退，函电交驰，加以搜集挽对诔辞，拟刊成纪

---

① 中国革命博物馆编《国民党将领传略》，新华出版社，1989，第31~32页。
② 郭沫若：《我的童年》，《郭沫若全集·文学编》第十一卷，第96页。
③ 黄应乾：《一九二二年四川一、二两军之战》，载中国人民政治协商会议四川省委员会、四川省志编辑委员会编《四川文史资料选辑》第5辑，内部发行，1979。
④ 陈雁翚：《我所略知的〈济川公报〉》、邓宣：《〈济川公报〉源委》，《重庆报史资料》第十一期，内刊，1992年7月。
⑤ 《郭沫若致文求堂书简》，文物出版社，1997，第27、90页。

哀录，非渝城不办。公谊私情不能自已，又复攘臂下车"①。于是此后他继续为刘湘服务。

从军政府部长到司法部主事，再到军阀顾问，郭开文的后半生便在宦海中浮沉。他在《祭母文》中对自己的评价是"碌碌无闻"，说"空负昂藏七尺躯，进既无补于国，退复无裨于家，卅年奔走，糊口四方"，这使得他"立身扬显"的志向沦为空言。如果说参加四川军政府的郭开文还属于具有革新倾向的改良主义者，那么其后他服务于袁世凯与北洋政府，再依附于地方军阀，俨然成了旧势力的拥护者，已于时代精神不合。

四 最难得者

在郭沫若眼中，这样一位大哥自然与自己的追求格格不入，他在笔下也对其做过批判，而郭开文也常以兄长的身份管教郭沫若，兄弟二人之间有过不少分歧。尽管如此，他们的感情仍是融洽而深厚的，是彼此生命中重要的亲人。

1. 碰撞分歧

郭沫若对大哥最早的不满是郭开文回省任教于四川法政学堂，在他和同学眼中，最为鄙夷的便是学习法政者，尤其是官班法政的"封建余孽"，因此他对大哥的就聘是很意外的。当时郭沫若被嘉定府中学堂斥退，郭开文安慰他说可以进官班法政，将来做自己的帮手，这令他更为惊异：出国前还鼓励自己学习实业救国的大哥，做了小官回来就劝学法政了。

更让郭沫若不能接受的是，大哥做了交通部长后，居然并不处理辛亥革命前四川保路运动所争之事，反而住着大公馆、找了二房太太，还公然吸食鸦片，这些都给青年郭沫若留下了极为负面的印象，认为大哥"耽溺于腐化的生活而遗误了国家的大业"。郭沫若描述这些时的笔调透露着不满，但仍说大哥是宽宏大量的人。他曾直接对大哥说自己厌恶法政，并且"厌恶学习法政的人"，但郭开文毫不介意，且从未严厉地责备过弟弟。郭沫若在成都一度因为迷茫过着"自暴自弃"的生活，但郭开文却不当面斥责，只间接和别人批评他"年纪青青的便沾染着一肚皮臭名士的怪

---

① 《1933年4月2日郭开文致郭沫若函》，郭沫若纪念馆馆藏信函。

脾胃"①。

尽管性格温和，但郭开文对弟弟还是尽职尽责地进行管教，在郭沫若早年生活中扮演了长兄如父的角色。1915年5月为抗议日本对华"二十一条"，郭沫若与同学回到上海，几日后又返回日本，自己深觉孟浪冲动，大哥也来信责备。②留学期间，郭沫若在思想上接近了泛神论，他将庄子思想与泛神论互相印证，决定写一篇《庄周评论》，但将详细目的告诉大哥后，也被后者斥责。待到后来郭沫若开始进行文学创作时，更是遭到了郭开文的反对。1919年，郭沫若写下第二篇小说《牧羊哀话》，曾被拒稿而不敢再投的他满怀期待地将之寄给了大哥，请其帮忙改削和代投，但郭开文来信责备说，他不应该沾染文墨之事，而应学习本领为国效力。③

可以看出，青年郭沫若在精神上是十分倚靠大哥的，对于生活、学习乃至思想上的大小诸事，他都会向大哥汇报，但郭开文并不能理解他的思想世界。在《祭母文》中，郭开文以自己和弟弟们的口吻向亡母忏悔不孝之事，代拟郭沫若言道：

> 不孝贞……毕业后既不归故乡，亦不执医业，徒以卖文为活，萍寄申江。革命军兴，孱入仕途，以个性太强，不能随时流为俯仰，致与当道不合。尤复不自韬晦，重为异己构陷，卒至万里投荒，我有国门不能入，我有家山不得归，吾母鞠育深恩，付之一场梦幻，生不能侍晨昏，病不能奉汤药，死不能视含殓，虚名误我，党锢陷人，世间一切皆虚妄，天伦真乐何处寻。④

郭开文不理解郭沫若为何不想学法政、为何弃医从文，而他参加北伐、檄文讨蒋，以至被国民党当局通缉而流亡日本，在保守如郭开文者看来，也不过是"与当道不合"而为党锢所陷罢了。

2. 蒙策裁成

一切分歧都抵不过血缘亲情，郭开文对郭沫若的帮扶与爱护，影响了后者的人生。郭沫若童年时期就接受大哥的教导，郭开文采买的新学书籍

---

① 郭沫若：《黑猫》，《郭沫若全集·文学编》第十一卷，第311~213页。
② 《1915年6月1日郭沫若致父母函》，载郭平英、秦川编注《敝帚集与游学家书》，第214页。
③ 郭沫若：《我的学生时代》，《郭沫若全集·文学编》第十二卷，第67、63页。
④ 郭开文：《祭母文》，《德音录》专辑，《沙湾文史》1987年第3期。

成为他的启蒙教材,收藏的苏字帖使他接近了书法艺术。1911年底反正之后,郭沫若根据大哥的指示,回家乡倡办民团以保卫乡里①,这是他第一次亲身参与地方政事。此前他险些被成都分设中学斥退,最后也是以大哥出任该校教师为"交换条件"而复学。

而郭沫若人生的重大转折,也是由大哥代为决定的。早在郭开文出国留学时便想带少年郭沫若一起走,因父母不允而作罢。1913年,郭沫若报考了天津陆军军医学校,但不愿就读。11月他离津抵京,觉得可以依仗大哥在北京找到更好的出路。然而待12月郭开文回京后,处境却因尹昌衡的失势而遭遇困难,他对郭沫若不去就学的做法不以为然,但也没有责备,而是去帮他四处打听学校。艰难的情形摆在郭沫若的眼前,使他幡然醒悟自己是多么冲动,完全不曾想过"生活"的问题。

大哥的同学张次瑜带来了新的希望,他建议送郭沫若去日本留学,但郭开文苦于自己没有收入。两人计算了一番,结论是最好半年可以考上官费。郭开文询问弟弟是否有把握,在郭沫若心中没底不敢应答的时刻,郭开文直接为其做出了选择,说:"我看,你去罢,先去住半年来再看。半年之内能够考上官费自然好,如不能够,或许到那时我已经有了职务了。我就决定你去,没有游移。"郭沫若的人生便由大哥的意志决定了,这转折让他觉得好像从地狱升上了天。次日出发的时候,看着火车站台上的郭开文,郭沫若对自己发誓"我此去如于半年之内考不上官费学校,我要跳进东海里去淹死,我没有面目再和大哥见面"②。而他也没有辜负大哥与自己,在日本拼命地学习,半年之后考上了东京第一高等学校,是同学当中最快的。

郭沫若临行前,大哥给他一只金条,半年之后又汇给他200银元,③此时郭开文已失业半年,后来他的家书中也提到大哥给他汇款。在郭开文入职司法部后,郭开鑫称,其当时每月工资160(元)大洋,其中100元给郭沫若汇去,魏华云的文章也用了这个说法。④ 据查,1917年底郭开文

---

① 郭沫若:《寄大兄书》,载郭平英、秦川编注《敝帚集与游学家书》,第21页。
② 郭沫若:《初出夔门》,《郭沫若全集·文学编》第十一卷,第347~353页。
③ 《1914年6月21日郭沫若致父母函》,载郭平英、秦川编注《敝帚集与游学家书》,第188页。
④ 郭开鑫、刘居宽:《手足情深——郭开文与郭沫若弟兄》,《沙湾文史》1986年第2期;魏华云:《郭沫若与他的长兄郭开文》,《沙湾文史》1996年第9期。

加薪为"六等第一级俸"①,按《中央行政官官俸法》规定为150银元,此前尚不足此数。如果据郭开鑫所说,郭开文每月仅用不到60元维持自己和一家人的开销,这显然难以成立,且郭沫若的家书中也从未提及,郭开鑫、魏华云之说不可信。

1918年郭沫若进入九州帝国大学医科学习,1922年临近毕业时,郭开文为其联系好了一份医院的工作,但他不愿就职。1923年4月郭沫若毕业后携家回到上海,次年2月大哥再次催促他就职,医院还派人登门邀请并送上巨额旅费。这件事被他写入了小说《十字架》中,医院是"C城的红十字会"。C城在《郭沫若年谱长编》中被当作成都,医院被记为"四川省立成都医院",其来源可能是诸以在《郭沫若》一文中所谓"郭氏的家属,知道他在上海过着受难似的生活,乃于四川当局创设省立成都医院时,由他胞兄的介绍,聘他担任该院医务主任"②。但是考察便知,C城显然是指重庆。小说中提到"他的长兄一向是在C城办事的",登门拜访的红会工作人员还提到因"一军"与"二军"战争,伤员都丢在C城,医院人手不够用。当时郭开文已追随刘湘常驻于重庆,且1923年下半年熊克武的一军与刘湘、杨森的二军大战于重庆,都表明C城是重庆。此外,郭沫若在1923年初的家书中曾说"重庆事不愿就,钱太少而事太繁,并且不能独当一面"③,亦应指大哥为之联系医院事。

尽管如此,郭开文对弟弟的教育栽培、资助帮扶从未因他的"叛逆"而停止,而郭沫若对大哥亦常怀尊敬和思念。

郭沫若与郭开文在北京时,某日几个国会议员互相夸赞各自的兄弟,评价某人"空前绝后"。郭开文不以为然道"空前有之,绝后则未也",郭沫若却非常难过,觉得自己未能替兄长争气,这也是后来他拼命学习考上官费的动力。

1917年12月,郭沫若与安娜的长子出生,他告诉了长兄这件喜事,郭开文为孩子取名"和生",取"和气致祥""生于日本"的双关之义。④

---

① 《司法部令第379号》(1917年11月30日),《政府公报》1917年12月10日第683号。
② 诸以:《郭沫若》,载杨之华编《文坛史料》,中华日报社,1944,第128~129页。
③ 《1923年1月17日郭沫若致父母函》,载郭平英、秦川编注《敝帚集与游学家书》,第267页。
④ 《1918年5月25日郭沫若致父母函》,载郭平英、秦川编注《敝帚集与游学家书》,第250页。

郭沫若与安娜恋爱生子事并未告知家中，以致后来父母"哀痛忧虑"，但他却向告诉了郭开文。流亡日本后，郭沫若潜心于学术研究，《金文丛考》《卜辞通纂》《古代铭刻汇考》《生命之科学》等著作和译作，家人中他只寄给了大哥一人。①

郭开文曾写信托弟弟从东京代购关于国家社会主义、正统社会主义和马克思主义的书籍，以供自己研究。他说："社会现象愈趋复杂，决非一党一派或单纯之学说可以张皇治理，吾辈即不得藉手，但伸张正谊、昌明学理以作匮贫粮，或于救时不无小补，不识吾棣以为然否？"②从信中温和的语句可知，郭开文此前或许不曾深入了解什么是社会主义和马克思主义，但为了弟弟还是愿意去阅读和理解这类书籍，体现出一位大哥真切的关心。

因为这样的关爱，即使郭开文并不能完全理解郭沫若的思想和行为，却依然是郭沫若的倾诉对象，他承认家中最能了解自己的便是长兄。在自传《初出夔门》中，与兄长在北京相处的一节题目名为"世间最难得者"，来源于"世间最难得者兄弟"的俗语，文中洋溢着一种温情，读之令人动容。自传完成的半年后郭开文去世，郭沫若含泪写下后记，要将其作为纪念亡兄的"花果"。③

大哥魂归道山后，郭沫若不断地以各种方式思念着他。他曾为弟弟郭开运题写大哥集陶渊明诗句："清谣结心曲，真想在襟里。"又书王阳明语录与家中大哥手迹为配："橙坞大哥录有朱文公格言悬诸堂次，三侄培谦谓余，曷不选录一轴以为配？因从峨眉县城购纸归。余感其意，特书阳明先生语录一则，惜不能楷书为憾耳。"郭开运曾为郭开文次女之子张可源作画，郭沫若为之题诗，跋谓"其章则橙哥所刻，对此有难言之追念"④。

回顾郭开文的一生，的确应了郭沫若"雄才拓落"的评价。他身跨新旧两个时代，深受时代烙印的影响，有立身扬显的大志，却秉持着学优则仕的旧原则，被动地走上依附军阀的道路。他不能将思想中进步的改良主义演化为革命思想，因此在急进的时代潮流中不进而退，这是郭开文最大

---

① 《郭沫若致文求堂书简》，文物出版社，1997，第112页；林甘泉、蔡震主编《郭沫若年谱长编》第二卷，中国社会科学出版社，2017，第543页。
② 《19××年8月12日郭开文致郭沫若函》，郭沫若纪念馆馆藏信函。
③ 郭沫若：《豕蹄·后记》，不二书店，1936，第127页。
④ 《郭沫若书法集》编委会编《郭沫若书法集》，四川辞书出版社，1999，第17、10页；郭平英主编《郭沫若题画诗存》，山西教育出版社，1998，第49页。

的局限。而作为大哥,郭开文给予弟弟无私的帮助,在他的教导、抉择和资助下,郭沫若能够成才且留学日本,从此改变了一生的轨迹。此后的二十年间,即使再未见面,由不断通信维持的深厚亲情带给了郭沫若很大的慰藉。

  郭沫若蒙策而得裁成,为自己未能报答大哥而愧疚。1947年,由他提议为沙湾郭氏子弟设立一个奖学金,为了缅怀郭开文对兄弟们的帮扶,特定名为"橙坞奖学金",激励后辈勤奋学习、报效国家。[①] 在郭开文那里,或许是从未想要弟弟报答的,而这份奖学金就是对他最好的纪念。

[①] 郭远铭等共叙,郭平英整理《郭沫若家事杂忆》,《郭沫若学刊》2015年第3期。

郭沫若佚诗《访恭仁山庄》的再发现*

李红薇**

摘　要：郭沫若旅居日本期间曾去京都探访过诸家的甲骨收藏情况，并结识了内藤湖南。返家后随即作了一首《访恭仁山庄》，一直以来学界多视为仅存篇题的佚诗。本文认为郭沫若1932年11月8日夜作的《访恭仁山庄》并未亡佚，就是《郭沫若致文求堂书简》45（2）号信笺题写的"江亭寂立水天秋"这首七律诗。本文从信函保存状况、时间、内容、作者心境等角度作了详细分析，认为该诗的题赠对象不是田中庆太郎而是内藤湖南，郭沫若本欲托田中转寄给内藤，后由于种种原因，便一直保留在田中收藏的信函中了。

关键词：郭沫若　《访恭仁山庄》　内藤湖南

1932年11月初旬，经田中庆太郎推介，郭沫若赴京都探访诸家的甲骨收藏情况。[①] 此行郭沫若在恭仁山庄拜访了著名汉学家内藤湖南，[②] 返回市川后随即作了一首《访恭仁山庄》。关于此诗写作经过见郭沫若致田中庆太郎的一函信（即《郭沫若致文求堂书简》48号）中，今抄录如次：[③]

　　子祥老兄先生：此次入洛诸蒙推援，并得震弟陪游数日，谢甚谢甚。昨夜作《访恭仁山庄》一首，欲寄内藤湖南博士，但博士住

---

* 本文系四川省教育厅人文社会科学（郭沫若研究）项目"《卜辞通纂》的文献学研究"（GY2021A02）成果。
** 李红薇，中国社会科学院郭沫若纪念馆助理研究员。
① 郭沫若：《卜辞通纂》，日本文求堂书店，1933，序文第1页。
② 刘德有：《随郭沫若战后访日——回忆与纪实》，辽宁人民出版社，1988，第140页。
③ 马良春、伊藤虎丸编《郭沫若致文求堂书简》（以下或简称"《书简》"），文物出版社，1997，第264页。

址未悉，今将该诗先呈老兄一阅，如字句间有欠妥处，烦即代为更正转寄为祷。本拟走候，因昨夜受寒不能也。此请 刻安。沫若十一月九日

文中提及"子祥"，即文求堂书店主人田中庆太郎之字，"震弟"，指其子田中震二。恭仁山庄是1926年内藤湖南退休后筑室隐栖的府邸。文末落款时间为11月9日，故《访恭仁山庄》一诗当作于1932年11月8日夜，诗应另书于一纸随信寄出。不过目前所见《郭沫若全集》《〈郭沫若全集〉集外散佚诗词考释》等有关郭沫若的诗文集中均未收录《访恭仁山庄》。近年新出的《内藤湖南汉诗酬唱墨迹辑释——日本关西大学图书馆内藤文库藏品集》一书，收录有关内藤湖南与中日学者之间往来唱和的220首汉诗，[1] 其中亦未提及郭沫若的这首诗。蔡震先生谓："郭沫若对内藤湖南非常敬重，他在返回东京后即赋诗一首《访恭仁山庄》，请田中庆太郎转寄内藤湖南。"[2] 但对《访恭仁山庄》的内容，未作只字说明。此外，鲜有学者讨论过该诗，学界大概多已将其视为仅存篇题的佚诗了。

我们认为《访恭仁山庄》一诗并未亡佚，它其实就是《书简》45（2）号信笺题写的那首诗（见文末附图）：

江亭寂立水天秋，万顷苍茫一望收。
地似潇湘惊肃爽，人疑帝子剧风流。
寻仙应伫谢公屐，载酒偏宜苏子舟。
如此山川供啸傲，镤工尽足藐王侯。
壬申岁暮蒙俱外史题

首先，从位置上看，这页信笺原与45（1）号信存放在同一信封内，整理者注："此笺日期不详，与前信原存同一封套内，故仍置于此。"[3] 45（1）号信写于1932年10月30日，不少学者径直将这首诗的写作时间亦定

---

[1] 钱婉约、陶德民编著《内藤湖南汉诗酬唱墨迹辑释——日本关西大学图书馆内藤文库藏品集》，国家图书馆出版社，2016。
[2] 蔡震：《郭沫若在日本二十年》，文化艺术出版社，2005，第315页。
[3] 《书简》，第263页。

为 1932 年 10 月 30 日,① 不确。45（1）号信中,郭沫若署名"王假维"作了一首打油诗寄赠田中庆太郎,大意是已准备好随时可与田中西下;另嘱田中将《金文丛考》一部寄交何叙甫。严格来说,45（2）号信笺并不是信,郭沫若署名"蒙琪外史"②题了一首写景诗。谛审 45（1）、45（2）两信内容上并无衔接,45（2）号并非随 45（1）号信附寄,与 45（1）号原存同一封套,应属后人收藏时误置。蔡震先生亦有类似意见。③

其次,《书简》共收郭沫若所作诗文 16 首,除这首外,其他 15 首均交代了写作缘起,仅这首诗单独题写于一页信笺,当附于某封信后。换言之,45（2）号信笺缺信的正义,正文当有作诗缘由、题赠对象一类的说明。48 号信缺诗作原文。我们推测,48 号信很可能与 45（2）号信笺原为一套。

另绝大多数学者认为前文所引之诗乃郭沫若为田中庆太郎而作。④ 其实 45（2）号信笺并未交代题赠对象,我们不能单凭信笺保存在郭沫若致田中庆太郎的信函中,就断定这首诗是题赠给田中的。如郭沫若为小原容次郎《兰华谱》题诗,也曾提前抄录给田中庆太郎。⑤

再次,从时间上看,诗末署"壬申岁暮","壬申"当为 1932 年。"岁暮"是个时间段,无法断定具体月份。蔡震先生认为:"其诗的创作,明显的是由于诗人出行在外,看到一片并非日常习见的山川景色,而情有所动,心有所感,触发了诗兴,才能写出来的……应该是在京都一行期间之

---

① 田中壮吉:《日中友好的先驱者"文求堂"主人田中庆太郎》,极东物产株式会社,1987,第 55 页。魏奕雄:《郭沫若与夫人战友朋友》,西南交通大学出版社,1992,第 149 页。卜庆华:《新发现的郭沫若》,载《郭沫若研究新论》,首都师范大学出版社,1995,第 299~304 页。王春瑜:《中国人的情谊》,陕西人民出版社,2007,第 161 页。丁茂远:《〈郭沫若全集〉集外散佚诗词考释》,浙江大学出版社,2014,第 66~67 页。
② 《书简》,第 272~273、284~285 页。参见卜庆华《新发现的郭沫若》,载《郭沫若研究新论》,首都师范大学出版社,1995,第 299~304 页。
③ 蔡震:《〈郭沫若致文求堂书简〉的疏误》,载《郭沫若生平文献史料考辨》,社会科学文献出版社,2014,第 364~370 页。
④ 丁茂远:《〈郭沫若全集〉集外散佚诗词考释》,浙江大学出版社,2014,第 66~67 页。蔡震:《〈郭沫若致文求堂书简〉的疏误》,载《郭沫若生平文献史料考辨》,社会科学文献出版社,2014,第 364~370 页。魏奕雄:《郭沫若与夫人战友朋友》,西南交通大学出版社,1992,第 149 页。卜庆华:《新发现的郭沫若》,载《郭沫若研究新论》,首都师范大学出版社,1995,第 299~304 页。王春瑜:《中国人的情谊》,陕西人民出版社,2007,第 161 页。
⑤ 见《书简》,第 320 页。

所见……诗应是郭沫若11月初往京都出行期间所作。郭沫若赴京都有田中震二陪行,又得到田中庆太郎帮助(参见《郭沫若致文求堂书简》第48函),他有诗作,自然会寄田中。至于该信笺怎样得到田中庆太郎手中,则可暂存疑。"① 蔡先生推断"诗应是11月初往京都出行期间所作"大体不错,但我们认为这首诗并非题赠田中庆太郎,而是郭沫若嘱田中转赠内藤湖南的那首《访恭仁山庄》,诗句描写的是郭沫若访问恭仁山庄时的所见所感,"壬申岁暮"亦与1932年11月8日吻合。诗句"江亭寂立水天秋""万顷苍茫一望收""地似潇湘惊肃爽"渲染了秋冬时节的肃杀景象,大体也符合京都11月初旬的季节特征。另翻检现有的郭沫若生平文献资料,1932年末,郭沫若仅有京都之行这一次外出活动。

最后,从内容上看,诗句所描绘的景色与恭仁山庄的地理风貌契合,流露出的感情色彩与郭沫若京都学术探访之旅的心境相符。

让我们先从诗句内容说起。"江亭寂立水天秋,万顷苍茫一望收",描绘了秋天寂寥的江亭立于水中,万顷苍茫的江水尽收眼底。"地似潇湘惊肃爽,人疑帝子剧风流","潇湘"原指湖南潇河、湘江,后泛指河湖密布的地区。"肃爽",有学者误作"雨爽",②"雨爽"不词,"肃"字形与"雨"字草书写法不合,应为"肃"字草书无误。"肃爽"本以形容秋天景色,犹言天高气爽。"帝子"即帝尧之二女娥皇、女英。古人诗文常"潇湘""帝子"连言,如谢朓《新亭渚别范零陵云》"洞庭张乐地,潇湘帝子游",李白"帝子潇湘去不还"。"寻仙应伫谢公屐,载酒偏宜苏子舟","谢公屐",原是南朝诗人谢灵运为便于登山,特制的一种带齿木屐。③ 李白《梦游天姥吟留别》"脚著谢公屐,身登青云梯"。"苏子舟",当出自苏东坡《前赤壁赋》。"如此山川供啸傲,镶工尽足藐王侯","啸傲",谓逍遥自在,歌咏自得。丁茂远先生引《史记》"销锋铸镶",将"镶工尽足藐王侯"译作"我这个普通的文化人,也足以藐视王侯了",这显然是对原诗的误读。郭沫若自幼熟读《庄子》,"镶工"当出自《庄子·达生》"梓庆削木为镶,镶成,见者惊犹鬼神"。"梓庆为镶"的故事形容人齐以静心,进入了一种无公朝、藐王侯、观天性的"忘我"境界。

---

① 蔡震:《〈郭沫若致文求堂书简〉的疏误》,载《郭沫若生平文献史料考辨》,社会科学文献出版社,2014,第364~370页。
② 魏奕雄:《郭沫若与夫人战友朋友》,西南交通大学出版社,1992,第149页。
③ 中国文物学会专家委员会主编《中国文物大辞典》,中央编译出版社,2008,第630页。

其实，早在1925年4月郭沫若在上海美术专门学校演讲时，就曾以《庄子》"梓庆削木为鐻"的一段文字解释何为"无我"的艺术精神。①

丁茂远先生阐释说："诗句显得典雅含蓄。郭沫若当时住在距离东京不远的市川乡下须和田。寓所位于真间山下、江户川畔，此地山明水秀景色宜人。作者面对住地附近的眼前景物，即景生情，浮想联翩，借以抒发天涯游子思念祖国的情怀。""江亭，即位于江户川畔供游人休憩的亭子"②。其实，从诗句本身并不能看出描绘的景色就是江户川畔，"抒发天涯游子思念祖国的情怀"更属牵强附会。这是一首写景诗，或说是山水田园诗，从整首诗的用典、意象看，这个地方似潇湘，有万顷江水，且坐落于山上，需要拾级而上。

下面我们来看看恭仁山庄的风貌。恭仁山庄位于京都府相乐郡（今加茂町）瓶原村。③ 建造山庄时内藤湖南曾作《恭仁山庄杂咏》三首，其中一首言："买得林园惬素襟，绕檐山水有清音。萧然环睹无长物，满架奇书一古琴。"④ 近代以来很多学者曾去拜访过内藤湖南，并留下了不少关于恭仁山庄地理环境的文献记述，如：1928年初冬，张元济访内藤湖南山斋，赠诗言："宿雾冲京驿，清流渡木津。长桥凌碧浪，迭嶂远红尘。桔柿林容淡，茶桑穑事新。山居真可羡，图籍更纷陈。"⑤ 1934年1月12日董康拜访内藤湖南，当日日记中记："一时许，偕伯醇、鼎甫、小林雇自动车至瓶原村访湖南。是处有木津河，可航小艇。四山环抱如瓮，亦称瓮原村。湖南于山半小筑数椽，题为恭仁山庄，因属恭仁京之旧址也。湖南适卧病，延余等在榻边清话。"⑥ 近年亦有不少学者前去恭仁山庄访古探幽，如"恭仁山庄位于京都府南郊加茂町瓶原村的一座小山山腰，四周林木森森，异常幽静……山庄依山而建，具有和式庭院之胜；后院建于山崖

---

① 郭沫若：《生活的艺术化——在上海美术专门学校讲》，《文艺论集》，光华书局，1932，第55~64页。
② 丁茂远：《〈郭沫若全集〉集外散佚诗词考释》，浙江大学出版社，2014，第66~67页。
③ 尤世玮：《知己知彼水到渠成》，载尤世玮、杨德修主编《我与张骞研究》，苏州大学出版社，2014，第157~168页。
④ 钱婉约：《内藤湖南汉诗中的文化史观索隐》，载徐勇、王晓秋主编《中日文化交流两千年：回顾与展望》，社会科学文献出版社，2013，第201~213页。
⑤ 张元济：《张元济全集》（第4卷诗文），商务印书馆，2008，第22页。
⑥ 董康著，王君南整理《董康东游日记》，河北教育出版社，2000，第269页。

下，有独幢书库（两层楼）"①；"经过一段田野在望的乡间小路，左转沿山坡缓步攀登，不久，古树掩隐的恭仁山庄大门就在眼前了。这里原是奈良平原南山城一带，至今仍可见一派田园丘陵之貌。站在高地上极目远望，木津川在远方银练般蜿蜒流淌。"②

由上述史料可知，恭仁山庄坐落于山水之间，环境幽静，"绕檐山水有清音"。去山庄要渡过木津河，山庄依山而建，需沿山坡缓步攀登后始得进入山庄大门。郭沫若题作的"江亭寂立水天秋"一诗，所描绘的景色正与恭仁山庄地理风貌契合，我们认为该诗就是《访恭仁山庄》。诗人称引大量典故，描写了恭仁山庄的灵秀山水。"万顷苍茫一望收"中万顷苍茫的江水，即指木津河。

另从写作背景，作者当时心境看，郭沫若流亡日本期间旅居市川，一直处于日本宪兵警察的监视下，颇多苦闷。此次难得的京都之行，不仅使他结识了一些著名汉学家，有机会目睹大量珍贵的甲骨，③ 更得以暂时摆脱警察监视，心情自然轻松愉悦。郭沫若见到这世外桃源般的恭仁山庄，啸傲山水，陶然忘机，发出"如此山川供啸傲，镂工尽足貌王侯"的感慨，自是情理之中。

综上，从信函保存状况、时间、内容、作者心境等角度分析，我们认为郭沫若1932年11月8日夜作的《访恭仁山庄》并未亡佚，就是《书简》45（2）号信笺题写的"江亭寂立水天秋"这首七律诗。该诗的题赠对象不是田中庆太郎而是内藤湖南，郭沫若本欲托田中转寄给内藤湖南，后由于种种原因，一直保留在田中收藏的这批信函中，致使学界对此多有误读。45（2）号信笺并非随45（1）号信附寄，原与48号信一起寄给田中，后被误置于邻近的45（1）号信封套内了。《郭沫若全集》《郭沫若年谱》若有机会再版，当补入《访恭仁山庄》这首佚诗。

---

① 尤世玮：《知己知彼水到渠成》，载尤世玮、杨德修主编《我与张謇研究》，苏州大学出版社，2014，第157~168页。
② 钱婉约：《恭仁山庄的文化遗产》，《中华读书报》2012年2月22日，第19版。
③ 郭沫若：《卜辞通纂》，日本文求堂书店，1933，序文第1页。

附图：

同时代人研究

具有一种节点意义的《地泉》与五篇序言

齐晓红[*]

摘　要：阳翰笙的《地泉》三部曲在左翼文学发展史上的位置一直是模糊的，作为一部"革命的浪漫谛克"的作品，它的影响力不如蒋光慈的革命+恋爱小说，但是它在1932年被重新提起并产生了具有影响力的五篇序言却有着某种节点的意义，这一方面与左翼内部所开展的批评与自我批评有关，另一方面《序言》中所提倡的"唯物辩证法的创作方法"等也反映了中国左翼文学从组织上进入了世界革命文学的序列之中。

关键词：阳翰笙　《地泉》三部曲　"革命的浪漫谛克"　批评与自我批评

引言：为什么是《地泉》

1932年，瞿秋白（笔名"易嘉"）、郑伯奇、茅盾、钱杏邨以及阳瀚笙（笔名"华汉"）分别为重版的《地泉》三部曲做了五篇序言。序言中几位评论家不约而同地批判了小说中的"革命的浪漫谛克"倾向，并提出了"唯物辩证法的创作方法"，在唯物主义与现实主义之间建立起了理性联系，同时主张辩证地看待现实。告别对革命的主观化、浪漫化的幻想，正视残酷的现实革命洪流是他们一致的态度和诉求。"唯物辩证法的创作方法"主张在世界观和创作方法间建立起必然的关系。这一关系在理论上的确立，对于一向有理论焦虑的中国文学来讲，有如久旱逢甘霖。[①]

《地泉》的五篇序言既是左翼文坛五位重要人物对《地泉》的一个重要的定位和评价，也是对一段时间以来左翼文艺的一个批判和总结，这里

---

[*] 齐晓红，中国现代文学馆副研究员。
[①] 但是很快"唯物辩证法的创作方法"在苏联就因其所导致的关门主义错误而受到清算，中国文坛几乎同步了这一历程。

面更是关涉了对一种未来的、新的无产阶级文艺作品的期许。中国文坛在接受这些理论方法的时候,有过曲折的历程,但是也总是暗含着以自己的语境为基础对新文学的理解和把握。从长远的现实主义文学发展的历史来看,"创作方法"①问题在当时被提出也是非常有意义的。20世纪30年代左翼大众文艺的发展过程中,在对什么样的作品是真正的大众文艺,以及如何创作真正的大众文艺的作品的焦虑和呼唤的当口,针对《地泉》所展开的集中批判,不管是有意还是无意的,都很难不带有一种承上启下,继往开来的作用。

值得注意的是,《地泉》是一部无产阶级文学运动初期的作品,就像在瞿秋白和茅盾的序言中所说的,它是和蒋光慈的《田野的风》《短裤党》等类似的革命文学倡导初期的代表作品。据阳翰笙回忆,《地泉》三部曲(《深入》《转换》《复兴》)分别写成于1928年8月、1929年夏和1930年7月。有一个问题就是,为什么在作品中所展现出来的"革命的浪漫谛克"已经逐步淡出文坛的1932年,《地泉》会被重新提起以至于展开集中批判呢?这体现了左翼阵营一种怎样的斗争策略?作为左翼文化领导人之一的阳翰笙主动发起这场讨论有怎样的具体所指呢?

我们知道,创作《地泉》的这个时期正好是南昌起义、秋收起义、广州起义相继失败之后,毛泽东在井冈山开辟了红色根据地,发展了"工农武装割据"的思想,巩固、发展了苏维埃政权的时期。阳翰笙亲身参加了北伐、南昌起义等革命斗争。1927年10月起义失败后,革命队伍从潮汕退回到海陆丰,阳翰笙因患重病撤退到一个小村落,在一个半农半渔的基层干部家里养伤的时候,从当地的基层干部、农民、渔民口中,知道了革命高潮时期彭湃领导农民打土豪、斗地主、分田地的情况。革命火种未灭,革命还在进行。阳瀚生后转道香港,回到上海,因疟疾复发,到松江一个朋友家借住,开始了文学构思和创作。小说《地泉》,尤其是其中的《深入》(原名《暗夜》)、《转换》(原名《寒梅》)其中一部分素材就得自这一时期的生活,《深入》《转换》《复兴》三部曲可以说正好反映了这一时代转换的实况。阳翰笙回忆:"在乡间还没有住多久,就在我住不多远的村中突然起了一阵'土地的咆哮',我受了那一件不平常的事情的

---

① "唯物辩证法引入的一个必然性的成果,就是对'创作方法'概念的导入。"见刘中树、许祖华《中国现代文学思潮史》,华中师范大学出版社,2009,第266页。

激动,远远地望着我的足迹曾经踏过,而且同时也正在咆哮着的南边的海岸,我心中的热血沸腾着,于是开始计划起《深入》的腹稿来。"① 此后,因为阳瀚笙具有文学创作的经验和组织工作的经验,他在党组织的安排下加入了创造社,从此弃武从文,走上了革命文学的道路。1930年,他又参与筹备成立左联,并作为"文委"书记开展革命文学的领导和组织工作。②

1932年,阳瀚笙的三部曲《地泉》由湖风书局再版,借此机会,阳瀚笙邀请了瞿秋白、郑伯奇、茅盾、钱杏邨为这部书写了序,连同作者自序一共五篇置于书前。出版《地泉》的湖风书局,是在左联的出版机关创造社遭到国民党查封的时候开张的,是由中国共产党实际领导的一个左翼文艺斗争的阵地。左联机关的公开杂志《北斗》(丁玲主编)、左联和"文总"的内部刊物《文学导报》(冯雪峰、楼适夷主编)也由这个书局出版和印刷。1932年,在写作《地泉》时隔五年之后,正值左联提倡文艺大众化运动的高潮时期,带有"过气"的"浪漫谛克"色彩的《地泉》在湖风书局的重版,很难说不带有一些左翼文坛的自我批判和自我总结的意味。与作者所说的刚发表初期收到的肯定和赞誉相比,此时的这五篇序言都在不同程度上对其做出了批评或自我批评,时至今日,序言的价值似乎已远超小说本身,这无论如何都是一个值得深究的事件。

浪漫还是现实:关于《地泉》三部曲

1982年出版的《阳瀚笙全集》只收录了《暗夜》,并未将《地泉》三部曲收录完全,初版本又早早出版于1932年,因此在对这五篇序言进行细读之前,我们不如先来分析一下《地泉》三部曲的内容。③

《深入》讲述的是以老罗伯和罗大为代表的江南一地农民不堪地主压榨,而奋起暴动的故事。这是源于作者在南昌起义失败后,到江南一个农村的朋友处养病期间所见的农村中的"土地的咆哮",心中有所触动,于1928年创作完成的一部小说。作品讲述了老罗伯一家因为天旱歉收无法交

---

① 华汉:《〈地泉〉重版自序》,湖风书局,1932,第72页。
② 阳瀚笙:《革命回忆录》,《阳瀚笙文集》第五卷,四川文艺出版社,1989,第126~152页。
③ 1982年版的《阳瀚笙文集》并没有收入完整的《地泉》三部曲,只是收录了其中一部《暗夜》(《深入》的原名),不知是否与其受到的批判有关。

租,在以汪森为代表的新农会主任的带领下,奋起反抗最终走向胜利的故事。阳瀚笙自己这样评价这部小说:"譬如《深入》吧。'深入',我本想去反映那时咆哮在农村里的斗争的,但我在写的时候,却把本来很落后的中国农民,写得那样的神圣,我只注意去描画他们的战斗热情,忘记了暴露他们在斗争过程中必然要显露出来的落后意识。这样的写法,不消说,我是在把现实的斗争理想化。"① 应该说阳瀚笙注意到了人民群众的伟大力量,只不过在作品中他对大众的认识是直线性的,因而无法反映出革命的复杂性和曲折性。但是这种错位并不是因为作者不了解革命的残酷性,恰恰相反,阳瀚笙亲身参加了革命,对革命的复杂性和残酷性有着清醒的认识。我们知道,写作《深入》时,正值1927年"四一二"事变之后,革命进入了低潮期,可是革命的意识却空前高涨,这一方面是人们对国民党屠杀政策的愤慨表达,另一方面也是马列主义的传播带来了青年知识分子普遍的革命倾向。因此,革命的文学需要揭露阶级对立造成大众苦难的事实,唤起大众斗争的热情和勇气。实际上,《深入》大部分篇幅描写了这种对立,农民和地主的对立,警察机关和大众的对立等,只不过在情绪的转换、情节的安排上存在突兀的地方,人物的表达也存在观念化、类型化的现象,正面人物连篇累牍地讲着大道理,情节支配人物,而不是人物性格发展、环境冲突自然推进情节变化,这些都让作品缺乏细节上的真实。但是不能否认的是,在一种亟亟的危机状态下,大众真正需要的也许不是冷静克制的观察,而恰恰就是一种情绪的不可思议的爆发、一种无处安放的破坏力。它的流行有着广泛的社会和意识形态基础。

《转换》在三部曲中篇幅最长,阳瀚笙在后来的反思中说:"我写的是一个小资产阶级,在'转换'后,去组织兵变的故事。这小说的前半部,我既没有把那两个小资产阶级'转换'的条件和过程写得很充分,到后几章,更把那样不容易的一件事情,又布置得那样地'得心应手'。实际上,哪怕就是一个很小的斗争,也绝不会是那样'万事如意'的。这部东西,在我现在看起来恐怕要算是我作品中最失败的一篇了。"② 小说中的这两个小资产阶级一个是林怀秋,另一个是梦云。林怀秋原先是一个积极参加革命运动的青年,大革命失败后便堕落到去咖啡厅里玩弄侍女,在醇酒妇人

---

① 阳瀚笙:《谈谈我的创作经验》,《阳瀚笙文集》,四川文艺出版社,1989,第113~114页。
② 阳瀚笙:《谈谈我的创作经验》,《阳瀚笙文集》,四川文艺出版社,1989,第114页。

中做着飘飘然、陶陶然的梦。然而这样一个极度消沉的人,在知道家道中落、作品被禁,生活无着之后,加上女革命家寒梅(小说原名《寒梅》)的点化,再加上革命形势的变化,在这些主观上、客观上的因素促使下发生了转变。但是所有的这些条件都带有不同程度的偶然性:"一个月前还在那里拼命的追求肉感的狂欢,拼命的追求究竟的陶醉的怀秋,一月后竟驰骋到了光明的战野中,把自己的生命放在水雷埋着的狂流上,而竟毫无惧色。"① 在革命的低潮期,作者意在通过一个知识分子的"转变",去反映革命的复兴。用作者自己的话说:"就想去反映这是转换时期,明示出一条我们应走的大道的。"② 然而,林怀秋的转变带有一种观念论的意味,这种转变是作者要求的,而非人物性格或时势自然而然进化的结果。不过我们的确也可以通过小说中林怀秋的转变去认识当时左翼知识分子的思想和情绪,比如,他们如何通过文学去鼓动革命?革命文学应该是"席勒式"的还是"莎士比亚化"的呢?小资产阶级知识分子如何才能走上革命的道路?这也是我们一直需要思考的话题。

再说到《复兴》,作者说:"这小说写的是一九三〇年夏间上海的法电罢工。如果说,我个人在那三年(从一九二八到一九三〇年)的创作生活中,确然领有一条一贯的创作路线的话,那我倒要说,《复兴》,便是我自己走的路线发展到最高峰的好标本——这篇东西,在故事的发展上,是失败少而成功多,在主人翁的描写上,是只有百分之百的正确,没有一丝一毫的缺点,至于在手法上的,解说多于描写,概念化而不形象化,更是显然的存在在书中的。象这样的作品,我都竟然写出来了,现在回想起来,大概是因为我在那时候也有一些'发狂'的关系吧。"③ 与前两部分别将重点放在了农民、小资产阶级知识分子身上不同,这一部着重描写了工人运动。作者描写了罢工过程中工人内部的矛盾和斗争,并将城市工人的斗争和全国革命的高潮联系起来,此时林怀秋再次登场,此前的梦云也由一个因抗婚而离家出走的大小姐变成了工人运动的领袖,演绎了一把"娜拉走后怎么办?"的续集,二人再次相见时,英雄与美人并肩战斗,一起投入革命的洪流之中。《复兴》完成于1930年7月,此时正是党内第二次"左"倾路线占统治地位的时期,小说借人物之口对此有所描写,比如

---

① 华汉:《地泉》,湖风书局,1932。
② 华汉:《〈地泉〉重版自序》,湖风书局,1932,第30页。
③ 阳翰笙:《谈谈我的创作经验》,《阳瀚笙文集》,四川文艺出版社,1989,第114页。

"中心城市里爆发一个总同盟大罢工,那,那新的革命高潮便算到来了啊!""用群众的威力去拦车子,打走狗,说服新工,驱逐白俄,示威游行,包围公司。"① 还有小说中提到的飞行集会等都是当时"左"倾路线指导下的冒进行动。应该说,这部小说比较真实地再现了这一路线的错误,人物的概念化反而退到了幕后。从这个意义上来说,它的观念化恰恰就是对当时革命氛围的现实表达,作者是处在这种主观化、观念化的洪流之中的。虽然在当时的条件下,作家本人也许没有认识到这一路线的是非。也是在时隔两年之后,阳翰笙自己也承认了这一点,他说:"至于《复兴》,如果要去追问它的所谓时代背景,那正是丁玲女士的《一九三〇年'夏'(应为春——笔者注)上海》,那时有好多人都在这一'复兴'时期中发了狂,说大话,空放炮,成了这一时期的时髦流行性,我那时蹲在上海,大概也多少受了些传染,这在《复兴》中是深深的烙印得有不少的痕迹的。"② 也就是说,《复兴》的概念化、理想化和"左"倾路线有着精神上的一致性,也就是对革命的神秘化。浪漫化是一种时代氛围,它最终会导致对革命复杂性和曲折性认识的不足,而这也是后来瞿秋白在序言中对其加以批评的原因。

批评与寻找:五篇序言

阳翰笙的《地泉》三部曲的五篇序言有对1928年至20世纪30年代的普罗革命文学进行总结反思的意味,并且这也意味着左翼文学放弃了革命"浪漫谛克"的文学,转而寻求和探索更适合中国国情的文学表达形式。在1932年版的《地泉》中,瞿秋白的序言《革命的浪漫谛克——〈地泉〉序》是排在第一位的,他在序言中说:

> 中国社会的现实是什么,中国最近几年的"大动乱"的大动力是什么?中国社会的发展过程和发展动力显然不是什么英雄的个性,而是广大的群众,不是简单的"深入""转换"和"复兴",而是一个簇新的社会制度从崩溃的旧社会之中长出来,它的斗争,它的胜利……正在经过一条鲜红的血路,克服着一切困难的错误和失败,锻

---

① 华汉:《地泉》,湖风书局,1932。
② 华汉:《〈地泉〉重版自序》,湖风书局,1932,第30~31页。

炼着新式的干部。

但是《地泉》没有表现这种动力和过程。《地泉》固然有了新的理想，固然抱着"改变这个世界"的志愿。然而《地泉》连庸俗的现实主义都没有能够做到。最肤浅的最浮面的描写，显然暴露出《地泉》不但不能帮助"改变这个世界"的事业，甚至于也不能够"解释这个世界"。《地泉》正是新兴文学所要学习的："不应当这么样写"的标本。新兴文学要在自己的错误里学习到正确的创作方法，要在斗争的过程之中，锻炼出锐利的武器。因此对于《地泉》这一类的作品，也就不能够不相当的注意。①

瞿秋白的批评带有很鲜明的马克思主义特色，也带有着深深的"唯物辩证法的"创作方法的诉求。比如中国社会发展的动力是什么？不是"英雄的个性"，而是"广大的群众"，"不是简单的'深入''转换'和'复兴'，而是一个簇新的社会制度从崩溃的旧社会之中长出来"。然而，这种理论诉求虽然诉诸现实主义，却未免不带有另一种形式的主观化和抽象论。在这篇序言里，瞿秋白批评了《深入》中的一个情节，雇主九叔叔和雇工张老七之间的关系"不但不剥削，反而想尽方法帮他赚钱（！）"，在瞿秋白看来，这并不是鲜明的阶级对立的故事，因而难免产生不了预想的效果。不过小说里还有一个根本的对立和分歧，那就是九叔叔不相信农民协会的力量，认为它不会帮助农民，而是希望有锄奸的英雄出现，我们或许也可以发现，九叔叔这种吊民伐罪的英雄论调和张老七、罗老伯等受剥削阶级渐渐醒悟到只有依靠人民大众自己的力量才能改变自身处境的思想，才是九叔叔和张老七等的根本对立所在，而这恰恰也是瞿秋白所说的："中国社会的发展过程和发展动力显然不是什么英雄的个性，而是广大的群众。"况且，关于阶级对立，小说中已经描写了很多，小说中矛盾的起因就是罗老伯因天旱歉收无法交租，而最终走上了革命的道路。不过，这种分歧毕竟还是非常主观的，人物的转变还是缺乏必要的有力的条件，因而，易嘉也接着说《地泉》是新兴文学"不应当这么样写"的标本。这个批评是非常犀利的。但是阳瀚笙似乎并不打算就此打住，比如他在《〈地泉〉重版自序》中这样反驳：

---

① 易嘉：《革命的浪漫谛克——〈地泉〉序》，载华汉《地泉》，湖风书局，1932，第3页。

> "革命的浪漫谛克"的路线的阶级基础,很显然的是革命的小资产阶级,正因为我们的作家的生活观点和立场都是小资产阶级的,所以,他才把残酷的现实斗争神秘化,理想化,高尚化,乃至浪漫谛克化,而他的作品的内容与形式,也就因之才形成了一贯的"革命的浪漫谛克"的路线。易嘉在批评文中没有着重的把这一点指明。

> 我们在批评过去的作品的时候,是应该严重的指出:我们如果不抛开我们小资产阶级的生活,不克服我们小资产阶级的意识,不深深的打入群众中,不直接参加在残酷的现实斗争里,那我们是不能真正反映现实斗争,不能真正创作出"大众化"的新兴文学。①

在自序中,阳瀚笙除了反思自己"革命的浪漫谛克"的错误之外,主要还反驳了瞿秋白和茅盾的说法。对于瞿秋白的说法,他认为之所以出现这种错误,主要还是没有"用最大限度的力量去克服造成我们那种病状的病根"。那病根是什么呢,从上文可见,是"因为我们的作家的生活观点和立场都是小资产阶级的,所以,他才把残酷的现实斗争神秘化,理想化,高尚化,乃至浪漫谛克化",而瞿秋白在批评文中没有着重把这一点指明。也就说,这是一个"集团"的问题,是小资产阶级的阶级局限性的问题。而要克服这一问题,就是走入现实的斗争中去,走到大众化的洪流中去,在思想意识上和大众融为一体,而这也是其时正在进行着的"大众化"创作的内涵。综观二人的争论,看起来似乎唇枪舌剑,但是在坚持人民大众的立场上,在坚持描写新的社会动力的方向上,二者并没有什么分歧,而争论的意义,无疑就是造成普遍的共识,这也是20世纪30年代这些争论持续产生的意义和价值。

茅盾在《地泉》的序言②中,开门见山,将阳瀚笙的作品和蒋光慈的作品归为一类,认为他们的作品都是犯了"脸谱主义"的错误,"方程式"地去布置故事,因而不合于实际生活的描写就不会有深切地感人的力量。好的作品更应该注重以"艺术的手腕表现出来",即在他看来"一部作品在产生时必须具备两个必要条件:(一)社会现象全部的(非片面的)认识;(二)感情的去影响读者的艺术手腕"。而《地泉》失败的根因,"不

---

① 华汉:《〈地泉〉重版自序》,湖风书局,1932,第33、34页。
② 茅盾:《〈地泉〉读后感》,载华汉《地泉》,湖风书局,1932,第13~19页。

外乎（一）缺乏社会现象全部的非片面的认识，（二）缺乏感情的去影响读者的艺术手腕"。在这里，茅盾从内容与形式两个质素从正反两方面提出了文学艺术创作的必要条件。关于第一个方面，他认为蒋光慈的作品是一个现成的例子。他曾称它为"脸谱主义"，即革命、反革命都只有一张面孔，界限划分得很机械，不见动摇的中间阶级，也没有网罗各阶级的不同意识形态并加以区别，对小资产阶级、工人、农民等意识上的不同层次也反映得不够，因而不能全部地非片面地认识社会现象。这些错误在当时呈现一种"集团"的倾向，《地泉》也犯了同样的错误，阳瀚笙作为指导文坛的批评家，"非但不能校正这种倾向，却反而推波助澜，增长这种倾向"，这在茅盾看来是应该批评的。但是，茅盾的说法对阳瀚笙来说并不是特别公平，"浪漫谛克"的倾向在当时确实是引领了风潮，并且在唤起一代青年的革命情绪上有着积极的意义。

另外一个方面，是关于"缺乏感情的去影响读者的艺术手腕"这一点，茅盾如是说：

> 本书的三部是《深入》《转换》《复兴》，这从命题上已经可见是怎样性质的内容了。所以作者最重要的任务便是要用精严而明快的形象的言词来表现那"深入""转换""复兴"。能够完成这一任务，本书就有成功的希望；不然，本书只是"深入""转换""复兴"等三个名词的故事体的讲解。而本书的作者，恰就只给我们三篇故事体的讲解。如果我们既读这本书后有所认识理解，那可是理智得出来的，而不是被激励而鼓舞而潜移默化于不知不觉。换一句话说，惟在已有政治认识的人们方能理智地去读完这本书而有所会于心，或有"画饼充饥"地聊一快意；至于普通一般人，则本书只是白纸上有黑字罢了。……文艺作品之所以异于标语传单者，即在文艺作品首要的职务是用形象的言词以感情的地区影响普通一般人，使他们热情奋发，使他们认识了一些新的，——或换言之，去组织他们的情感思想。

> 作家们还当更刻苦地去储备社会的基本知识，更刻苦地去经验复杂的多方面的人生，更刻苦地去磨练艺术手腕的精进和圆熟。[①]

[①] 茅盾：《〈地泉〉读后感》，载华汉《地泉》，湖风书局，1932，第17~18、19页。

在茅盾这里，《地泉》失败的方面还有一个是艺术手法上的不精进。对此，阳瀚笙也进行了反驳，对于茅盾所说的一部作品成功的两个必要条件，他认为"实际上只是一个注重作品的形式的基本观点"，而比"脸谱主义地去描写人物""方程式地去布置故事"更严重的是"在内容上的非无产阶级乃至反无产阶级的意识的活跃"，以及"在形式上（即在文字上结构上人物的解剖上以及风景的描写上）离开了大众的文化水平的无条件的欧化主义的错误"。在阳瀚笙看来，茅盾的批评是一种文艺本质主义的，而他则认为当下文学创作比这个更重要的是对无产阶级意识形态的把握以及作品形式上的大众化。不得不说，此时肩负着左翼文学领导者责任的阳瀚笙抓住了当时文学创作的"急症"，他认为比起"更刻苦地储备社会科学的基本知识"，"我们最最重要的是应该面向大众，在大众现实的斗争中去认识社会生活的唯物辩证法的发展"。比起"更刻苦地去磨练艺术手腕的精进和圆熟"，"我们最最重要的是应该参加在大众的斗争中去用批判的眼光去学习大众所需要的作品的内容和形式"，即"我们最最重要但是要到大众中去，特别是要到无产阶级的队伍中去充实我们的战斗生活"。实际上，阳瀚笙是将茅盾的说法更加具体化，也就是说，就茅盾的批评而言，他所要求的对社会现象的全面认识以及"感情的去影响读者的艺术手腕"与阳瀚笙的反驳并没有根本的冲突，所谓的对社会现象的认识，就是认识中国阶级革命的实质，认清社会各阶级的任务，而"感情的去影响读者的艺术手腕"，在提倡文艺大众化运动的当时，则是如何和大众的思想感情打成一片的实际问题。与对瞿秋白的反驳和回应一样，阳瀚笙对茅盾的反驳和回应也是在一定程度上强调了左翼文学今后该走的道路。所谓真理越辩越明，这种对话和辩论恰恰是一种团结和凝聚，在这种持续的思考和辩论当中，左翼知识分子慢慢加深了对左翼文艺理论的思考，从而也使得这种辩论焕发出了新的生机。

阳瀚笙的《自序》除了反思自己的错误以外，主要都是针对瞿秋白和茅盾的批评做出回应，这里面有自辩的成分，这种自辩表明了目下应该走的路。与瞿秋白和茅盾相比，郑伯奇和钱杏邨则对《地泉》的"错误"更多地给予了同情之理解，并且觉得《地泉》的错误和自己也是紧密相关的。郑伯奇说："在普洛革命文学第一期的作品，一般认为有两个倾向：一个是革命轶事的平面描写，一个是革命理论的拟人描写。前一种倾向以太阳社为代表，后一种倾向在创造社特别的浓厚。现在读你的作品，这两种倾向都在字里行间活跃着。这并不是说是中间派，调和主义，这当然是社会环境的结果。其实，一切倾向都是环境的反映。……你的作品，题材多少是有事实根据的，人物多少是有模特儿存在着，然而题材的剪取，人物的活动，完全是概念——这绝对不是观念——在支配着。最后的《复兴》一篇，简直是用小说体来演绎政治纲领。……站在普洛革命文学的发展前途上看，这毕竟是歧途；这种倾向——革命故事的抽象描写——是应该克服的。"[1] 也就是说，阳瀚笙的小说对当时真实社会环境的反映是概念化的，借人物之口说出革命的理论，这可以说是当时现实的写照，但是作者并没有从这种现实中提炼出自然而然的结论，因而陷入用"小说体来演绎政治纲领"的歧途。在这里，郑伯奇认为《复兴》作为一篇宣传文学看是很成功的，并指出了阳瀚笙和蒋光慈的不同，即蒋光慈是对"革命+恋爱"的革命轶事的描写，而阳瀚笙显然更关心无产阶级意识和理论的表达。这一点，在阳瀚笙的自序里反驳茅盾的批评时也有反映。比如他认为自己和蒋光慈并不能相提并论，蒋光慈的《丽莎的哀怨》中的主要的错误并不是茅盾所说的"脸谱主义"，而是作品的政治站位就是错误的，比如《丽莎的哀怨》"只有激动起读者对白俄表示同情，对十月革命表示憎愤"[2] 的作用，因而它的问题不是茅盾所说的艺术方法上的，而是思想上对阶级的战斗任务的模糊和放松，这一点恰是左翼文学在创作过程中特别需要警惕的。

　　作为左翼文艺批评的宿将，钱杏邨是将《地泉》放在普罗文学发展的整体环境中来考察的，他说："初期中国普洛文学，实际上，都是些小资产阶级的文学，内容空虚，技术粗糙，包含了许多不正确的倾向。最重要的，有下面的几种。第一，是个人主义的英雄主义的倾向……第二，是浪漫主义的倾向。这种倾向的作品，一是不老老实实的写现实，把现实神秘化了去写。二是没有失败，只有胜利，没有错误，只有正确，把现实虚伪化了去写。……第三，是才子佳人英雄儿女的倾向。恋爱加革命。第四，是幻灭动摇的倾向。'感情主义'。这种感情主义的发展的结果，是产生了一部出人意料的蒋光慈的对白俄标示同情怜恤备至、悲天悯人的长篇——《丽莎的哀怨》，华汉在三部曲里，也曾描写了幻灭与动摇，却没有犯这一

---

[1] 郑伯奇：《〈地泉〉序》，载华汉《地泉》，湖风书局，1932，第9~10页。
[2] 华汉：《〈地泉〉重版自序》，湖风书局，1932，第36页。

种错误。"① 钱杏邨更多的是用发展的眼光来看待《地泉》在普罗文学发展整体上的位置，它固然带着初期普罗文学的幼稚和不成熟，但是它是普罗文学发展的必要一环。

在左联提倡大众化的当时，大众化无疑被认为是对普罗文学初期各种毛病最好的克服方式："要在大众化问题的开展中把这些倾向克服过来，也只有大众化问题的开展，才能克服这些错误的倾向。"当然，对于曾经犯过的错误也要客观、正确看待它的价值："这些不健康的，幼稚的，犯着错误的作品，在当时是曾经扮演过大的角色，曾经建立过大的影响。这些作品是确立了中国普洛文学的基础，我们是通过这条在道路工程学上最落后的道路走过来的。我们不能忘记它，不能说是'革命的不肖子'，而'一脚踢开去'。我们固然不应该上不顶天，下不着地的过高的评价，说是'庞然大物也'，可也不能前无古人，后无来者的说仅只是'白纸黑字'。华汉的三部曲，在这些意义上，是存在着的，这是初期的作品的一个面影。"② 应该说，钱杏邨给了《地泉》一个比较客观的历史性的评价，这个评价涉及普罗文学如何认识自己，如何超越自己。这几篇序言的作用看似是展开批判，更多的是反观自身，指出新路。也就是说，普罗文学在发展的过程中需要不断地调整自己的位置，不断地认清现实，去做实地的战斗。《地泉》的重印，正是普罗文艺对1927～1930年政治路线的批判性总结，而这也是其继续前行的准备。

结语：所谓节点的意义

1931年左联执委会的决议中有一条："无产阶级革命文学的批评，必须经常的非常勤勉的注意自己同志的创作工作，必须经常的纠正同志作家的各种不好倾向；经常的给与作家的工作以忠告和建议。"③ 左联实际领导人之一阳翰笙的这种主动请缨式的批评与自我批评精神也在对《地泉》的批评中得以呈现。

另外，五篇序言中所提出的对"革命的浪漫谛克"的告别以及对"唯

---

① 钱杏邨：《〈地泉〉序》，载华汉《地泉》，湖风书局，1932，第20~25页。
② 钱杏邨：《〈地泉〉序》，载华汉《地泉》，湖风书局，1932，第26页。
③ 《中国无产阶级革命文学的新任务——一九三一年十一月中国左翼作家联盟执行委员会的决议》，《文学导报》第1卷第8期，1931年11月15日，第6页。

物辩证法的创作方法"的提倡也在在体现了左翼文学正处在加入世界文学发展序列的过程中。对"唯物辩证法的创作方法"这一概念大规模的介绍和提倡是在1931年,其直接的来源是1930年国际革命作家联盟哈尔可夫世界革命文学大会的召开,会议向各盟员国推行"拉普"(俄罗斯无产阶级作家联合会)于1928年提出的"唯物辩证法的创作方法"。1931年1月,萧三从苏联发来长信,传达了这一精神。他在回信中说:"两年来无产文学伟大的成绩,大加巩固起来了。说来也有趣,在国内运动已有二三年,而且许多次决议要和国际革命文学发生关系,而且这革命文学国际事务局,也成立三年,可是一直到现在,世界上才知道中国也有革命普罗文艺运动,这安得不令人感喟呢?这一次,我们算是把隔在中国革命文艺和世界革命文艺之间的一座万里长城打破了。大会上通过了中国问题的议决案,并决定要成立中国支部。"① 接着"左联"执委会在《中国无产阶级革命文学的新任务》(1931年11月)的决议中,将"唯物辩证法"正式作为中国左翼作家的创作方法。几乎与此同时,冯雪峰在《北斗》杂志上发表了法捷耶夫《创作方法论》的译文。法捷耶夫在文章里反对文艺浪漫主义,强调要"为了艺术、文学上的辩证法的唯物论斗争"。瞿秋白、茅盾等人为阳翰笙的小说所写的序言中,也都提到这一创作方法,其来源都是萧三来信和左联的决议精神。也就是说,普罗文艺运动在中国的开展已经在组织上和世界革命文学发生了广泛的联系,因而,对于左翼文坛的各种批评与自我批评活动,我们必须从世界无产阶级革命文学活动的总体性上来考察。

作为一部革命"浪漫谛克"的作品,阳翰笙的《地泉》三部曲在左翼文学发展史上的位置一直是模糊的,它的影响力不如蒋光慈的"革命+恋爱"小说,但是它在1932年被重新提起并产生了具有影响力的五篇序言却有着某种节点意义,这一方面与左翼内部的批评与自我批评有关,另一方面《序言》中所提倡的"唯物辩证法的创作方法"也是中国左翼文学从组织上进入世界革命文学序列的反映。

---

① 萧三:《出席哈尔可夫世界革命文学大会中国代表的报告》,《文学导报》第1卷第3期,1931年8月20日。

文献辑佚

题吴敬梓纪念馆*

郭沫若

一史缋儒林,燃犀烛九阴。
谢除脂粉态,活跃斗筲心。
砭俗前无古,传真始有今。
施罗笔调在,暴政岂能瘖。

---

* 本篇作于 1959 年冬。据郭沫若纪念馆馆藏手迹录入。吴敬梓（1701~1754），字敏轩，安徽全椒人，清代文学家，著有《儒林外史》等。

五律·跋陈鹏年《自书诗卷》*

郭沫若

正气传吹鬼，青天德在人。
一时天下望，万古席中珍。
我有沧洲砚，今亲瑞琰文。
闲吟诗十首，古朴见天真。

曩于《人民日报》得读陈猿①老《跋陈鹏年自书诗卷》后不久，得端砚一，背铭"沧洲鉴藏"四字，楷书。下盖一章为"密斋"。曾拓奉猿老求教，据云砚是陈鹏年之砚，题为汤其仁所题，以汤之字为密斋也。猿老并举所藏灵岩山馆砚为证。其砚背铭为"灵岩山馆大昕"，印文"辛楣"。是砚乃毕秋帆之砚，而题乃钱大昕所题。然余仍颇致疑虑，余疑鹏年于退隐后曾有密斋之号，盖取"君子洗心，退藏于密"之意，急思得《自书诗卷》一阅。今蒙王启初②同志由长沙寄来，对证笔迹，似有一脉相通之处。卷末有"清净宁一"一章，与密意相通。唯别无他证，尚不敢断定。然砚为沧洲之砚固无疑也。因成五律一首，跋此卷尾。

一九六二年四月十九日

---

* 本篇作于1962年4月19日，原无题。据郭沫若纪念馆藏手迹录入。陈鹏年（1663~1723），字沧州，湖南湘潭人，清代学者，著有《道荣堂文集》等。

① 陈猿，陈垣，历史学家。

② 王启初，时任湖南省博物馆馆长。

编后记

  2022年是郭沫若先生130周年诞辰。4月，由中国历史研究院主办，中国社会科学院古代史研究所（郭沫若纪念馆）、中国郭沫若研究会、中国历史研究院历史研究杂志社承办的"'郭沫若与中国共产党'国际学术研讨会暨中国郭沫若研究会青年论坛"在北京召开，这次会议取得了丰硕的成果。本辑即选录了会上的几篇精彩论文，如《郭沫若的史学立场与史学研究》《相通与承继：郭沫若与梁启超"新史学"述论》《从古文字学角度谈谈郭沫若的中国古代社会分期研究》《郭沫若购买有岛武郎〈三部曲〉的潜在动机》等。

  本辑收录论文凡18篇，文献辑佚2篇，涉及史学研究、文学研究、古文字学研究、翻译研究、思想史研究以及史料辨正等诸多领域，内容丰富，论之有物。其中，谢保成披露了郭沫若保存的《再生缘》校样，并对郭沫若校订、整理、出版《再生缘》的过程作了系统梳理。杨胜宽以《盐铁论读本·序》为中心，分析了郭沫若关于《盐铁论》"是一部处理历史题材的对话体小说"的新奇观点。陈君通过《青铜时代》《十批判书》究讨了郭沫若对于"周秦之际"思想文化变迁的认识。韩晨辉、陈夫龙从"原始/科学""对话/启蒙""无我/有我"三组关键词切入，探讨了《女神》的生成逻辑。此外，韩旭东对郭沫若历史剧女性形象流变的现代思想史意义的讨论，孟文博对于郭沫若诗作《泪浪》版本考辨及修改内容的分析，都能引发一定的思考。

  中国社会向来注重人物关系。本辑中解扬、李斌、王静、李红薇等人的文章涉及顾颉刚对郭沫若的评价，郭沫若与冯国瑞、内藤湖南的交游，郭沫若与郭开文的关系，使读者可以从不同侧面更多地了解、认识郭沫若。

  尤其令人欣喜的是，越来越多专门史研究的学者开始关注并参与郭沫若研究，如孙靖国结合清末民国以降中国读史地图向历史地图转变的轨迹，探讨了郭沫若主编的《中国史稿地图集》的学术贡献，分析了该书编绘的历史背景及后世影响。

最后，感谢长期以来支持、帮助本刊的各位老师，盼今后常有惠赐。也期待更多相关领域的学者参与到郭沫若研究中来，共同研究郭老、继承郭老、阐扬郭老，推进郭沫若研究。

征稿启事

《郭沫若研究》为中国社会科学院郭沫若纪念馆和中国郭沫若研究会共同主办，刊出相关史料和专题论文，诚向海内外学界长期征求稿件。

1. 约稿对象：海内外知名学者、专业研究人员等。
2. 稿件主题：围绕郭沫若及同时代人进行研究，尤其欢迎新史料和文学、史学、考古学等方面的研究文章。要求选题新颖、论证严密。
3. 稿件篇幅：本刊鼓励就某一主题进行专门、细致的研究，对稿件篇幅不做要求。
4. 文章格式：摘要，篇幅 200 字左右。关键词，3～6 个，以分号隔开。正文，小四号宋体；引文用楷体，句首缩进 2 个字符。注释与参考文献标引为页下脚注，每页单独编号①②③……。若需标注基金项目请于文章标题后出注 *。作者简介包括姓名、单位、职称等。其他具体格式请参照《历史研究》。

文章一经刊发，将送上样刊和稿酬，静候您的大作。

投稿信箱：gmryjnk@163.com

《郭沫若研究》编辑部
2022 年 10 月 9 日

图书在版编目（CIP）数据

郭沫若研究. 总第18辑 / 赵笑洁，蔡震主编；李斌副主编. --北京：社会科学文献出版社，2023.5
ISBN 978-7-5228-1751-4

Ⅰ.①郭… Ⅱ.①赵… ②蔡… ③李… Ⅲ.①郭沫若（1892-1978）-人物研究-文集 Ⅳ.①K825.6-53

中国国家版本馆CIP数据核字（2023）第087532号

郭沫若研究（总第18辑）

主　　编 / 赵笑洁　蔡　震
副 主 编 / 李　斌

出 版 人 / 王利民
组稿编辑 / 周　丽
责任编辑 / 李　淼
责任印制 / 王京美

出　　版 / 社会科学文献出版社·城市和绿色发展分社（010）59367143
　　　　　地址：北京市北三环中路甲29号院华龙大厦　邮编：100029
　　　　　网址：www.ssap.com.cn
发　　行 / 社会科学文献出版社（010）59367028
印　　装 / 三河市东方印刷有限公司

规　　格 / 开　本：787mm×1092mm　1/16
　　　　　印　张：16.75　字　数：272千字
版　　次 / 2023年5月第1版　2023年5月第1次印刷
书　　号 / ISBN 978-7-5228-1751-4
定　　价 / 128.00元

读者服务电话：4008918866

版权所有 翻印必究